Die Strukturierung von Flußdiagrammen und ihre Auswirkungen auf die Programmentwicklung

Inaugural - Dissertation
zur Erlangung des Grades eines Doktors
der Wirtschaftswissenschaften
beim Fachbereich Wirtschaftswissenschaft
der Freien Universität Berlin

vorgelegt von
Dipl.Kfm. Nicolas Apostolopoulos
(aus Athen)

Sprecher des Fachbereichs	: Prof. Dr. H.P. Bareis
Gutachter	: Prof. Dr. H.-J. Lenz
	: Prof. Dr. P. Naeve
Tag der Disputation	: 15. April 1982

Nicolas Apostolopoulos

Die Strukturierung von Flußdiagrammen und ihre Auswirkungen auf die Programmentwicklung

HAAG + HERCHEN Verlag

CIP-Kurztitelaufnahme der Deutschen Bibliothek

Apostolopoulos, Nicolas:
Die Strukturierung von Flussdiagrammen und ihre Auswirkungen auf die Programmentwicklung / Nicolas Apostolopoulos. — Frankfurt am Main : Haag und Herchen, 1984.
ISBN 3-88129-657-3

D 188

ISBN 3-88129-657-3

Fichardstraße 30, 6000 Frankfurt am Main 1

Produktion: R. G. Fischer Verlagsbüro, Frankfurt am Main
Herstellung: Boscolo & Mohr, Karlsruhe
Printed in Germany

Inhaltsverzeichnis

O. Zusammenfassung

Die Benutzung von Flußdiagrammen als Werkzeug zur Darstellung und Entwicklung von Algorithmen ist mehrfach kritisiert worden: Durch Flußdiagramme kann man jeden beliebigen Ablaufplan graphisch repräsentieren, was entsprechend negative Auswirkungen auf die Programmstruktur und den Programmierungsstil haben kann. Außerdem gelten traditionelle Flußdiagramme als schlecht modularisierbar, da sie üblicherweise eine Notation vorsehen, welche für die Übergabe von Objekten (Schnittstelle) nicht sonderlich geeignet ist.

Flußdiagramme sind aber trotz dieser Mängel wegen ihrer Anschaulichkeit beim Entwerfen von Algorithmen immer noch sehr beliebt. In der vorliegenden Arbeit werden zunächst Flußdiagramme als eine spezielle Klasse von Graphen untersucht und auf dieser abstrakten Ebene ihre Aussagefähigkeit geprüft. Es werden anschließend einige Konventionen zur Markierung von Flußdiagrammen eingeführt, welche sowohl die Lesbarkeit als auch die Modularität von Ablaufplänen verbessern. Die Zerlegung algorithmischer Abläufe in ihre Grundkomponenten und ihre Abbildung mittels Flußdiagrammen führt dann zu den strukturierten Flußdiagrammen. Ihre Charakterisierung und gleichzeitig ihre Erzeugung wird mit Hilfe einer kontextfreien Graph-Grammatik angegeben.

Durch die formale Beschreibung und durch eine Erweiterung der Flußdiagramm-Notation erhalten die strukturierten Flußdiagramme eine Blockstruktur, welche den systematischen Entwurf von Programmablaufplänen stark unterstützt.

Die strukturierten Flußdiagramme werden anhand von Beispielen bei der Programmentwicklung eingesetzt und erweisen sich als disziplinierte Werkzeuge zur Software-Erstellung. Mit Hilfe der angegebenen Flußdiagramm-Grammatik lassen sich

Algorithmen hierarchisch entwickeln. Die Effizienz des Einsatzes strukturierter Flußdiagramme kann erheblich gesteigert werden, falls von graphischer Software Gebrauch gemacht wird.

1. Einleitung

Wenn man vor der Aufgabe steht, einen Algorithmus für ein gegebenes Problem zu entwickeln, so wird man zunächst den ersten Entwurf der Programmstruktur aus der Problemstellung und der Problemanalyse herleiten und üblicherweise verbal formulieren. Dieser Entwurf ist nicht präzise genug, um in ein konkretes Programm umgewandelt zu werden. Deshalb wird die skizzierte Lösung mehrmals transformiert, bis schließlich ein Programm aus Instruktionen eines vorgegebenen Repertoires entsteht, welche von einem Automaten ausgeführt werden können. Intuitiv gesagt ist ein Programm die Niederschrift eines Algorithmus zur Lösung des vorgegebenen Problems. Wenn der Transformationsprozeß korrekt ist, dann sollte am Ende das ausgeführte Programm denselben Effekt haben, wie dieser in dem ursprünglichen Lösungsentwurf beschrieben worden ist.

Der Prozeß der Software-Entwicklung ist vielschichtig. Er beginnt mit der Problemanalyse und endet mit der Installation des fertigen Programms. Die Werkzeuge dafür - zusammengefaßt unter dem Begriff "Software Engineering Tools" - sind vielfältig und unterstützen meistens nur eine der Schichten des Entwicklungsprozesses. Sie unterscheiden sich hauptsächlich in dem Abstraktionsgrad, den sie dem Anwender bei der Formulierung seines Problems anbieten, sowie in dem Formalismus, den sie vom Anwender verlangen. Wichtige Beiträge zum Software-Engineering sind in[Ba.76]enthalten. Eine Übersicht über vorhandene Methoden und Werkzeuge des Software-Engineering findet man bei [End.78] und [Hes.81].

In dieser Untersuchung wird nur ein kleiner, aber sehr bedeutender Teil der Software-Entwicklung betrachtet: Die Methodik des Programmierens im Kleinen ("Programming Methodology"). Sie beschäftigt sich unter anderem mit Werkzeugen zur Formulierung von Algorithmen und zur Umsetzung von Algorithmen in Programme. Dem Programmierer stehen zu diesem Zweck verschiedene Hilfsmittel und Darstellungsmöglichkeiten zur Verfügung.

Einige dieser Beschreibungsmethoden und Verfahren eignen sich besonders zur Darstellung des Ablaufs eines Algorithmus oder des Datenflusses. Hierzu gehören die HIPO-Methode ([IBM. 74]), die Jackson-Methode ([Jac.76], Flußdiagramme ([DIN.75]), Programmschemata ([Eng.74]), Struktogramme ([Na/Si.73]), sowie Petri-Netze für nicht-sequentielle Prozesse ([Pe.62],[Va.79]). Die ersten zwei stellen die Daten und den Datenflußplan in den Vordergrund. Die restlichen behandeln primär den algorithmischen Ablauf eines Verfahrens, wobei die Petri-Netze zusätzlich über primitive Synchronisationsmechanismen verfügen. Alle hier erwähnten Verfahren sind graphische Beschreibungsmethoden und bedienen sich einer eigenen Symbolik.

Im Gegensatz dazu stehen Verfahren, welche das Schwergewicht auf die formal exakte Beschreibung von (Daten)-Strukturen und der dazu gehörenden Operationen legen. Diese Entwicklung hat [Par.72] eingeleitet, indem er die externe Spezifikation von Datentypen grundsätzlich von ihrer internen Repräsentation losgelöst hat. Dieser Gedanke wurde von [GTW.76] und [Gu.77] weiterentwickelt und ist heute unter dem Begriff "Algebraische Spezifikation" bekannt ([Yeh.76]). Die formalen Spezifikationsmethoden benutzen keine graphischen Darstellungen.

Einige Autoren geben einer natürlichen Sprachnotation den Vorzug ([Kn.69]). Sie beschreiben ihre Algorithmen mit Hilfe einer Mischung aus natürlichen Formulierungen, mathematischen Formeln und Grundkonzepten aus Programmiersprachen (Variablen, Zuweisung usw.). Diese Methode kann sehr kompakt und effizient sein (siehe z.B. [AHU.74] und die dort eingeführte Beschreibungssprache Pidgin ALGOL), hat aber den Nachteil, daß sie beliebig erweiterbar ist und damit von Anwendung zur Anwendung variiert werden kann. Ihr Hauptvorteil liegt darin, daß man nur dort Formalismen einzuführen braucht, wo sie auch tatsächlich notwendig sind. Zur

Illustration der (fast) linearen Notation können zusätzlich graphische Darstellungsmethoden herangezogen werden.

Die letzte Klasse von Werkzeugen zur Beschreibung von Algorithmen bilden schließlich die Programmiersprachen selbst. Sie spielen eine wesentliche Rolle bei der Entwicklung von Programmen, da ihre Anwendung unvermeidbar ist. Dies hat dazu geführt, daß viele Algorithmen gleich in der Zielsprache entwickelt und formuliert werden, ohne vorher einen Entwurf mit Hilfe eines geeigneteren Software-Werkzeugs zu machen. Von einer Programmiersprache erwartet man, daß sie die Grundprinzipien der Programmentwicklung unterstützt und Methoden dafür zur Verfügung stellt.

So haben sich in den letzten Jahren Programmiersprachen durchgesetzt, welche die Methode der "schrittweisen Verfeinerung" ([Wir.71], [Jen/Wi.74]) sowieeine Verbalisierung ([HJJKK.78],[KKST.79]) zulassen. Dadurch ist es möglich, in einer "top-down"-Arbeitsweise den Lösungsentwurf direkt mit Hilfe der Programmiersprache schrittweise zu konkretisieren, ohne diese Umgebung verlassen zu müssen ([Di.72]). Die semiautomatische Transformation einer abstrakten Spezifikation in ein konkretes Programm unter Einhaltung der definierten Eigenschaften führt dann zu dem Gebiet der "schrittweisen Transformationen" ([Ba.79]).

Die Anwendung einer oder mehrerer dieser Darstellungsmethoden während des Programmentwurfs übt einen sehr starken Einfluß auf die endgültige Implementierung aus. In den meisten Fällen werden Entwurfswerkzeuge ohne Rücksicht auf die Wahl der Implementierungssprache eingesetzt, wodurch gewisse Schwierigkeiten bei der Umsetzung des Entwurfs in eine konkrete Implementierung eintreten können.

Beim Entwurf eines Programms ist in jedem Fall darauf zu achten, daß

- das Problem in Unterprobleme zerlegt wird, welche in sich möglichst geschlossen sind (Modul-Bildung);

- die Modul-Schnittstellen möglichst klein gehalten werden, um die Modul-Unabhängigkeit zu vergrößern;
- Implementations-Einzelheiten so spät wie möglich eingeführt werden, um hohe Flexibilität und Hardware-Unabhängigkeit zu erreichen.

Es ist verschiedentlich betont worden ([Sch/Fl.76]), daß das endgültige Programm sowohl von den gewählten Datenstrukturen (als Konkretisierung abstrakter Objekte einschließlich der darauf definierten Operationen) als auch vom gewählten Verfahren stark abhängt ([Wi.75]). Dabei hängen sogar beide Komponenten eines Programms selbst voneinander ab. Es erscheint deshalb nicht gerechtfertigt, sie während des Programmentwurfs voneinander zu isolieren und gesondert zu behandeln.

Die schwierigste Aufgabe eines guten Programmierers besteht in der geeigneten Wahl der Datenstrukturen und des Ablaufplans. Diese sollten derart aufeinander abgestimmt sein, damit das Programm
- "effizient"
- "gut strukturiert"
- "verifizierbar" und
- "elegant"

wird ([DDH.72]). Die geeignete Auswahl der Datenstrukturen und des algorithmischen Ablaufs zeichnen in der Regel eine gute DV-Lösung aus. Dazu tragen noch weitere Aspekte wie Ausbildung, Erfahrung, Abstraktionsvermögen und nicht zuletzt die verfügbaren Werkzeuge und der persönliche Stil, bei.

Diese Überlegungen lassen sich in der Praxis bestätigen. Es kommt nämlich sehr selten vor, daß für dasselbe Problem verschiedene Programmierer ähnliche Programme erstellen, selbst wenn ihnen die gleichen Werkzeuge zur Verfügung stehen. Ausnahme bilden hier lediglich primitive Problemstellungen. Eine Sammlung vieler interessanter Beispiele mit originellen Lösungen findet man bei [Di.76].

2. Graphische Werkzeuge für die Darstellung algorithmischer Abläufe

Im folgenden werden graphische Werkzeuge vorgestellt, welche man als Hilfsmittel zur Programmentwicklung heranzieht. Dabei werden die HIPO-Methode ([IBM.74]) und die Jackson-Methode ([Jac.76]) nicht näher behandelt, weil sie hauptsächlich für den Entwurf und die Spezifikation höherer Ebenen des Problems geeignet sind.

HIPO verfügt beispielsweise nicht über eine explizite Darstellung von Wiederholungen und Verzweigungen, welche für das Verständnis der Einzelheiten eines Algorithmus von entscheidender Wichtigkeit sind. Die hierarchische Aufteilung eines Problems wie sie mit Hilfe von HIPO vorgenommen wird, ist äußerst restriktiv.

Die Jackson-Methode setzt wiederum zu stark den Datenablauf in den Vordergrund, so daß sie nur für klassische kommerzielle Probleme, welche Eingabedaten in Ausgabedaten transofrmieren, geeignet ist. Die Methode kann komplizierte algorithmische Abläufe kaum darstellen.

Da hier nur sequentielle Algorithmen behandelt werden, sind Petri-Netze von dieser Untersuchung ausgeschlossen. Im folgenden wird also auf die zwei wesentlichen graphischen Methoden zur Darstellung der Programmstruktur eingegangen: Flußdiagramme und Struktogramme.

2.1 Flußdiagramme und deren Varianten

Flußdiagramme sind das älteste und am meisten verbreitete Hilfsmittel zur Darstellung von Programmstrukturen. Sie werden sowohl als Entwicklungs- als auch als Dokumentationsmittel beim Programmieren eingesetzt ([Ch.70], [Ch.71]).

Flußdiagramme sind Graphen, deren Knoten hauptsächlich Aktionen oder Entscheidungsbedingungen darstellen und deren Kanten die logische Reihenfolge der Abarbeitung der Knoten vorschreiben.

Hinzu kommen gewisse Symbole zur Unterscheidung von Aktionen sowie Verbindungsmarken für Kanten. Abb. 2.1.1 enthält einen Teil der nach DIN 66001 genormten Symbole ([DIN.75], siehe auch [AN.70]).

Symbol	Bedeutung
	Operation, Aktion, Anweisung
	Verzweigung
	Start / Stop
	Verbindung (geeignet zur Wiedergabe "langer" <u>goto's</u>)
	Ablauflinie
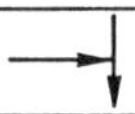	Zusammenführung von Ablauflinien

Abb. 2.1.1. Symbole für Flußdiagramme nach DIN (Auszug)

<u>Bemerkung</u>: Es werden alle Operationen (einschließlich Ein- und Ausgabe) mit dem Rechteck-Symbol dargestellt.

Die Symbole können zur Verdeutlichung des Sachverhalts Texte enthalten. Diese Bezeichnungen sollten nach Möglichkeit denselben Abstraktionsgrad aufweisen. Im allgemeinen sind für die Art der Bezeichnungen keine Vorschriften vorgegeben. Semantisch stellen diese Bezeichnungen ausführbare Anweisungen dar.

Zur Illustration wird ein kleines Programm mit Hilfe eines Flußdiagramms dargestellt.

<u>Beispiel</u> 2.1.1: Bestimme das erste negative Element in einer Matrix. Die Matrix ist spaltenweise zu durchsuchen.

Das dazugehörige Flußdiagramm ist in Abb. 2.1.2 angegeben.

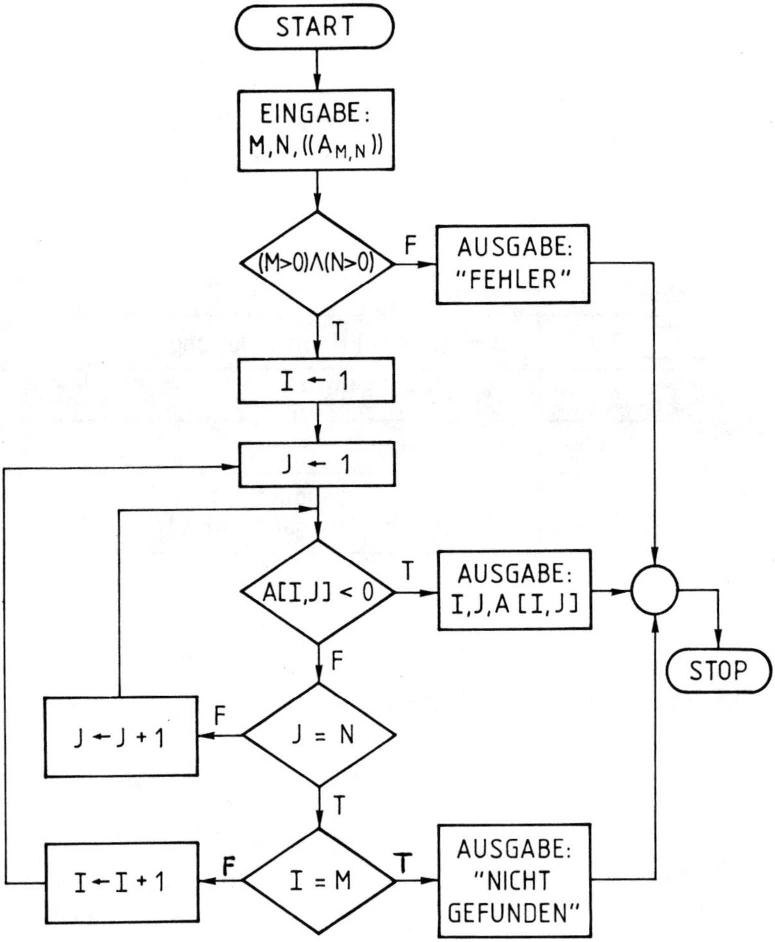

Abb. 2.1.2 Flußdiagramm zu Beispiel 2.1.1

Dieses Beispiel ist aus verschiedenen Gründen hier aufgeführt worden:

- Es verdeutlicht die Benutzung der verschiedenen Flußdiagrammsymbole;
- Es zeigt die Flexibilität der Flußdiagramme bei der Darstellung von Programmablaufplänen;
- Man erkennt, daß für die Beschriftung von Flußdiagrammen eingeschränkter Platz zur Verfügung steht;

- Kleine Algorithmen können extrem deutlich dargestellt werden.

Gerade der letzte Aspekt darf nicht übersehen werden. Die Übersichtlichkeit ist durch "geschickte" Darstellung des Graphen erzielt worden. Es ist aber außerordentlich kompliziert, ein übersichtliches Layout für ein Flußdiagramm automatisch zu erstellen. Auf dieses Problem wird noch später eingegangen.

Abschließend werden 3 interessante Varianten von Darstellungssymbolen für Flußdiagramme präsentiert.

(a) Eine vereinfachte Darstellung bei Wiederholungen mit Zählvariablen und einen Ausgang ([OFP.75]) zeigt Abb. 2.1.3. Dieses Diagramm verbindet Initialisierung, Prüfung und Aktualisierung der Wiederholungsvariable in einem Block. Es ist zur Darstellung von for-Wiederholungsanweisungen besonders gut geeignet.

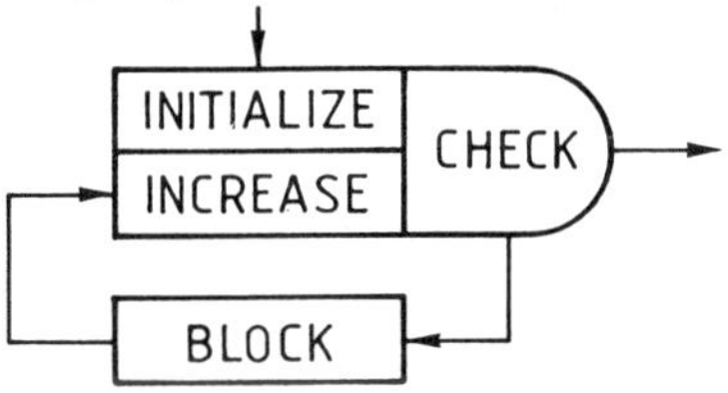

Abb. 2.1.3 Flußdiagramm-Symbol für for-Wiederholungsanweisung

Bemerkung: Beim Weglassen des "INCREASE"-Kästchens kann man while-Wiederholungsanweisungen darstellen. Außerdem kann man im Falle einer for-Wiederholung mit einem sequentiellen inneren Block durch mathematische Notation (z.B. durch den All-Operator) noch weitere Vereinfachungen einführen, wenn man von Einzelheiten absehen möchte.

(b) Die Darstellung einer Mehrfach-Verzweigung mit enumerierten Ausgängen (case-Anweisung) wird bei [Ba/Go.73] durch die Symbolik in der Abb. 2.1.4 realisiert.

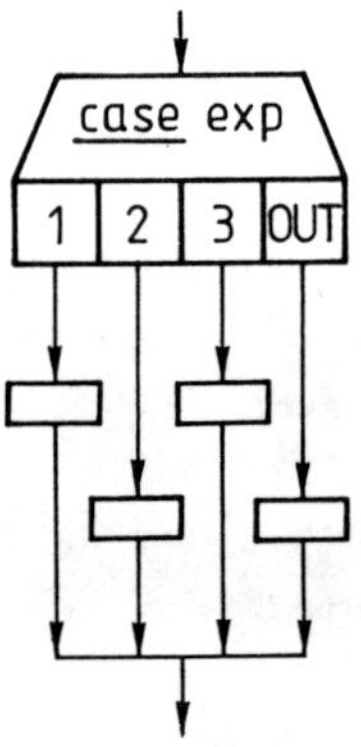

Abb. 2.1.4 Flußdiagramm-Symbol für case-Auswahl-anweisung

(c) Eine weitere Verkürzung der Darstellungsweise von while-Wiederholungsanweisungen ist in [Br/St.72] angegeben. Die in Abb. 2.1.5 angegebene Symbolik bedeutet, daß das Prädikat P die Ausführung von BLOCK A solange wiederholt, bis es nach der erneuerten Auswertung den Wert false annimmt.

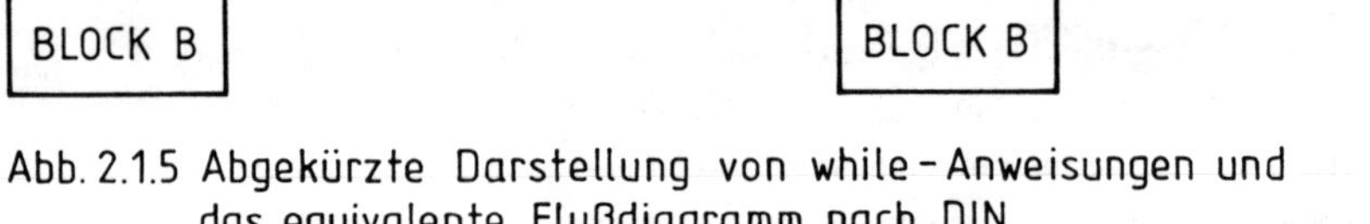

Abb. 2.1.5 Abgekürzte Darstellung von while-Anweisungen und das equivalente Flußdiagramm nach DIN

Diese Negation ist in Verbindung mit einer speziellen Klasse von Diagramm-Strukturen, welche nur einen Eingang und einen Ausgang besitzen, möglich. Man beachte aber, daß Beispiel 2.1.1 (Abb. 2.1.2) nicht ohne entsprechende Transformation mittels solcher Strukturen repräsentiert werden kann, da die innere Wiederholung zwei Ausgänge besitzt. Die üblichen Transformationen beinhalten die Benutzung zusätzlicher logischer Variablen (Schalter) oder die direkte Code-Duplizierung ([Kn/Fl.70]).

2.2 Struktogramme

Struktogramme (oder auch Nassi-Schneidermann-Diagramme) wurden entwickelt, um die Mächtigkeit der Flußdiagramme bezüglich der Darstellung beliebiger Ablaufpläne einzuschränken und der Forderung nach "goto"-freiem Programmieren ([Di.68]) Rechnung zu tragen ([Na/Si.73]).

Wesentliches Merkmal von Flußdiagrammen ist der Einsatz von Pfeilen zur Darstellung des Ablaufs. Um die Ablaufstrukturen einzuschränken, hat man die Pfeile von der Menge der Symbole entfernt und statt dessen den Begriff des Strukturblocks eingeführt.

Ein Strukturblock repräsentiert entweder eine einzelne Aktion oder eine Fallunterscheidung mit zwei Alternativen (simple Verzweigung) oder eine Wiederholungsstruktur. Ein Strukturblock darf theoretisch beliebig viele Strukturblöcke enthalten (praktisch ist man durch die Zeichnungsgröße limitiert). Er hat immer einen Eingang und einen Ausgang und wird stets von oben nach unten abgearbeitet.

In Abb. 2.2.1 werden die Grundsymbole für die verschiedenen Strukturblöcke und die äquivalenten Flußdiagramme angegeben. Man beachte, daß der äußerste Block mit "BEGIN" und "END" markiert werden muß und daß eine tiefe Verschachtelung von Blöcken durch "schrittweise Verfeinerung" übersichtlich dargestellt werden kann.

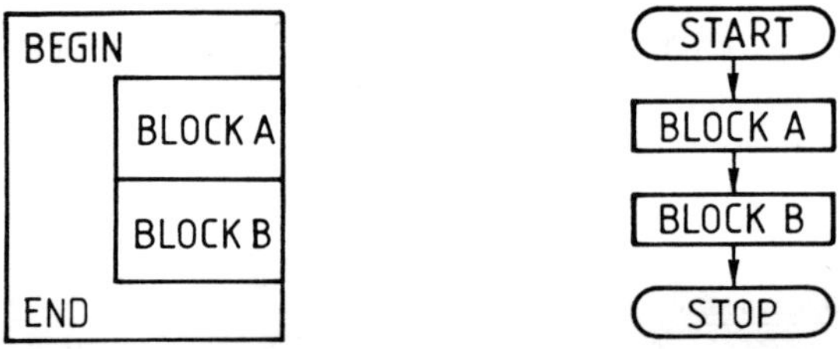

Abb. 2.2.1.a Sequentielles Struktogramm

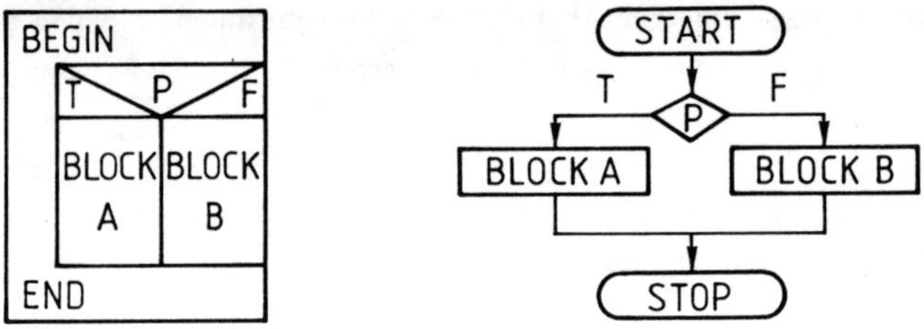

Abb. 2.2.1.b Fallunterscheidung

Abb. 2.2.1.c while-Wiederholung

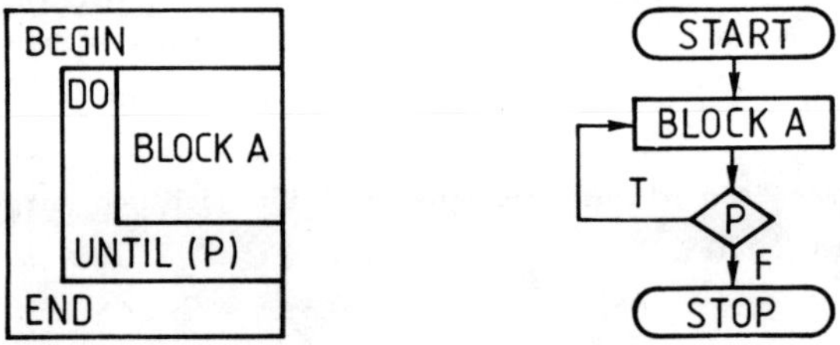

Abb. 2.2.1.d repeat-Wiederholung

Abb. 2.2.1 Grundsymbole für Struktogramme und ihre äquivalenten Flußdiagramme

Struktogramme bilden eine Teilmenge der klassischen "one-in one-out" Kontrollstrukturen, da sie u.a. keine case-Struktur direkt abbilden können. Als Alternativdarstellung werden in einem solchen Fall verschachtelte Verzweigungen benutzt.

Abschließend wird ein Beispiel für die Anwendung von Struktogrammen angegeben.

Beispiel 2.2.1. Fibonacci-Zahlen sind definiert durch

$$F_i = \begin{cases} 1 & \text{für } 0 \leq i \leq 1 \\ F_{i-1} + F_{i-2} & \text{für } i > 1 \end{cases}$$

Abb. 2.2.2 zeigt ein Struktogramm zur Berechnung der n-ten Fibonacci-Zahl.

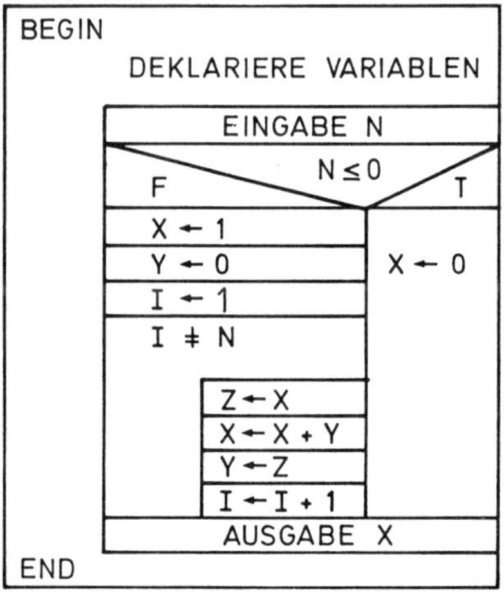

Abb. 2.2.2. Berechnung einer Fibonacci-Zahl

Bemerkungen:

(a) Zur Vereinfachung von Fehlerbehandlungen wurde vereinbart:

$F_i = 0$ für $i < 0$

(b) Eine schnellere Rechenformel für große Fibonacci-Zahlen

läßt sich angeben durch:

F_i	$= 0$	für	$i<0$
F_i	$= 1$	für	$0 \leq i \leq 1$
F_{2i}	$= F_{i-1}^2 + F_i^2$	für	$0<i$
F_{2i+1}	$= F_i(2F_{i+1} - F_i)$	für	$0<i$

2.3 Vergleich von Flußdiagrammen und Struktogrammen

Es wurde bereits angedeutet, weshalb man die Mächtigkeit der Flußdiagramme durch die Einführung von eingeschränkten "one-in one-out"-Kontrollstrukturen limitiert hat. Die Kritik an den uneingeschränkten Verzweigungsmöglichkeiten von Flußdiagrammen wird nicht mehr angezweifelt. Ist es aber gerechtfertigt, zu diesem Zweck solch starke Restriktionen einzuführen? Keine bekannte und weiterverbreitete Programmiersprache (abgesehen von "pure-LISP") verfügt über so stark reduzierte Kontrollstrukturen.

Beim Vergleich von Flußdiagrammen und Struktogrammen wird der Aspekt der Übersichtlichkeit in Verbindung mit der Fähigkeit, Abläufe von Algorithmen darzustellen, untersucht.

These 2.3.A: Jedes Struktogramm läßt sich durch ein äquivalentes Flußdiagramm übersichtlich darstellen.

These 2.3.B: Es gibt übersichtliche Flußdiagramme, welche sich nicht durch Struktogramme darstellen lassen, ohne zusätzliche Verzweigungen einzuführen.

Die Abb. 2.3.1 verdeutlicht den Sachverhalt.

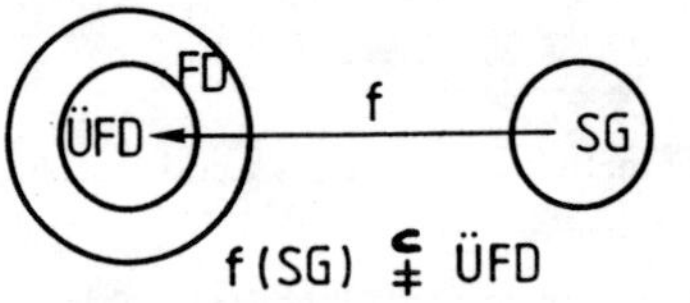

FD = Menge aller Flußdiagramme
ÜFD = Menge aller übersichtlichen Flußdiagramme ÜFD ⫋ FD
SG = Menge aller Struktogramme

Abb. 2.3.1 Beziehung zwischen (übersichtlichen) Flußdiagrammen und Struktogrammen

Um diese Thesen zu belegen, ist es zunächst erforderlich, den Begriff <u>Übersichtlichkeit</u> in Verbindung mit Algorithmen und deren graphischen Darstellung zu präzisieren.

Eine exakte Definition von Übersichtlichkeit ist kaum möglich, da mehrere Gesichtspunkte (einschließlich der graphischen Darstellung) herangezogen werden müssen, welche mit einer gewissen Willkür (wegen des persönlichen Geschmacks) zu gewichten wären. Möglicherweise wäre eine empirische Untersuchung aufschlußreich. Man kann sich aber auf die darzustellenden Grundstrukturen zurückziehen, um den Begriff genauer abzugrenzen.

Angenommen man schränkt die Grundstrukturen auf "one-in one-out"-Konstrukte und fügt neben der Sequenz, der Fallunterscheidung mit zwei Alternativen und der "repeat-until"- bzw. "while-endwhile"-Wiederholungsanweisung zusätzlich noch die verallgemeinerte Verzweigung und die "exit"-Wiederholungsanweisung hinzu (siehe Abb. 2.3.2). Es fällt schwer zu argumentieren, daß durch diese Erweiterungen Flußdiagramme plötzlich unübersichtlich werden. Die Abläufe lassen sich genauso wie bisher zerlegen. Hinzu kommt, daß verschachtelte Verzweigungen möglicherweise vermieden werden können!

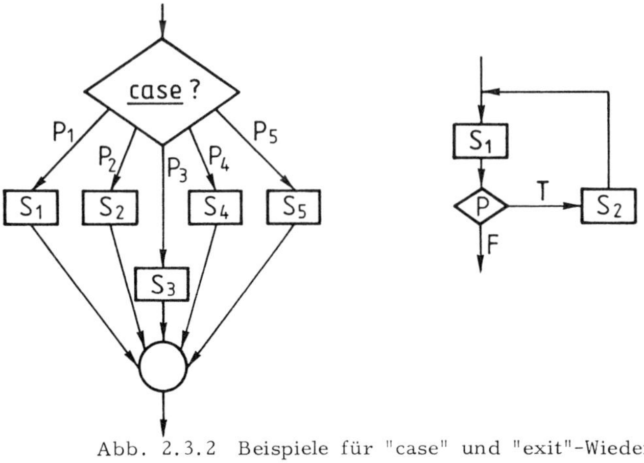

Abb. 2.3.2 Beispiele für "case" und "exit"-Wiederholungsanweisung

Betrachtet man diese Strukturen und ihre Realisierung mittels Struktogrammen, dann entstehen recht komplizierte Bilder. Im

Falle der verallgemeinerten Verzweigung muß man die Struktur in mehrere, hierarchisch geordnete simple Fallunterscheidungen künstlich zerlegen (siehe Abb. 2.3.3 a,b). Die "exit-Wiederholungsanweisung erfordert, daß der Block S_1 zweimal aufgeführt wird (siehe Abb. 2.3.3.c). Dieser Transformationsvorgang ist unter dem Namen "Code-Duplizierung" bekannt.

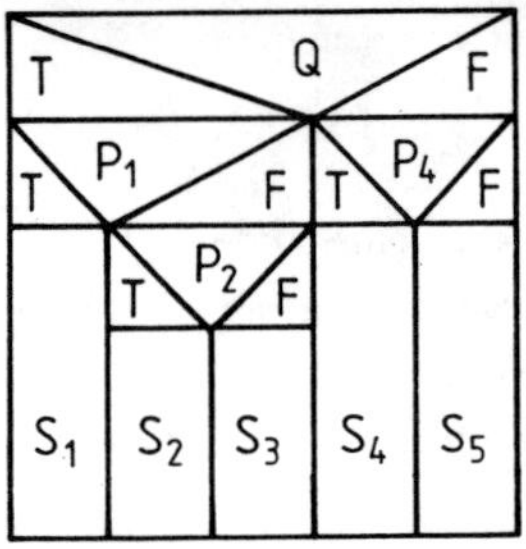

Abb. 2.3.3.a

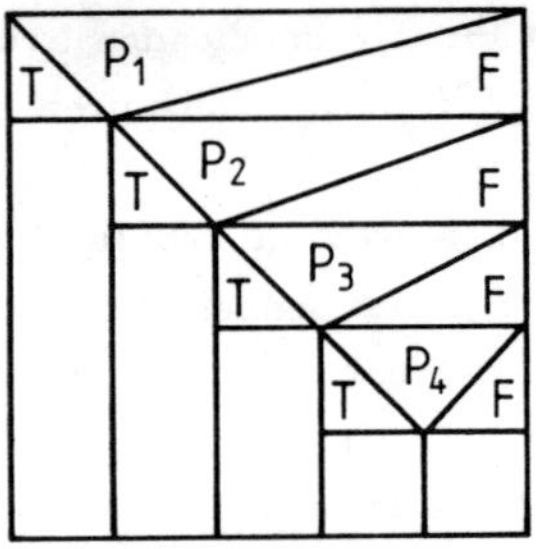

Abb. 2.3.3.b
(mechanische Umformung)

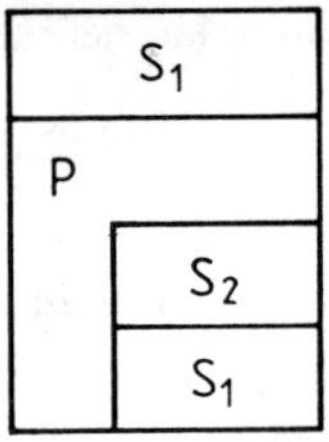

Abb. 2.3.3.c

Abb. 2.3.3 Mehrfach-Verzweigungen und exit-Wiederholungsanweisung mittels Struktogramme

Die hier gezeigten Fälle sind in ihrer Komplexität sehr simpel, so daß die Schwächen der Struktogramme nicht so deutlich in Erscheinung treten. Es genügt aber, sich eine Struktur vorzustellen, welche aus zwei ineinander geschachtelten "exit"-Wiederholungsanweisungen besteht, deren S_1-Blöcke Verzweigungen darstellen. Solche Strukturen sind noch kompakt genug, so daß sie ohne Verfeinerung dargestellt werden können.

Für die Überprüfung der aufgestellten These 2.3.B wurde der Begriff der Übersichtlichkeit auf Grundstrukturen angewandt, welche gutstrukturierte Flußdiagramme zulassen. Die entsprechenden Beispiele zeigen die Schwächen der Struktogramme deutlich.

Die These 2.3.A ist eine logische Folgerung aus den Eigenschaften der beiden Werkzeuge. Allerdings ist hier zu erwähnen, daß die maschinelle Erstellung von Struktogrammen einfacher ist als die der äquivalenten Flußdiagramme.

Zum Schluß sei bemerkt, daß die hier empfohlenen Kontrollstrukturen, welche im Zusammenhang mit der Präzisierung des Begriffs Übersichtlichkeit eingeführt wurden, nicht unbedingt ausreichen, um die Klasse der übersichtlichen Flußdiagramme zu charakterisieren. Es ist z.B. unter diesen Einschränkungen nicht möglich, Beispiel 2.1.2 ohne zusätzlichen Rechenaufwand darzustellen. Es ist aber auch noch nicht ausreichend begründet, weshalb das Flußdiagramm aus Beispiel 2.1.2 als übersichtlich eingestuft werden sollte. In diesem Abschnitt wurden nur die Vergleichsthesen über Flußdiagramme und Struktogramme behandelt.

Neben diesen Thesen bezüglich der Kontrollstrukturen der beiden graphischen Hilfsmittel sollte noch ein weiterer Aspekt berücksichtigt werden: Struktogramme ähneln mehr einer linearen Notation als einer graphischen Darstellungssprache. Sie sind damit als graphisches Werkzeug nur bedingt und stark eingeschränkt einsetzbar. Die Ähnlichkeit zwischen Struktogrammen und wohlgeformtem Programmtext ("indented listing") ist sehr groß. Dann aber gilt es viele Gründe (Wartbarkeit, Modifizierbarkeit), die Programmiersprache selbst als Strukturierungs-Werkzeug einzusetzen.

Diese Beobachtung mag vielleicht auch dazu beigetragen haben, daß Nassi-Schneidermann-Struktogramme sich nicht so stark durchgesetzt haben: Sie besitzen nicht die visuelle Klarheit der Flußdiagramme, behalten aber weiterhin die meisten anderen Nachteile (aufwendig in der Erstellung und Modifizierung) und schränken die Kontrollstrukturen zu stark ein. Durch die Abschaffung des uneingeschränkten goto sind die genannten Nachteile nicht ausgeglichen.

Demnach sind Struktogramme keine geeigneten graphischen Werkzeuge zur Planung und Darstellung von Programmabläufen.

Eine Revision der Struktogramme und der Flußdiagramme wurde durch [Ch.74] vorgenommen. Dabei wird der Versuch unternommen, die Vorteile der Struktogramme und die der Flußdiagramme zu einem neuen Konzept zu kombinieren.

Die Hauptsache des neuen Vorschlags basiert auf folgenden Beobachtungen:
- Flußdiagramme erlauben ein uneingeschränktes goto;
- Flußdiagramme sind nicht kompakt;
- Das Zeichnen von Flußdiagrammen ist aufwendig;
- Struktogramme haben zu stark eingeschränkte Kontrollstrukturen;
- Struktogramme werden bei höherer Verschachtelung besonders unübersichtlich;
- Weder Flußdiagramme noch Struktogramme unterstützen direkt modulare Programmentwicklung.

Der Ablauf eines Programms wird durch Blöcke präsentiert, welche nach Bedarf mit einem Namen versehen werden können. Sequentielle Blöcke können zusammengefaßt werden. Sind sie nicht zusammengefaßt, dann werden sie mit Hilfe von Ablauflinien verbunden.

Als Kontrollstrukturen werden nur Sinnbilder zugelassen, welche fast identisch mit den Nassi-Schneiderman -Symbolen sind. Wiederholungsblöcke werden etwas auffällig markiert, um die Lesbarkeit zu verbessern. Uneingeschränkte goto-Anweisungen werden zwar nicht empfohlen, aber zugelassen: ein Pfeil nach rechts gefolgt von einer Marke (label) ersetzen eine direkte Verbindung durch eine Ablauflinie.

Ein Diagramm wird schließlich durch Markierungen ergänzt, welche die Modularisierung stärker hervorheben. Insgesamt handelt es sich dabei eher um organisatorische Hilfsmittel als um eine neue graphische Darstellungsmethode. Die Verwandtschaft mit den Struktogrammen ist sehr groß.

Abb. 2.3.4 zeigt eine mögliche Darstellung von Beispiel 2.1.1 mit Hilfe dieses neuen Konzepts (<u>"Chapin-Charts"</u>).

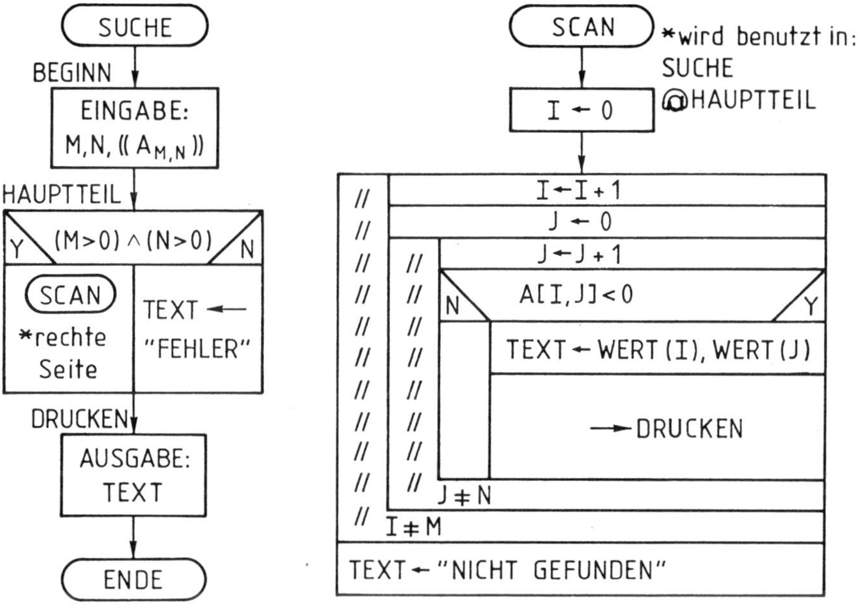

Abb. 2.3.4 "Chapin-Charts" für Beispiel 2.1.1

<u>Bemerkungen</u>:

- Die schrittweise Verfeinerung wird durch die zusätzlichen Markierungen stark unterstützt. Dies stellt einen Fortschritt gegenüber Struktogrammen und Flußdiagrammen dar. Markierungskonventionen können aber auch bei Flußdiagrammen übernommen werden.
- Die Kontrollstrukturen wurden durch das uneingeschränkte <u>goto</u> erweitert. Dies ist sicherlich <u>nicht</u> wünschenswert. Das Verlassen einer Wiederholungsanweisung in der Mitte ist nicht übersichtlich darstellbar. Zu dieser Struktur ist folgendes Sinnbild vorge-

schlagen worden (Abb. 2.3.5):

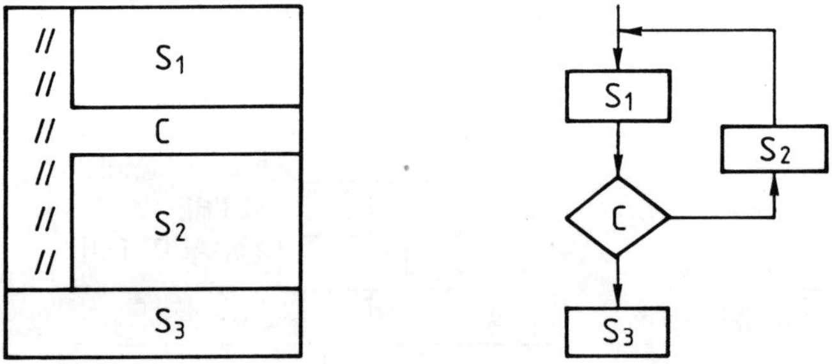

Abb. 2.3.5 1-exit-Wiederholungsanweisung als "Chapin-Chart" und als Flußdiagramm

Abgesehen von der mangelnden Übersichtlichkeit stellt diese Struktur einen Sonderfall dar und kann kaum auf n-exit-Wiederholungsanweisungen erweitert werden.

- Die neue Darstellungsweise ist nicht wesentlich kompakter als die Flußdiagramme. Bei Flußdiagrammen kann der sequentielle Ablauf ebenfalls in einem großen Block dargestellt werden. Die Iteration benötigt bei "Chapin-Charts" meistens geringeren Platzbedarf als bei Flußdiagrammen. Dafür ist die Darstellung von Verzweigungen sehr viel aufwendiger.

- "Chapin-Charts" können (wie Struktogramme) maschinell durch einen einfachen Algorithmus erstellt werden. Dies ist bei Flußdiagrammen in der Regel nicht möglich. Die manuelle Erstellung von "Chapin-Charts" wie auch Struktogrammen ist aber wesentlich komplizierter, da die Proportionen eines Blocks schwer zu bestimmen sind, wenn man von "außen" nach "innen" zeichnet. Der umgekehrte Weg würde den Prinzipien der Programmentwicklung völlig widersprechen.

Zusammenfassend kann also festgestellt werden, daß die "Chapin-Charts" den klassischen Struktogrammen in Klarheit (wegen der zusätzlichen Markierung) überlegen sind und daß sie die Modularisierung stark unterstützen. Sie führen aber keine zusätzlichen Kontrollstrukturen ein, so daß gegen sie dieselben Ablehnungsgründe wie gegen die Struktogramme vorgebracht werden können.

2.4 Vor- und Nachteile von Flußdiagrammen

Der Vergleich zwischen Flußdiagrammen und Struktogrammen hat zu einer Ablehnung der Struktogramme als graphisches Hilfsmittel zur Darstellung von Algorithmen geführt. Im folgenden sollen Flußdiagramme und ihre Vor- und Nachteile näher untersucht werden.

Als gegen Ende der 60er Jahre die strukturierte Programmierung und die "schrittweise-Verfeinerung" bei der Entwicklung von Algorithmen ihren Durchbruch erzielten, wurden unter diesem Aspekt auch die Flußdiagramme untersucht und als untaugliche Mittel für die Erstellung wohlstrukturierter Programme eingestuft ([Di.68], [DDH.72]).

Die Attacke gegen die Flußdiagramme basierte auf ihrer Eigenschaft, beliebige Verzweigungen zuzulassen. Beim Entwickeln formaler Methoden zur Programmverifikation sah man sich zunächst gezwungen, nur Bausteine mit einem Eingang und einem Ausgang sowie deren Komposition als verifizierbare Programmschemata zuzulassen. Dabei gelang es [HO.69], auf der Basis von Sequenz, if-then-else-Verzweigung und while-Wiederholung Regeln zur formalen Verifikation von Programmen anzugeben, ohne dabei ihre Terminiertheit zu berücksichtigen (siehe auch [Fl.67]).

Dieses Konzept wurde später auf Prozeduren sowie auf die uneingeschränkte Anwendung des goto erweitert ([Ho/Wi.73],[Al/Av.78]). Trotzdem läßt sich aber die willkürliche Anwendung von goto nicht rechtfertigen.

Die Untersuchungen über Verifizierbarkeit, das goto und Programmschemata (nicht interpretierte Flußdiagramme) hatten nicht nur einen formalen Charakter, sondern auch einen sehr wesentlichen Effekt: Man hatte eingesehen, daß die Mächtigkeit beliebiger Flußdiagramme hinsichtlich der Konstruktion übersichtlicher Programme zu groß ist. Die Einhaltung gewisser Regeln beim Entwerfen von Algorithmen führte zu einer Disziplinierung des "persönlichen" Programmierstils. Als Konsequenz begann man überschaubare Kontrollstrukturen anzuwenden, die Programme in Module zu zerlegen, sie hierarchisch aufzubauen, sowie deren Richtigkeit mit Hilfe von Verifizierungsmethoden zu überprüfen.

Die erste Generation von Kontrollstrukturen war besonders restriktiv und stieß deshalb auf starken Widerstand. Diese Kontrollstrukturen entsprechen etwa denen der Struktogramme. Als Hauptargument wurde die verminderte Effizienz angeführt. Hinzu kamen das kommerzielle Interesse von EDV-Herstellern, welche die geforderten Kontrollstrukturen nicht anbieten konnten (erst ca. 1978 wurde in Standard-FORTRAN die "if-then-else"-Struktur eingeführt ([FO.78])), sowie psychologische Ursachen seitens der Programmierer-Welt. Die Einschränkung des goto wurde als Einschränkung der persönlichen "Freiheit" empfunden. In diesem Zusammenhang sei daran erinnert, daß dieselben Probleme auftraten, als die Assembler-Programmierung zugunsten problemorientierter Programmiersprachen eingeschränkt werden sollte. Und heute erlebt man eine ähnliche Situation bei der Einführung von abstrakten Datentypen in bezug auf deren effiziente Implementierung.

Etwas später hat dann [Kn.74] versucht, sachliche Argumente für die Erweiterung der genormten Kontrollstrukturen sowie für die Eliminierung bzw. disziplinierte Anwendung des goto anzugeben.

Viele interessante Beispiele über die Anwendung bzw. Vermeidung des goto in Zusammenhang mit Programmverifikation sind in [Al/Av. 78] enthalten.

Es ist unbestreitbar, daß das goto beim Programmieren sinnvoll eingesetzt werden kann. Im Falle von Flußdiagrammen erfordert seine Anwendung einen äußerst vorsichtigen Programmierer mit hoher Selbstdisziplin. Aber spätestens nach der Veröffentlichung von [Na/Ra.69] wußte man, daß der durchschnittliche Programmierer eher auf seine "Trickkiste" und nicht auf die gute Struktur seiner Programme stolz war! Unter diesen Bedingungen erscheint eine Einschränkung des goto aus pädagogischen Gründen durchaus angebracht, wenn nicht erforderlich.

Die Konsequenz war zweierlei: Es hat einerseits neben der harten Kritik an Flußdiagrammen eine Fülle von Untersuchungen gegeben, welche die automatische Umsetzung von beliebigen Programmschemata in strukturierte zum Ziel hatten ([Ba.77]). Die automatisch transformierten Programme sind kaum übersichtlicher als die ursprünglichen, da komplizierte und nicht (modular- bzw. hierarchisch) strukturierte Logik automatisch in eine "äquivalente" umgesetzt wird, die alle vorhandenen Nachteile beibehält. Es hat andererseits einen konstruktiven Versuch gegeben, den Flußdiagrammen eine Blockstruktur aufzuprägen und das goto gänzlich auszuschalten. Die daraus entstandenen Schemata sind die in Abschnitt 2.2 diskutierten Struktogramme.

Die bisherigen Überlegungen zeigen also bei Flußdiagrammen schwerwiegende Mängel auf, wenn sie in ihrer ursprünglichen Mächtigkeit zum Entwickeln und Darstellen von Programmen eingesetzt werden. Es stellt sich demnach die Frage, weshalb Flußdiagramme weiterhin so verbreitet sind. Sie werden ja sowohl in der Lehre als auch in der Praxis in großem Umfang eingesetzt.

Abgesehen von den oben erwähnten Umstellungsschwierigkeiten gibt es ein weiteres wesentliches Argument, welches für die Flußdiagramme spricht:

Flußdiagramme besitzen als einziges graphisches Hilfsmittel die Fähigkeit, den Ablauf eines Algorithmus in einer zweidimensionalen Sprache visuell darzustellen und zu verdeutlichen.

Die Untauglichkeit der Struktogramme wurde in Abschnitt 2.3 dokumentiert. Man beachte aber, daß es sich bei den Ablaufdiagrammen um graphische Darstellungen handelt. Deshalb werden hier Flußdiagramme als eine zweidimensionale graphische Sprache aufgefaßt (im Gegensatz zu den üblichen Sprachen, deren Symbole in der Regel aneinandergesetzt werden).

Die Fähigkeit der visuellen Darstellung ist bei den Flußdiagrammen zweifellos unbestritten. Natürlich haben Flußdiagramme keine kompakte Notation, so daß manchmal bei größeren Problemen die Übersicht darunter leidet. Dies ist aber eher ein Problem des Einsatzes solcher graphischer Mittel. Es muß betont werden, daß Flußdiagramme die Blockbildung, die Verfeinerung sowie die Modularisierung in keiner Weise verhindern.

Die Fähigkeit der Verdeutlichung muß wesentlich kritischer betrachtet werden. Diese Eigenschaft ist einerseits vorhanden, andererseits aber ist sie nicht zwingend in jedem Flußdiagramm enthalten. Es erscheint sogar besonders schwer, allgemeine Kriterien für die objektive Beurteilung der Qualität von Flußdiagrammen bezüglich deren Verdeutlichungs-Fähigkeit anzugeben. So wie die Frage nach einem "guten" Programmierstil schwer zu beantworten ist ([Di.72a],[Na.75]), genauso kompliziert ist das Problem des "guten" Flußdiagrammstils. Hier spielt unter anderem die graphische Darstellung selbst eine entscheidende Rolle.

Dieser Sachverhalt wird nun mit Hilfe des Beispiels 2.1.1 etwas genauer verdeutlicht. Abb. 2.4.1 zeigt dasselbe Verfahren in einer anderen graphischen Darstellung. Die Flußdiagramme von Abb. 2.1.2 und 2.4.1 sind isomorph (siehe Kapitel 3). Abb. 2.4.2 zeigt eine ähnliche Lösung desselben Problems aus Beispiel 2.1.1. Durch Veränderung der Logik der Wiederholungsanweisungen ist bei dieser graphischen Darstellung die Verdeutlichung der Verschachtelung nicht klar darstellbar. Die Übersichtlichkeit von Flußdiagrammen hängt demnach nicht nur vom gewählten Verfahren, sondern auch von deren graphischen Darstellung ab.

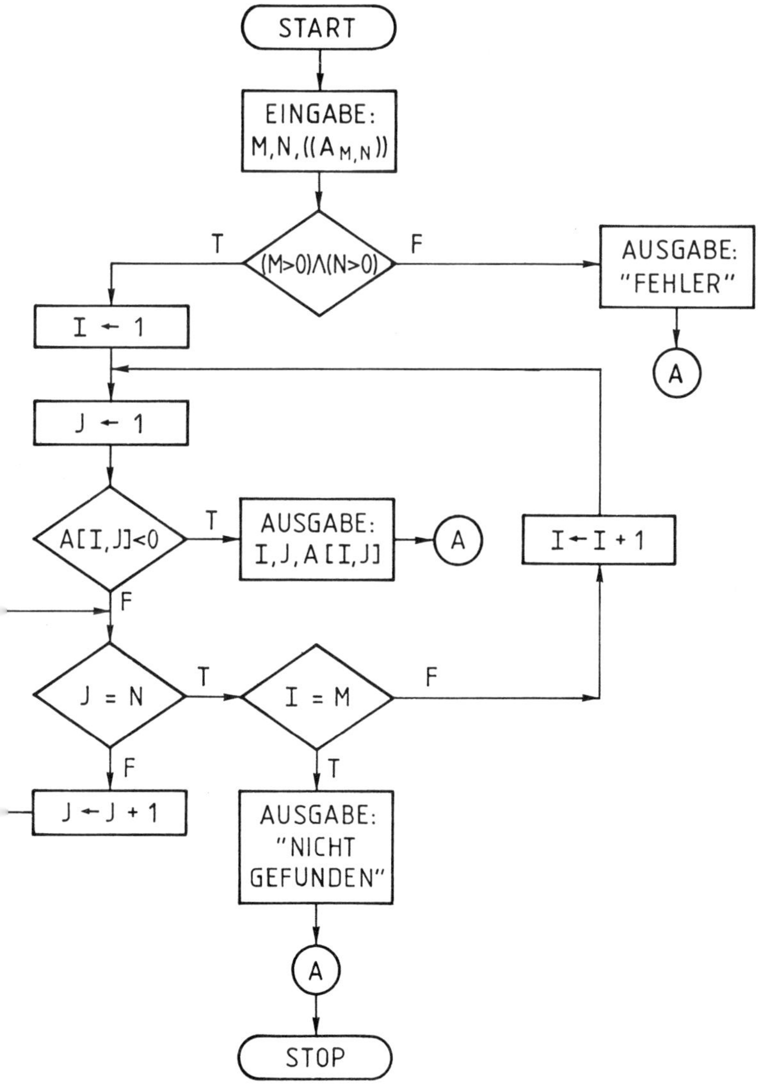

Abb. 2.4.1 Flußdiagramm für Beispiel 2.1.1 (unübersichtlich)

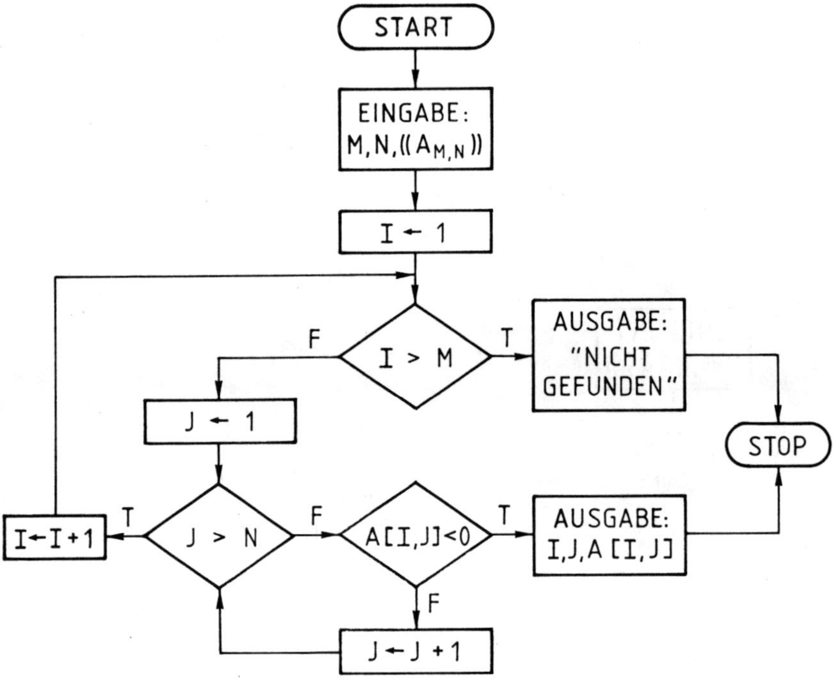

Abb. 2.4.2 Modifiziertes Flußdiagramm für Beispiel 2.1.1

Anhand eines sehr einfachen Beispiels läßt sich also demonstrieren, welche Schwierigkeiten beim Einsatz von Flußdiagrammen auftreten. Darüber hinaus sind Flußdiagramme:

- aufwendig in ihrer Erstellung,
- sehr kompliziert in ihrer Wartung,
- nur bedingt geeignet als Dokumentationsmittel.

Die Pflege von Flußdiagrammen erfordert sehr oft eine neue Graphik, um die Übersichtlichkeit beizubehalten. Dies läßt sich aber aus Kostengründen kaum realisieren, falls die gesamte Arbeit manuell durchgeführt werden muß.

Als reines Dokumentationsmittel sind Flußdiagramme deshalb nur bedingt geeignet, weil ein unstrukturiert geschriebenes Programm durch sein äquivalentes Flußdiagramm genauso schwer verständlich ist. Ist speziell ein solches Programm besonders umfangreich und läßt es sich nicht in Modulen zerlegen, dann ist das entsprechende Flußdiagramm vollkommen unübersichtlich.

Dagegen kann die disziplinierte Benutzung von Flußdiagrammen bei der Entwicklung eines Algorithmus sehr nützlich sein. Es ist beispielsweise wesentlich einfacher, einem Programmieranfänger die Wiederholung oder die mehrfache Verzweigung mit Hilfe eines Flußdiagramms als mit einer linearen Sprachbeschreibung zu verdeutlichen, nicht zuletzt deshalb, weil man graphisch (im zweidimensionalen Raum) die einzelnen Schritte des Verfahrens und die Zustandsänderungen besser verfolgen kann. Im übrigen benutzt man auch in der Automatentheorie graphische Darstellungen (Zustandsdiagramme), um die Arbeitsweise von Automaten zu verdeutlichen.

Das Argument der visuellen Übersichtlichkeit spielt bei der Entwicklung von Algorithmen eine immer geringere Rolle, je erfahrener der Programmierer und je größer sein Abstraktionsvermögen ist. Dieser Tatbestand spiegelt sich auch in der Praxis wieder. Bekanntlich finden Flußdiagramme immer weniger dort Verwendung, wo Programmiersprachen eingesetzt werden, welche höhere Datenstrukturen, Modularisierungskonzepte und die bekannten Kontrollstrukturen zur Verfügung stellen. Beim Einsatz maschinenorientierter Programmiersprachen dagegen begegnet man genau der entgegengesetzten Tendenz.

Die Verwandtschaft zwischen Flußdiagrammen und Assemblersprachen ist zumindest historisch gerechtfertigt. Man kritisiert deshalb Flußdiagramme wegen des geringen Abstraktionsgrades, den sie bei der Formulierung eines Algorithmus anbieten (z.B. Fehlen diverser Schleifenkonstrukte). Diese Kritik ist aber nicht gerechtfertigt. Denn:
Der Abstraktionsgrad eines Flußdiagramms hängt nur davon ab, wie detailliert der Ablauf des zu repräsentierenden Programms dargestellt wird.

Es trifft aber zu, daß Flußdiagramme über wenig geeignete Mechanismen verfügen, um organisatorische Maßnahmen über die Datenobjekte zu unterstützen. Im einzlenen sind Flußdiagramme nicht dazu geeignet,

- Datenobjekte mit ihren Operationen einzukapseln,
- den Gültigkeitsbereich von Datenobjekten zu beschreiben,
- die Struktur von Datenobjekten wiederzugeben.

Es muß allerdings betont werden, daß dies auch nicht die Aufgabe der Flußdiagramme ist. Deren Aufgabe ist es,

die Bereitstellung von graphischen Hilfsmitteln zur Darstellung und Verdeutlichung von Programmablaufplänen.

Es ist deshalb naheliegend, Flußdiagramme mit den üblichen Programmiersprachen zu vergleichen.

Def. 2.4.1: Flußdiagramme sind Programme einer speziellen zweidimensionalen graphischen Programmiersprache zur Formulierung von Programmablaufplänen

Ein wesentlicher Vorteil der Flußdiagramme besteht also darin, daß man den Ablaufplan eines Programms oder Programmteils beliebig exakt spezifizieren kann, ohne sich zunächst um die Wahl der Programmiersprache Gedanken machen zu müssen. Man kann diese Entscheidung bis zur Implementierungsphase hinausschieben. Dies hat natürlich zur Folge, daß das entworfene Flußdiagramm unter Umständen nur schwer in eine bestimmte Zielsprache abgebildet werden kann, weil die benutzten Kontrollstrukturen und Mechanismen in der Zielsprache nicht vorhanden sind bzw. mit Hilfe von goto-Anweisungen nachgebildet werden müssen. Solche Umformungen können in der Regel mechanisch durchgeführt werden ([Ke/Pl.76],[Ho/Sa.78]).

Der entscheidende Nachteil dieser speziellen Programmiersprache ist bereits mehrmals angedeutet worden: Ihre einfachen Regeln erlauben - sie erleichtern sogar - die Formulierung eines jeden beliebigen Ablaufplans. Flußdiagramme sind deshalb zur Darstellung von Ablaufstrukturen, welche "Labyrinthen" ähneln, besonders gut geeignet.

Empirische Untersuchungen über den Einfluß von Flußdiagrammen auf die Programmqualität und die Programmiertätigkeit sind von [SMMH.77] (siehe auch [Sch..80]) durchgeführt worden. Ein aktueller Überblick über empirische Untersuchungen zum Thema Programmier-Hilfswerkzeuge und ihre Auswirkungen ist in [Sh.81] enthalten.

Die Resultate der durchgeführten Experimente fallen für die Flußdiagramme enttäuschend aus. Die statistischen Ergebnisse rechtfertigen den Einsatz der Flußdiagramme nicht! Aus der Beschreibung der Experimente lassen sich allerdings einige Zweifel bezüglich der Allgemeingültigkeit der Aussagen anmelden:

- Die Flußdiagramme wurden immer in Verbindung mit einer Programmiersprache getestet (FORTRAN 66);
- Nur die Richtigkeit der Lösung wurde geprüft, nicht ihre Qualität bzw. die Struktur des Ablaufplans;
- Die Probleme waren von einfachem Schwierigkeitsgrad;
- Die Testpersonen waren ausschließlich Studenten.

Es ist deshalb zulässig und angebracht, die Nützlichkeit von Flußdiagrammen auf bestimmte Programmierungsaktivitäten einzuschränken. Einfache Probleme, deren Struktur mehr oder weniger bekannt ist, benötigen nicht eine zusätzliche Analyse mittels graphischer Darstellung. Andererseits kann man die Struktur eines Algorithmus viel besser anhand eines abstrakten graphischen Schemas studieren, ohne sich durch eine konkrete Programmiersprache und ihre Kontrollstrukturen beeinflussen zu lassen.

Nach diesen Untersuchungen entsteht logischerweise die Frage nach einer geeigneten <u>Teilmenge von Flußdiagramm-Graphen</u>, welche

- moderne und allgemein anerkannte Kontrollstrukturen uneingeschränkt zuläßt,
- die unerwünschten Eigenschaften allgemeiner Flußdiagramme in bezug auf ihre Mächtigkeit ausschließt,
- durch einen Formalismus beschrieben wird, der die Anwendung von weiteren Hilfswerkzeugen ermöglicht.

Zu diesem Zweck werden zunächst die ursprünglichen Flußdiagramme formal definiert und deren Eigenschaften analysiert. Dazu werden einige graphentheoretische Konzepte genutzt, da die Flußdiagramme als gerichtete zusammenhängende Graphen aufgefaßt werden können. Diesen Überlegungen schließt sich eine Präzisierung der Begriffe Verfahren, Algorithmus und Programm an.

3. Graphentheorie für Flußdiagramme

Für die weitere Behandlung von Flußdiagrammen in dieser Untersuchung sind einige elementare Kenntnisse aus der Graphentheorie erforderlich. Sie werden in dem vorliegenden Kapitel kurz dargestellt.

Flußdiagramme sollen im folgenden als endliche und gerichtete Graphen interpretiert werden, daher können die Aussagen und die Notation auf diese spezielle Klasse von Graphen eingeschränkt werden. Außerdem wird vorausgesetzt, daß zwischen zwei Flußdiagramm-Symbolen nur eine direkte Verbindung in einer Richtung erforderlich ist, so daß Graphen mit Parallelen ebenfalls ausgeschlossen werden können. Dies ist aus semantischer Sicht gerechtfertigt, obwohl das Programmstück

if C then "do nothing" else "do nothing" endif S

durchaus durch folgende zwei semantisch äquivalente Flußdiagramme dargestellt werden kann (siehe Abb. 3.1):

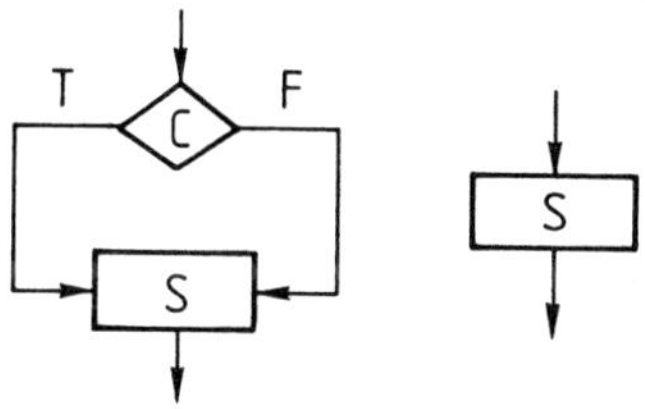

Abb. 3.1 Parallelen in Flußdiagrammen

Eine weitere Einschränkung betrifft die Interpretation der hier zu behandelnden Flußdiagramme: Es werden keine Berechnungen parallel durchgeführt, so daß mit Ausnahme der generalisierten Verzweigungen (siehe Kapitel 4) die Flußdiagramme einen sequentiellen Rechenvorgang beschreiben. Man spricht in diesem Zusammenhang von sequentiellen Flußdiagrammen im Gegensatz zu den nichtsequentiellen Flußdiagrammen.

Die DIN-Normung [DIN.75] sieht Sinnbilder für kollaterale Verarbeitung vor. Sie bieten aber keine geeigneten Hilfsmittel zur

Kontrolle und Darstellung von Synchronisation parallel-arbeitender Algorithmen. Diese Probleme werden adäquater mit Hilfe von Petri-Netzen behandelt ([Pe.77]).

Die Theorie der endlichen gerichteten Graphen wird in [Be.75] und [No.76] ausführlich behandelt.

3.1 Gerichtete Graphen und ihre Eigenschaften

Definition 3.1.1: Ein Graph G ist ein Tupel (K,V) mit einer nichtleeren Menge K aus Knoten und einer Menge V aus ungeordneten Paaren (k,k'), die Elemente von K sind und Verbindungen zwischen den Knoten darstellen.

Definition 3.1.2: Ein endlicher gerichteter Graph G ist ein Tupel (K, V) mit einer endlichen nichtleeren Menge K aus Knoten und einer Relation $V \subset K \times K$ mit geordneten Paaren $v = (k,k') \in V$, welche eine gerichtete Verbindung von $k \in K$ nach $k' \in K$ beschreibt. v heißt Kante in G.

Im folgenden werden Graphen als endlich und gerichtet vorausgesetzt. Wegen der Definition 3.1.2 sind keine parallelen Kanten möglich.

Definition 3.1.3: Sei G = (K,V) und $(k,k') \in V$. Dann heißt k (direkter) Vorgänger von k' und k' (direkter) Nachfolger von k.

Definition 3.1.4: Sei G = (K, V) und $(k, k) \in V$. Die Kante (k, K) heißt Schlinge.

Bemerkung: Im Falle einer Schlinge $(k, K) \in V$ ist k sein eigener Vorgänger und Nachfolger.

Definition 3.1.5: Sei $G = (K, V)$ und $k \in K$. Die Menge $V(k) = \{k' \in K \mid (k',k) \in V\}$ heißt Vorgängermenge von k. Die Menge $N(k) = \{k' \in K \mid (k,k') \in V\}$ heißt Nachfolgermenge von k.

Definition 3.1.6: Sei $G = (K,V)$ und $k \in K$. Der Innengrad von k wird definiert durch die Anzahl der in k einmündenden Kanten: $Ein(k) = |\{(k',k) \mid (k',k) \in V\}|$. Der Außengrad von K wird definiert durch die Anzahl der aus k ausgehenden Kanten: $Aus(k) = |\{(k,k') \mid (k,k') \in V\}|$.

Definition 3.1.7: Sei $G = (K,V)$ und $k \in K$. k heißt Anfangsknoten, falls $Ein(k)=0$. k heißt Endknoten, falls $Aus(k)=0$. k heißt isolierter Knoten, falls $Ein(k)+Aus(k)=0$.

Beispiel 3.1.1: Die Abb. 3.1.1 enthält einen Graphen G, an dem die obigen Definitionen demonstriert werden sollen.

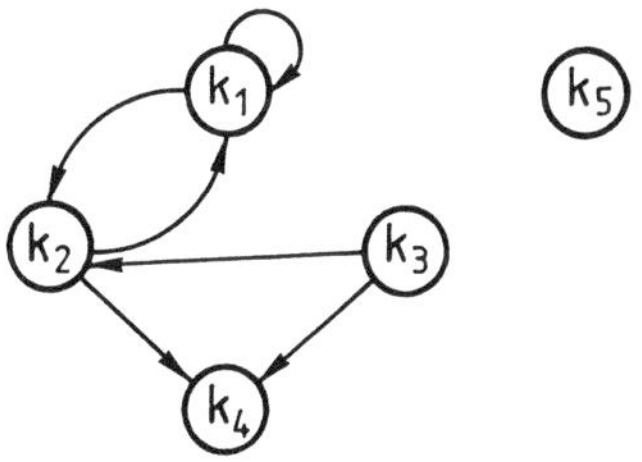

Abb. 3.1.1 Gerichteter Graph G

$G = (K,V)$ mit:
$K = \{k_1,k_2,k_3,k_4,k_5\}$
$V = \{(k_1,k_1),(k_1,k_2),(k_2,k_1),(k_2,k_4),(k_3,k_2),(k_3,k_4)\}$
(k_1,k_1) ist Schlinge
$V(k_2) = \{k_1,k_3\}$ Anfangsknoten : k_3,k_5
$N(k_1) = \{k_1,k_2\}$ Endknoten : k_4,k_5
isolierter Knoten: k_5

Definition 3.1.8: Sei $G = (K,V)$ und $k \in K$. Die Menge $V^E(k) = \{k' \in K \mid (k',k) \in V \wedge k' \neq k\}$ heißt echte Vorgängermenge von k. Die Menge $N^E(k) = \{k' \in K \mid (k,k') \in V \wedge k' \neq k\}$ heißt echte Nachfolgermenge von k.

Diese Definition ist zweckmäßig und wird oft an Stelle der Definition 3.1.5 benutzt. In dieser Untersuchung spielen Schlingen eine bedeutende Rolle, so daß auch sinngemäß zwischen Vorgängern bzw. Nachfolgern und echten Vorgängern bzw. echten Nachfolgern unterschieden wird. Dementsprechend gilt:

$\text{Ein}^E(k) = |\{(k',k) \mid (k',k) \in V \wedge k' \neq k\}|$ und

$\text{Aus}^E(k) = |\{(k,k') \mid (k,k') \in V \wedge k \neq k'\}|$.

Definition 3.1.9: Sei $G = (K,V)$. Eine Menge von Kanten $\{(k_i,k_{i+1}),(k_{i+1},k_{i+2}), \ldots,(k_{j-2},k_{j-1}),(k_{j-1},k_j)\} \subset V$ heißt Weg von k_i nach k_j in G und wird mit $w_{i,j} = (k_i,k_{i+1},\ldots,k_{j-1},k_j)$ bezeichnet, falls die Kanten nach der angegebenen Folge geordnet werden können.

Definition 3.1.10: Sei $G = (K,V)$ und $k,k' \in K$. k' heißt erreichbar aus k, falls es einen Weg $w_{k,k'}$ in G gibt.

Beispiel 3.1.2:

In G aus Abb. 3.1.1 gibt es verschiedene Wege w_{k_3,k_4}, z.B.:

(a) (k_3,k_2,k_1,k_2,k_4)

(b) (k_3,k_2,k_4)

(c) (k_3,k_4)

Definition 3.1.11: Ein Graph $G = (K,V)$ heißt zusammenhängend, wenn $\forall\, k, k' \in K \wedge k \neq k'$ ($w_{k,k'}$ oder $w_{k',k}$ in G).

Bemerkung: Bei der Untersuchung der Flußdiagramme als Graphen interessieren nur zusammenhängende Graphen. Da aber dieser Begriff in der obigen Definition für Flußdiagramme etwas ungewöhnlich ist, wird er durch andere Forderungen an Flußdiagramm-Graphen ersetzt (siehe Kapitel 4).

Definition 3.1.12: Ein Weg $w_{k,k}$ in $G = (K,V)$ heißt Zyklus. Ein Zyklus $w_{k,k}$ heißt elementar, falls die Folge $(k, k+1,\ldots,k)$ bis auf k selbst nur unterschiedliche Knoten enthält.

Bemerkung: Aus der Definition 3.1.12 folgt, daß Elementenzyklen keine weiteren Zyklen enthalten.

3.2 Spezielle gerichtete Teilgraphen

In diesem Abschnitt werden Teile von Graphen näher betrachtet, welche bei Flußdiagrammen von besonderer Bedeutung sind. Es werden weiterhin endliche gerichtete und zusammenhängende Graphen betrachtet.

Definition 3.2.1: Sei $G = (K,V)$. $H = (Y,W)$ heißt Teilgraph von G ($H \subset G$), falls gilt: $Y \subset K \wedge W = Y \times Y \cap V$.

Da auch ein einziger Knoten $k \in G$ als Teilgraph aufgefaßt werden kann, sollen zunächst einige Definitionen aus 3.1 übernommen werden.

Definition 3.2.2: Seien $G = (K,V)$ und $H = (Y,W)$ mit $H \subset G$. Die Menge $V(H) = \{k \in K \setminus Y \mid (k,y) \in V \wedge y \in Y\}$ heißt Vorgängermenge von H. Die Menge $N(H) = \{k \in K \setminus Y \mid (y,k) \in V \wedge y \in Y\}$ heißt Nachfolgermenge von H.

Definition 3.2.3: Seien $G = (K,V)$ und $H = (Y,W)$ mit $H \subset G$.
Der Innengrad von H ist $Ein(H) = |\{(k',k) \mid (k',k) \in V \wedge k' \in V(H)\}|$.
Der Außengrad von H ist $Aus(H) = |\{(k,k') \mid (k,k') \in V \wedge k' \in N(H)\}|$.

Durch die Definition 3.2.2 haben Teilgraphen nur echte Vor- bzw. Nachfolger. Aus diesem Grund wird oft die Definition 3.1.8 der Definition 3.1.5 vorgezogen. In dieser Untersuchung ist es nicht sinnvoll, von unechten Vorgängern von Teilgraphen zu sprechen, wenn diese Teilgraphen mehrere Knoten enthalten.

Definition 3.2.4: Seien $G = (K,V)$ und $H = (Y,W)$ mit $H \subset G$.
Ein Knoten $y \in Y$ heißt Eingangsknoten von H falls $\exists\, k \in V(H)((k,y) \in V)$. y heißt Ausgangsknoten von H, falls

$\exists\, k \in N(H)\,((y,k) \in V)$.

Eingangs- und Ausgangsknoten von Teilgraphen spielen bei Flußdiagramm-Graphen eine bedeutende Rolle.

Folgerung: Ein Graph G ist nicht zusammenhängend, wenn $\exists\, H \subsetneqq G(\mathrm{Ein}(H)+\mathrm{Aus}(H)=0)$.

Beispiel 3.2.1: Der Graph aus Abb. 3.2.1 dient zur Illustration der obigen Defintionen.

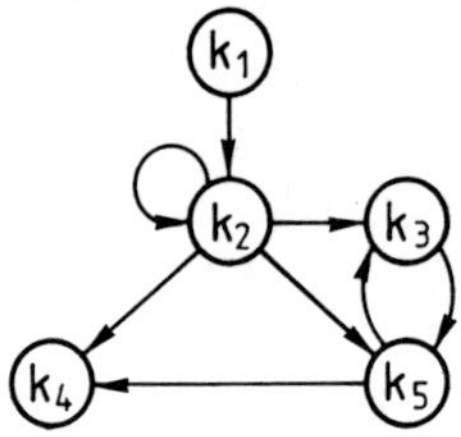

Abb. 3.2.1 Gerichteter zusammenhängender Graph G

$(Y_1,W_1) = H_1 \subsetneqq G$ mit	$(Y_2,W_2) = H_x \subsetneqq G$ mit
$Y_1 = \{k_1,k_2,k_4\}$	$Y_2 = \{k_2,k_3,k_5\}$
$W_1 = \{(k_1,k_2),(k_3,k_4)\}$	$W_2 = \{(k_2,k_2),(k_2,k_3),(k_3,k_5)\}$
$V(H_1) = \{k_5\}$	$V(H_2) = \{k_1\}$
$N(H_1) = \{k_3,k_5\}$	$N(H_2) = \{k_4\}$

Bemerkung: Im Laufe der Untersuchung über Flußdiagramme werden in der Regel nur Teilgraphen $H \subsetneqq G$ betrachtet, für die gilt: $W = Y \times Y \cap V$.

Definition 3.2.5: Ein (Teil-)Graph $G = (K,V)$ heißt linear, wenn G zusammenhängend ist und es genau einen elementaren Weg $W_{k,k'}$ mit $K \neq k'$ gilt, der alle Elemente $k \in K$ enthält.

Beispiel 3.2.2: siehe Abb. 3.2.2.

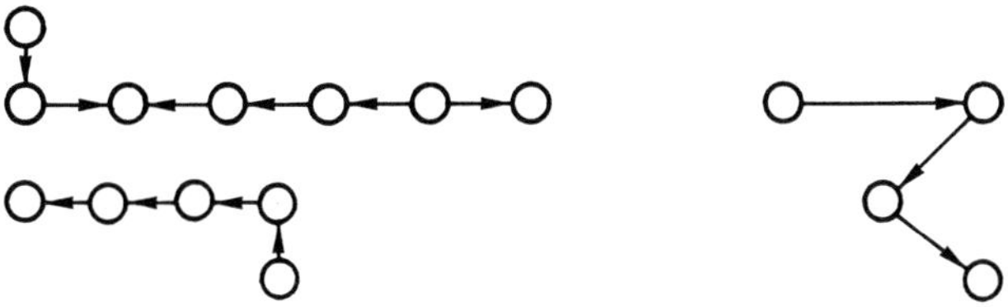

Abb. 3.2.2 lineare Graphen

Definition 3.2.6: Ein (Teil-)Graph G = (K,V) heißt zyklisch, wenn er mindestens einen Zyklus enthält.

Definition 3.2.7: Ein (Teil-)Graph G = (K,V) heißt verzweigend, wenn G nicht linear und falls G zyklisch, dann
$\exists\ H \subsetneqq G \wedge H$ zyklisch (Aus(H)>0).

Bemerkung: Ein Knoten k heißt Verzweigungsknoten, falls Aus(k)>1. Ein Zyklus, der nur aus Verzweigungsknoten besteht, heißt Verzweigungszyklus.

Beispiel 3.2.3: Abb. 3.2.3 zeigt zwei zyklische und zwei verzweigende Graphen:

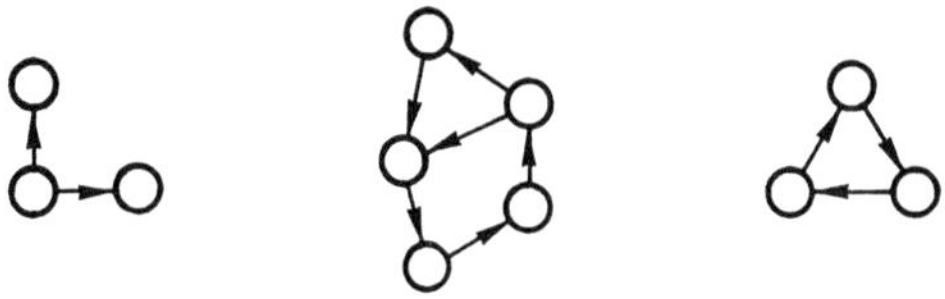

Abb. 3.2.3 Zyklischer, zyklischer und verzweigender und verzweigender Graph

Die Interpretation von linearen, verzweigenden und zyklischen Graphen im Zusammenhang mit Flußdiagrammen ist evident.

Definition 3.2.8: Seien G = (K,V) und G' = (K', V') Graphen. G' heißt isomorph zu G, wenn es eine bijektive Abbildung f von K nach K' gibt, derart, daß $\forall\ k,l \in K\ ((k,l) \in V \Longleftrightarrow (f(k),f(l)) \in V')$.

Isomorphe Graphen besitzen dieselbe Struktur und unterscheiden sich nur in der Bezeichnung ihrer Knoten. Das graphische Bild zweier isomorpher Graphen kann natürlich vollkommen unterschiedlich sein. (siehe Abb. 3.2.4).

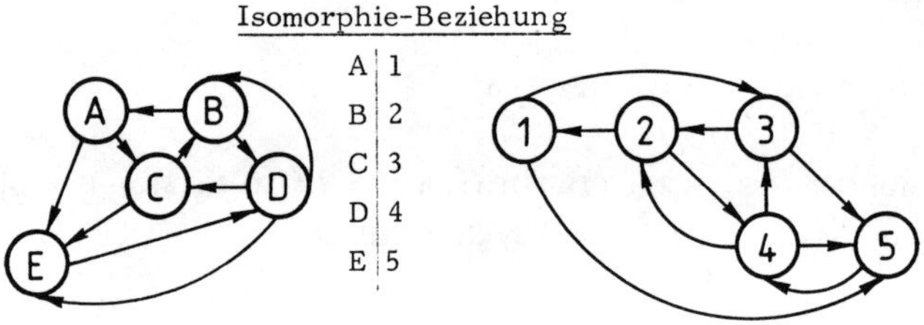

Abb. 3.2.4 isomorphe Graphen

Zum Schluß wird noch eine spezielle Klasse von Graphen beschrieben, welche im Zusammenhang mit der Erkennung von Flußdiagramm-Graphen eine Bedeutung gewinnen wird (siehe Kapitel 5).

<u>Definition 3.2.9:</u> Seien G = (K,V) und H = (Y,W) Graphen.
H heißt <u>erreichbarkeitstreu</u> bezüglich G, wenn gilt:
$Y \subset K \wedge \forall y,y' \in Y$ (Wenn $\exists w_{y,y'}$ in G, $\Rightarrow \exists w'_{y,y'}$ in W).

Die Beziehung ist erst interessant, wenn $Y \subsetneqq K$ ist. Sie besagt, daß, falls es Knoten in H gibt, die in G durch einen Weg verbunden sind, dann sind sie auch in H ggf. unter Hinzunahme zusätzlicher Kanten ebenfalls durch einen Weg verbunden.. Dadurch kann man Knoten eliminieren, ohne die Erreichbarkeit zwischen ihren Vorgängern und Nachfolgern zu verletzen.

<u>Beispiel 3.2.4:</u> In der Abb. 3.2.5 werden der Graph G sowie drei bezüglich G erreichbarkeitstreue Graphen G_1, G_2 und G_3 dargestellt.

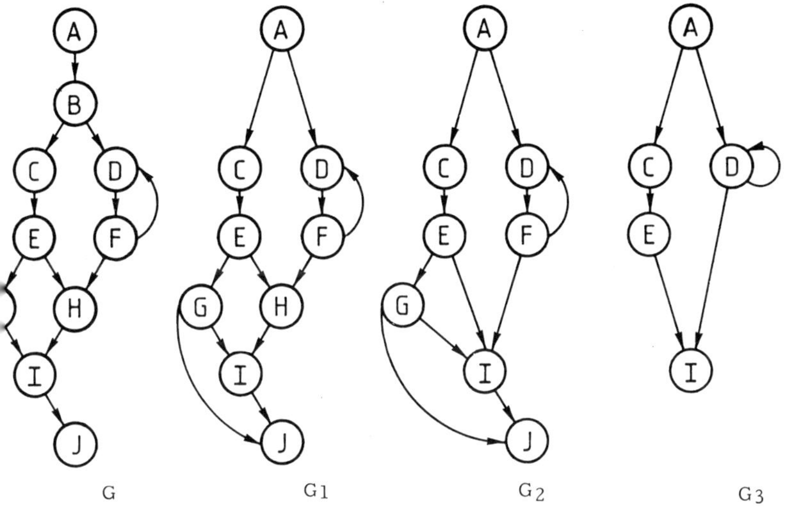

Abb. 3.2.5 Erreichbarkeitstreue Abbildungen von G

Bemerkung: Wie man aus Abb. 3.2.5 erkennt, läßt die erreichbarkeitstreue Transformation genügend Freiraum, um zusätzliche, in dem ursprünglichen Graphen G nicht enthaltene Wege einzuführen. Andererseits wird auch nicht verlangt, daß jeder Weg $w_{y,y'}$ in G einen entsprechenden Weg $w'_{y,y'}$ in H besitzt.

Diese Betrachtungen führen zu einer Vrschärfung der Definition 3.2.9.

Definition 3.2.10: Seien G = (K,V) und H = (Y, W) Graphen. H heißt streng erreichbarkeitstreu bezüglich G, wenn gilt: $Y \subset K \wedge \forall\, y,y' \in Y$ ($\exists$ eine Bijektion von $\{w_{y,y'} | w_{y,y'}$ in G$\} \Rightarrow \{w'_{y,y'} | w'_{y,y'}$ in H$\}$).

Es sei noch erwähnt, daß gemäß Definition 3.1.9 ein Weg (und damit auch ein Zyklus) auch aus einer einzigen Schlinge bestehen kann.

3.3 Speicherung von gerichteten Graphen

Die einfachste Methode, gerichtete Graphen ohne Parallelen zu speichern, basiert auf der Benutzung einer quadratischen Binärmatrix, deren Zeilenanzahl gleich der Knotenanzahl des Graphen ist.

Definition 3.3.1: Die Adjazenzmatrix A eines Graphen G = (K,V) ist gegeben durch

$$a_{ij} = \begin{cases} 1 & \text{falls} \quad (k,k') \in V \\ 0 & \text{sonst} \end{cases}$$

Der Speicherplatzbedarf für einen Graphen mit n Knoten beträgt n^2 Bits.

Der Speicherbedarf bei dieser Speicherungsform ist relativ hoch, da in der Regel die meisten Elemente der Matrix 0 sind. Dafür lassen sich viele Algorithmen auf Graphen leicht und effizient formulieren (siehe dazu [Be.75],[No.76] und [Ah/Ho/Ul.75]). Insbesondere kann eine gewisse Parallelität bei der Benutzung von konventionellen Rechnern dadurch erreicht werden, daß ein Wort aus mehreren Bits mit einer Operation verarbeitet wird.

Für große Graphen ist die Speicherung der Kanten als Zahlenpaare (lexikographisch geordnet) in einer Liste vorteilhafter, wenn die Kantenanzahl im Vergleich zu der Knotenanzahl gering ist. Zur Speicherung dünn besetzter Matrizen vergleiche man [Ho/Sa.76].

Zum Schluß sei auf eine Methode zur Speicherung von gerichteten Graphen in String-Notation hingewiesen ([Be.75]). Sie soll als Vergleich zu der hier entwickelten Graph-Grammtik Notation für strukturierte Flußdiagramme dienen (Kapitel 8).

Die K-Formel-Notation ([Kr.64]) basiert auf der Darstellung einer Kante (k, k') ∈ V in einem gerichteten Graphen G = (K,V) in der Form *kk'. Falls ein Knoten k ∈ K mehrere Nachfolger hat, dann werden vor k soviele *-Symbole geschrieben, wie die Anzahl der Nachfolger ist. Auf k folgen alle seine Nachfolger in beliebiger Reihenfolge. Erstellt man für die Teilgraphen eines Graphen die dazugehörigen K-Formeln und kombiniert sie zusammen zu einer Formel (falls der Graph zusammenhängend ist), dann erhält man die Beschreibung des Graphen in String-Notation.

Definition 3.3.2: Eine K-Formel wird rekursiv definiert durch:

- Ein Knoten ist eine K-Formel;
- Sind x,y K-Formeln, dann ist *xy eine K-Formel.

Beispiel 3.3.1: Der Graph G aus Abb. 3.2.5 wird schrittweise durch K-Formeln repräsentiert.

KF_1 : *AB

KF_2 : **BCD

KF_3 : *CE

KF_4 : **EGH

KF_5 : *GI

KF_6 : *DF

KF_7 : **FDH

KF_8 : *HI

KF_9 : *IJ

KF_{10}: *A**B*CE*DF

KF_{11}: *A**B*C**EGH*D**FDH

KF_{12}: *A**B*C**E*GI*HI*D**FDH

KF : *A**B*C**E*G*IJ*HI*D**FDH

Man beachte, daß die Ersetzung eines Symbols (z.B. H in KF_{11}) nur an einer Stelle der Formel stattfindet.

K-Formeln werden zur Lösung des Isomorphie-Problems eingesetzt.

4. Sequentielle Flußdiagramme und Programme

Intuitiv sind Flußdiagramme zusammenhängende, gerichtete Graphen mit einem Anfangsknoten und einem oder mehreren Endknoten sowie mit Wegen von allen Knoten des Graphen zu einem oder mehreren Endknoten.

Bei dieser informellen Beschreibung der Flußdiagramm-Graphen können Diagramme erstellt werden, welche als sequentielle Programme kaum sinnvoll gedeutet werden können. Es ist deshalb erforderlich, Flußdiagramm-Graphen etwas genauer zu spezifizieren und sie dabei möglichst auf solche Strukturen einzuschränken, welche eine "sinnvolle" semantische Interpretation zulassen. Dies wird im vorliegenden Kapitel auf der Basis von graphentheoretischen Erkenntnissen durchgeführt.

Um die Diskussion etwas zu verallgemeinern, werden im folgenden oft uninterpretierte Flußdiagramme (Programmschemata) als gerichtete Graphen dargestellt, wobei alle Knotentypen einheitlich durch Kreise ersetzt werden. Die Aussagen werden dann entsprechend auf Klassen von Programmstrukturen und nicht auf spezielle Interpretationen formuliert. Schließlich wird ein Vergleich zwischen Flußdiagrammen, Algorithmen und Prozessen durchgeführt.

4.1 Sequentielle Flußdiagramme als Programmschemata

Bei der Definition von sequentiellen Flußdiagrammen sind drei Komponenten zu berücksichtigen:

- der Flußdiagramm-Graph und seine Struktur,
- die Markierung der Knoten und Kanten des Graphen,
- die semantische Interpretation.

Im folgenden werden sequentielle Flußdiagramme und Flußdiagramme als synonym betrachtet.

Definition 4.1.1: Ein Flußdiagramm F ist ein Tupel (G, M, I), falls folgende Vereinbarungen gelten:

F1: G = (K,V) ist ein endlicher, gerichteter Graph mit folgenden Eigenschaften:

G1: $\exists$ genau ein $k \in K$ (Ein(k)=0). k heißt Startknoten von F. Aus (k) = 1.

G2: $\exists$ genau ein $k' \in K$ (Aus(k') = 0). k' heißt Endknoten von F.

G3: $\forall$ zyklischen $H = (Y,W)$ mit $Y \subset K \setminus$ {Endknoten}(Aus(H) >0).

G4: $\forall$ $w_{i,i}$ in G($\exists$ $k \in K$ in $w_{i,i}$ mit Aus(k) = 1).

F2: M ist eine Markierungsmenge aus einem endlichen Alphabet A von Variablen, Funktionen und Sonderzeichen. G wird nach folgenden Regeln markiert:

M1: Der Startknoten wird mit S, der Endknoten mit T markiert.

M2: $\forall$ $k \in K \setminus \{S\}$ mit Aus(k) = 1 (Markiere k mit einer Anweisungsfunktion).

M3: $\forall$ $k \in K$ mit Aus(k) >1 (Markiere alle $(k,k') \in V$ mit einer Prädikatform (Falls Aus(k) = 2, dann kann k mit der Prädikatform und seine Ausgangskanten mit "true" bzw. "false" markiert werden)).

M4: Weitere $(k,k') \in V$ können mit Prädikatformen markiert werden.

F3: I gibt die semantische Interpretation von F in 4 Phasen an:

I1: Durch I wird der Definitionsbereich und der Wertebereich für alle Anweisungsfunktionen angegeben, so daß diese in endlicher Zeit ausgewertet werden können.

I2: Ist I1 gegeben, dann bedeutet die Anweisungsfunktion $y \leftarrow \varphi(\cdot)$ die Auswertung von $\varphi(\cdot)$ und die Zuweisung des errechneten Wertes an y.

I3: Die Knoten $k \in K$ werden durch die Ausführung der dort markierten Anweisungsfunktion interpretiert, falls eine

Markierung vorliegt. Die Kanten v = (k,k') von G repräsentieren den Übergang von einem Knoten zum nächsten nach Ausführung der Anweisungsfunktion bzw. Auswertung des Testprädikats. Der Übergang von k nach k' wird nur dann gewährt, wenn die Markierung der Kante (k,k') den Wert "true" liefert.

I4: Die Ausführung beginnt bei S. Sie endet bei T, falls nicht Testprädikate das Erreichen von T blockieren.

Definition 4.1.2: Ein Flußdiagramm F heißt deterministisch (DF), falls die Testprädikate eines Verzweigungsknotens sich gegenseitig ausschließen. Es heißt nichtdeterministisch (NDF), falls es bei der Auswertung von Testprädikaten eines Verzweigungsknotens mehr als ein Testprädikat den Wert "true" liefert. In diesem Fall wird eine Kante mit wahrem Testprädikat zufällig ausgewählt.

Vereinbarung: Die Prädikatenwerte "true" und "false" werden mit .T. und .F. abgekürzt.

Definition 4.1.3.: Sei F ein Flußdiagramm. Jeder nicht-interpretierte Weg w_{ST} von S nach T in F heißt (abstraktes) Programmschema. Jeder interpretierte Weg w_{ST} heißt Programm.

Damit ist der Zusammenhang zwischen Flußdiagrammen und Programmen hergestellt. Bevor weitere Eigenschaften von Flußdiagrammen untersucht werden, wird die Definition 4.1.1 mit den herkömmlichen Definitionen von Flußdiagramm-Graphen verglichen.

Die Forderung G1 nach einem Startknoten S entspricht der üblichen Vorstellung für Programme. Daß S nur einen Ausgang hat, hängt mit der Interpretation eines Startknotens zusammen: Er soll nur den Beginn einer Berechnungsvorschrift signalisieren.

Die Forderung G2 wird gelegentlich etwas schwächer formuliert, d.h. es werden mehrere Endknoten zugelassen. Die Eindeutigkeit von T wurde hier eingeführt, um gewisse Definitionen und

Folgerungen zu vereinfachen. Ein Flußdiagramm mit mehreren Endknoten läßt sich durch Zusammenführung der Endknoten T_i zu einem Endknoten T auf die vorgegebene Form umwandeln.

G3 ist eine nichtlokale Forderung, die zunächst sicherstellt, daß Flußdiagramme nur Zyklen besitzen, welche mindestens einen Ausgang haben. Die Ausführung von Flußdiagrammen mit Zyklen ohne Ausgänge würde zu Rechenvorschriften führen, welche unter bestimmten Bedingungen T niemals erreichen würden, ohne von irgendwelchen Testprädikaten blockiert zu werden. Sie würden demnach eine endlose Rechenvorschrift repräsentieren (siehe Abb. 4.1.1).

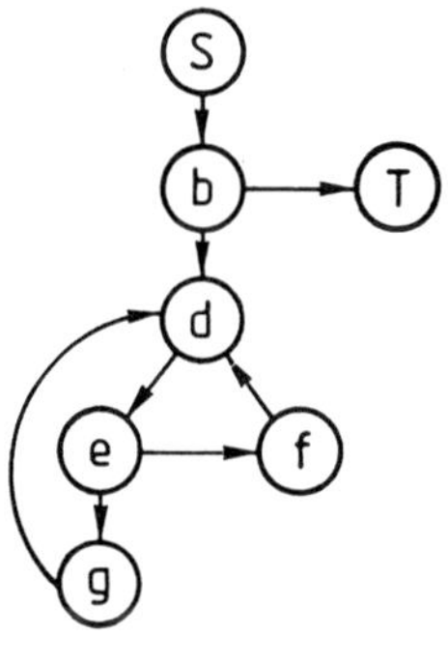

Abb. 4.1.1 Graph mit Zyklus ohne Ausgang

Man erkennt an Abb. 4.1.1, daß man G3 nicht abschwächen kann. Es reicht nämlich nicht aus, wenn alle Teilgraphen mit Elementarzyklen einen Ausgang besitzen, falls alle Knoten über mindestens einen Weg mit dem Endknoten verbunden sein sollen. Der Graph in Abb. 4.1.1 hat zwei Teilgraphen, die Elementarzyklen sind $H_1 = (\{d,e,f\}, \{(d,e),(e,f),(f,g)\})$ und $H_2 = (\{d,e,g\},\{(d,e),(e,g),(g,d)\})$ mit $N(H_1) = \{e\}$ und $N(H_2) = \{e\}$. Der Teilgraph $H = (\{d,e,f,g\},\{(d,e),(e,f),(e,g),(f,d),(g,d)\})$ hat $N(H) = \{\}$ und deshalb keinen Zugang zu T.

Im Abschnitt 4.3 wird gezeigt, daß es Verfahren gibt, für die es manchmal sinnvoll ist, die Forderung G3 fallen zu lassen. Es handelt sich dabei um die Beschreibung von nichtterminierenden Prozessen.

Für die Flußdiagramme F hat aber G3 eine weitere angenehme Eigenschaft: in Verbindung mit G1 und G2 stellt G3 sicher, daß Flußdiagramme zusammenhängende Graphen sind.

Satz 4.1.1: Sei G = (K,V) mit G1, G2 und G3. G ist zusammenhängend.

Beweis: Wenn K aus G nur S und T enthält, dann ist G zusammenhängend, da $N(S) \neq \{\}$ (wegen G1).

Angenommen G sei nicht zusammenhängend. Ohne Beschränkung der Allgemeinheit wird angenommen, daß G aus 2 zusammenhängenden Teilgraphen $H_1 = (Y_1, W_1)$ und $H_2 = (Y_2, W_2)$ besteht mit $Y_1 \cap Y_2 = \emptyset$, $Y_1 \cup Y_2 = K$, $W_1 \cap W_2 = \emptyset$ und $W_1 \cup W_2 = V$ (H_1 und H_2 sind Partitionen von G). Daraus folgt, daß $Ein(H_1) = Ein(H_2) = Aus(H_1) = Aus(H_2) = 0$. Dies steht aber im Widerspruch zu G3. Wenn $Aus(H_1) \neq 0 \wedge Aus(H_2) \neq 0$, dann erhält man einen Widerspruch wegen G2. Damit ist die Behauptung gezeigt.

Folgerung: $\forall\, H = (Y,W) \subsetneq G = (K,V)$ mit $Y \subset K \setminus \{S\}$ $(Ein(H) > 0)$.

Es bleibt noch die Erreichbarkeitsforderung für Flußdiagramme nachzuweisen. Dies geschieht mit Hilfe von G1, G2, G3 und Satz 4.1.1.

Satz 4.1.2: Sei G = (K,V) mit G1, G2 und G3. Dann gilt: $\forall\, k \in K \setminus \{T\}\ (\exists w_{kT})$.

Beweis: Um zu zeigen, daß T aus allen Knoten von G erreichbar ist, betrachtet man 3 Fälle:

(a) G ist linear. Damit sind aber alle Teilgraphen von G linear und wegen Satz 4.1.1 folgt die Behauptung sofort.

(b) G ist verzweigend, aber nicht zyklisch. Damit G2 nicht verletzt wird, muß gelten $\forall\, k \in K$ mit $Aus(k) > 1$ $(\exists\, k' \in K$

($w_{k,k'}$ in G)). Wegen Satz 4.1.1 und da nach Voraussetzung G nicht zyklisch ist, gibt es eine Fortzung des Weges : $w_{k,k'}$ über den Weg $w_{k',T}$ nach T, falls $k' \neq T$. Dabei können wegen (a) alle linearen Teilgraphen von G auf jeweils einen Knoten abgebildet werden. Damit ist dieser Fall ebenfalls gezeigt.

(c) G ist zyklisch. S und T treten aber nicht in Zyklen auf. Also kann ein zyklischer Teilgraph H = (Y,W) mit Y = $K \setminus \{S,T\}$ konstruiert werden mit Ein(H) = 1 und Aus(H)>0. Da V(H) = {S} und N{H} = {T}, gibt es einen Weg von S nach T über H. Wegen (b) kann man sich auf Aus(H) = 1 beschränken. Wenn H nur einen Elementarzyklus enthält, gilt wegen G3 $\forall\, y \in Y$ ($\exists w_{y,N(H)}$). Falls H mehrere Elementarzyklen enthält, die miteinander verbunden sind, dann läßt sich immer ein H' angeben, das alle Zyklen enthält und einen Nachfolger hat (G3). Mehrere solche Ausgänge von disjunkten H'-Teilgraphen werden wegen (b) und G2 zu einem Ausgang zusammengefaßt.

Damit ist Satz 4.1.2 bewiesen.

Es ist interessant festzustellen, daß durch die 3 Forderungen G1, G2 und G3 die erwünschten Eigenschaften von Flußdiagramm-Graphen erreicht werden, ohne direkt die graphentheoretischen Begriffe Zusammenhang und Erreichbarkeit anwenden zu müssen. In der Literatur wird in der Regel Satz 4.1.2 postuliert ([Ma.69],[Br/St.72], [Ba.77]).

Die Forderung G4 schließt die Klasse von Rechenvorschriften aus, welche Verzweigungszyklen enthalten. Auf das Problem von Schlingen und Verzweigungszyklen in Flußdiagramm-Graphen wird in Abschnitt 4.2 eingegangen.

Die Markierung und Interpretation von Flußdiagramm-Graphen geben die Bedeutung von Flußdiagrammen formal wieder. Mit Hilfe von M und I lassen sich Klassen von abstrakten Programmschemata definieren und ihre Eigesnchaften wie Terminiertheit, Mächtigkeit und Äquivalenz untersuchen. Die Anwendung abstrakter Flußdiagramme für Aussagen über die Semantik von Programmen wurde von Ianov initiiert ([Ru.64]) und durch [Fl.67], [Ma.74], [En.74] und [Gr.75] zu einer Theorie ausgebaut. Im Rahmen dieser Untersuchung werden keine semantischen Interpretationen abstrakt markierter Flußdiagramme vorgenommen, so daß nur zwischen unmarkierten und (konkret) markierten Flußdiagramm-Graphen unterschieden wird.

Die Erweiterung der Flußdiagramme auf nichtdeterministische bringt theoretisch keine zusätzliche Mächtigkeit ein. Durch den Verzicht auf strikte Verfolgung eines bestimmten Weges, wenn zwei oder mehrere möglich sind, erhält die ausführende Maschine größere Freiheit (,welche sie im Falle von Mehrprozessor-Systemen ausnutzen kann). Eine Sprache zur Formulierung nichtdeterministischer Programme wird in [Di.76] angegeben. Darin werden die Prädikatsformen an den Kanten (,welche hier die Rolle von Zusicherungen übernehmen) mit "guards" verglichen. Die Semantik von "guarded commands" wird in [Di.75] beschrieben.

Nichtdeterministische Flußdiagramme dürfen nicht mit nichtdeterministischen Automaten ([AH/Ul72]) verwechselt werden, da die letzteren gleichzeitig alle möglichen Wege parallel ausführen!

Zum Schluß werden in Abb. 4.1.2 einige Graphen zur Illustration von Flußdiagrammen gezeigt. Man beachte, daß die Graphen von Abb. 4.1.2.c, g, h und i die Bedingungen G2 bzw. G3 verletzen. Abb. 4.1.2 h und 4.1.2.i stellen nicht-reduzierbare Graphen im Sinne der Code-Optimierung dar ([Ah/Ul.73],[Sch.73]).

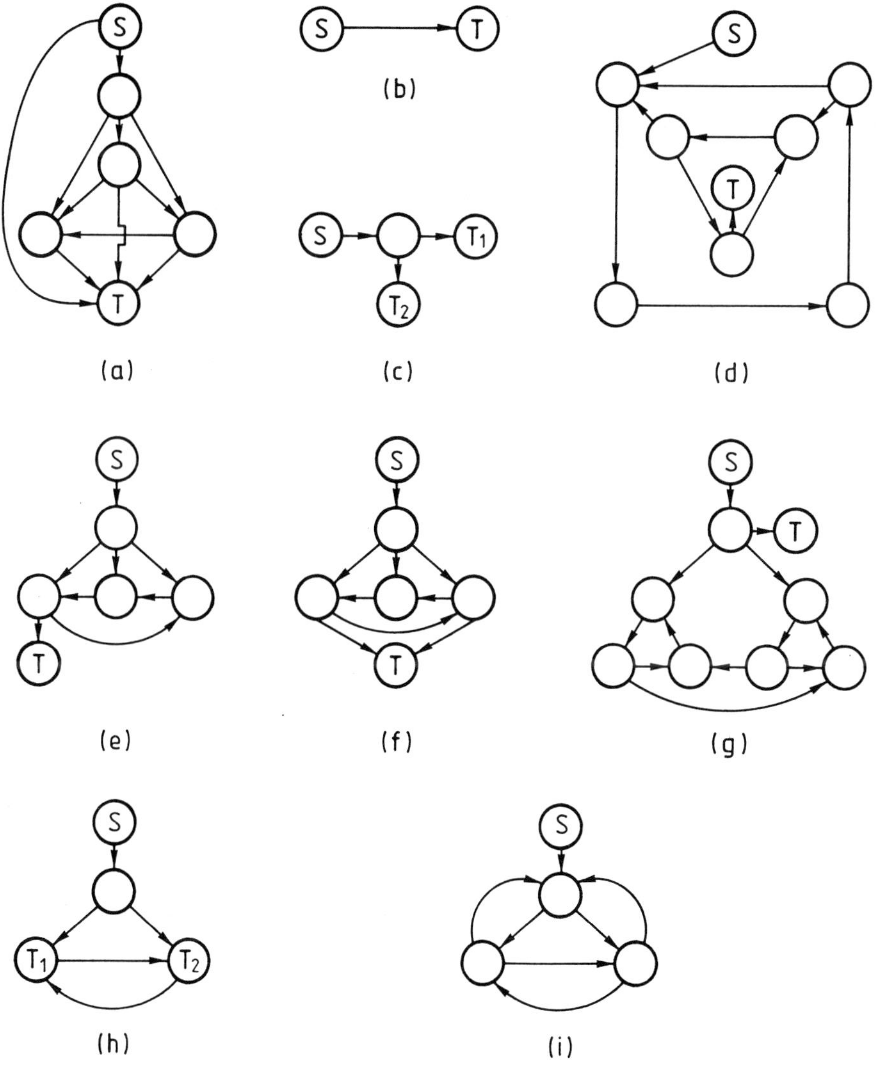

Abb. 4.1.2 Zulässige ((a), (b), (d), (e), (f)) und unzulässige Graphen bezüglich G1, G2 und G3 aus Definition 4.1.1

4.2 Eigenschaften von Flußdiagramm-Graphen

Neben den bisher genannten Bedingungen zur Einschränkung von Flußdiagramm-Graphen auf solche, für die es möglich ist, eine sinnvolle Interpretation anzugeben, gibt es noch die Einschränkung G4 aus Definition 4.1.1. Sie besagt, daß jeder Zyklus in einem Flußdiagramm-Graphen mindestens eine Anweisung (gemäß I2) enthalten muß.

Betrachtet man den einfachsten Fall, dann folgt daraus, daß Flußdiagramm-Graphen schlingenfrei sein müssen: $\forall\, k \in K\ ((k,k) \notin V)$.

In der Tat sind Schlingen bei Flußdiagrammen überflüssig. Sie sind sogar gefährlich, denn falls sie einmal durchlaufen werden, werden sie im Falle von DF niemals verlassen.

Satz 4.2.1: Sei F ein Flußdiagramm mit den Eigenschaften G1 bis G3 aus Definition 4.1.1 sowie $(k,k) \in V$. Falls die Auswertung einer Prädikatform während der Ausführung von k den Übergang von k auf k zuläßt, dann

(a) falls F DF, dann wird kein $k' \in N^E(k)$ mehr erreicht,

(b) falls F NDF, dann kann ein $k' \in N^E(k)$ erreicht werden.

Der Beweis ist eine direkte Folgerung aus den Eigenschaften der Interpretationsvorschrift I und der Tatsache, daß innerhalb einer Schlinge keine Wertzuweisung stattfinden kann. In der Abb. 4.2.1 wird deutlich, daß der Wert von P_1, P_2, P_3 und P_4 immer unverändert bleibt, solange die Schlinge durchlaufen wird.

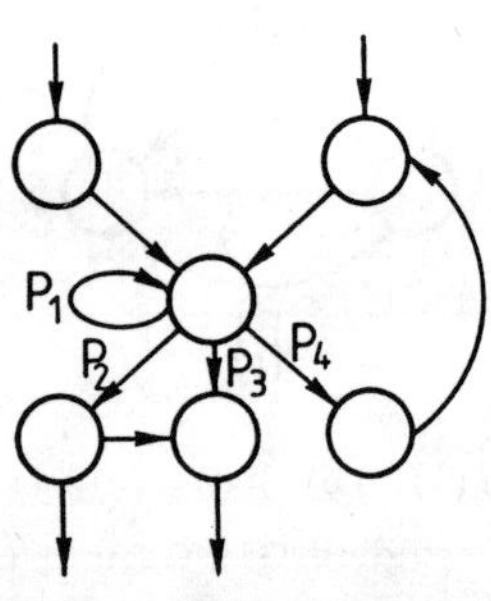

Abb. 4.2.1 Flußdiagramm-Ausschnitt mit Schlinge

Bemerkung: Programme mit Schlingen lassen sich in Programmiersprachen mit goto mühelos erstellen, etwa durch

label: if C then goto label endif

oder unter Verletzung von G2

label: goto label

Es ist im allgemeinen nicht möglich, eine Grammatik für eine Programmiersprache mit goto anzugeben, welche Verzweigungszyklen ausschließt.

Die Argumentation über Schlingen läßt sich auf Verzweigungszyklen fortsetzen. Demnach stellt sich die Frage, ob man Verzweigungszyklen mechanisch entfernen kann, ohne die Semantik des Programms zu verändern. Diese Frage muß verneint werden, wenn man berücksichtigt, daß Verzweigungszyklen triviale Berechnungen unendlich oft wiederholen. Unter der Bedingung, daß Verzweigungszyklen niemals ausgeführt werden dürfen, kann man zu einem Flußdiagramm F mit Verzweigungszyklen ein Flußdiagramm F' angeben, derart, daß beim Erreichen von T die Variablen beider Flußdiagramme dieselben Werte besitzen (schwache semantische Äquivalenz). Die Abb. 4.2.2 zeigt die Umwandlung eines Flußdiagramms mit Verzweigungszyklen in ein schwach semantisch äquivalentes ohne Verzweigungszyklen.

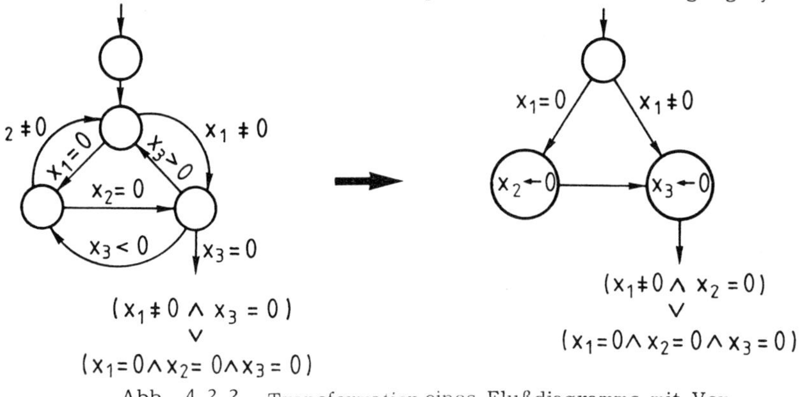

Abb. 4.2.2 Transformation eines Flußdiagramms mit Verzweigungszyklen

4.3 Programme, Algorithmen und Prozesse

In diesem Abschnitt sollen kurz die Begriffe Programm, Algorithmus und Prozeß etwas näher betrachtet werden. Es werden keine formalen Beschreibungen angegeben, sondern ihre Unterschiede anhand von Beispielen dargestellt. Von zentraler Bedeutung ist hier der Begriff der Terminiertheit.

Ausgangspunkt bei den Überlegungen, die zur Definition der Flußdiagramme führten, war eine Beschreibungsmethode für den Ablauf einer Vorschrift, welche in Einzelaktionen aufgeteilt ist, die effektiv berechnet werden können. Zu diesem Zweck wurde die Interpretation I eingeführt.

Ein Programm ist also eine Vorschrift, die ein Verfahren beschreibt. Es wird nicht gefordert, daß ein Programm terminiert.

Im Gegensatz dazu steht der Begriff des Algorithmus. Er wurde entwickelt, um eine Antwort auf die Frage nach der Berechenbarkeit eines bestimmten Problems geben zu können. Eine präzise Definition erhielt man durch die logischen Konzepte der berechenbaren Funktionen und der Turingmaschinen ([Tu.36], [Ch.41]). Eine Einführung in dieses Gebiet ist in [He.71] enthalten.

Definition 4.3.1: Ein Programm im Sinne von Definition 4.1.3, welches für jede zulässige Eingabe einen Weg w_{ST} in endlichem Zeitraum durchläuft, heißt Algorithmus.

Der Begriff des Algorithmus schließt also nur Verfahren ein, welche nach endlich vielen Schritten terminieren. Aus diesem Grund wurden in Flußdiagrammen Verzweigungszyklen ausgeschlossen und die Erreichbarkeit des Endknotens von jedem anderen Knoten gefordert.

Es gibt natürlich auch Verfahren, die im allgemeinen nicht terminieren. So stellt das Verfahren zur Berechnung der Dezimaldarstellung einer beliebigen Quadratwurzel einer reellen Zahl keinen Algorithmus dar, da es bei bestimmten reellen Zahlen beliebig lange fortgesetzt werden kann. Ändert man das Verfahren so, daß nach der Bestimmung einer vorgegebenen Anzahl von Dezimalstellen die Berechnung terminiert, dann erhält man einen Algorithmus. Der Ablauf eines Programms muß "maschinell" erfolgen, d.h. die Einzelvorschriften dürfen nicht nach "Gefühl" ausgeführt werden.

Eng mit dem Begriff des Algorithmus sind die Begriffe der Berechenbarkeit und Entscheidbarkeit verbunden. Ein Problem heißt berechenbar, wenn man zu dessen Berechnung einen Algorithmus angeben kann. Ein Problem heißt entscheidbar, wenn man einen Entscheidungsalgorithmus angeben kann. Bekanntlich ist es nicht entscheidbar, ob ein beliebiger endlicher Text einen Algorithmus darstellt ([He.71]).

Für den Begriff Prozeß gibt es keine einheitliche Definition. In Verbindung mit der Ausführung von Programmen in einem Rechner deutet man Prozesse oft als aktive Programme. In dieser Untersuchung wird ein Prozeß als ein Verfahren verstanden, das in der Regel nicht zu terminieren braucht.

Definition 4.3.2: Ein Prozeß ist gegeben, wenn das zugehörige Flußdiagramm Verzweigungszyklen enthält oder wenn es darin Zyklen gibt, welche keinen Ausgang besitzen.

Man denke dabei an Ampelsteuerung oder an digitale Uhrwerke, welche kontinuierlich die Zeit "berechnen".

Beispiel 4.3.1: Die Beschreibung eines Prozesses zur Überquerung einer Straße kann wie folgt angegeben werden (siehe Abb. 4.3.1):

L: Warte bis links kein Auto kommt.
Warte bis rechts kein Auto kommt.
Wenn von links ein Auto kommt, gehe nach L
sonst überquere die Straße.

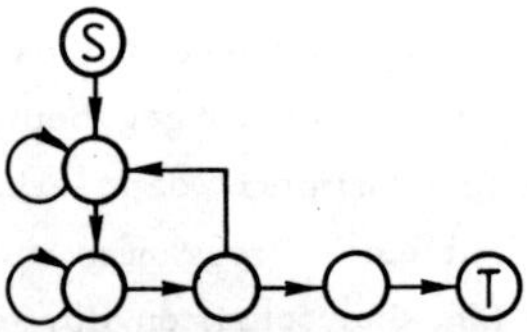

Abb. 4.3.1 Prozeß zur Überquerung einer Straße

Beim Programmieren von Betriebssystemen treten gelegentlich Situationen auf, bei denen ein Programm auf eine Antwort von einem externen Peripheriegerät warten muß. Dies wird oft in folgender Form programmiert:

wait: if busy then delay; goto wait endif

was in der obigen Definition einen Prozeß darstellt. Hier hängt die Fortsetzung des Programms von einem externen Ereignis ab. Dabei ist die häufige Benutzung von Warteschlingen besonders kritisch, wenn keine Möglichkeit zum vorzeitigen Abbruch vorgesehen ist. Im vorliegenden Beispiel kann der Prozeß zu einem Algorithmus dadurch umgewandelt werden, daß ein Zeitzähler geführt wird und nach einer gewissen Zeit das Warten beendet wird.

Für Flußdiagramme und Algorithmen werden keine externen Ereignisse vorgesehen oder zugelassen.

5. Erkennung und Charakterisierung von Flußdiagramm-Graphen

Um die Analyse von Flußdiagrammen gemäß Kapitel 4 zu unterstützen, wird nun ein erweiterter Entscheidungsalgorithmus angegeben, mit dessen Hilfe festgestellt werden kann, ob ein gerichteter Graph die Eigenschaften besitzt, wie sie in Definition 4.1.1 über Flußdiagramm-Graphen formuliert wurden.

Mit Hilfe dieser Überprüfung soll ermöglicht werden, Aussagen über weitere Eigenschaften von Flußdiagrammen zu machen. Im einzelnen interessiert es, ob ein endlicher gerichteter Graph ohne Parallelen

- ein Flußdiagramm-Graph gemäß F1 aus Definition 4.1.1. ist,
- ein Flußdiagramm-Graph mit mehreren Endknoten ist,
- ein Flußdiagramm-Graph mit Verzweigungszyklen ist,
- ein Flußdiagramm-Graph mit Zyklen ohne Ausgang ist,
- in keine der obengenannten Kategorien einzuordnen ist.

Falls der Graph F1 erfüllt, so soll auch ermittelt werden, ob er linear ist oder ob er Verzweigungen oder Zyklen enthält.

Zur Lösung dieser Probleme kann man bekannte Algorithmen über Graphen einsetzen. Dazu benötigt man folgende Verfahren, die man sukzessiv zur Prüfung des eingegebenen Graphen G anzuwenden hat:

- Ermittle, ob aus S alle Knoten von G erreichbar sind (damit ist G zusammenhängend).
- Ermittle, ob T aus allen Knoten von G erreichbar ist (damit enthält G keine Teilgraphen ohne Ausgang)
- Ermittle, ob es Verzweigungszyklen gibt
- Führe restliche Prüfungen (Anzahl von Endknoten usw.) durch.

Verschiedene Verfahren zur Lösung dieser Probleme sind in [Ta.72],[AHU.74],[Be.75] und [No.76] enthalten.

Der hier eingeführte Algorithmus kann auf eine einfache Art und Weise sämtliche gestellten Fragen beantworten und eignet sich besonders zur Analyse der Struktur von Flußdiagrammen, wenn man gewisse Erweiterungen vornimmt. Dabei wird G schrittweise reduziert, so daß die Aussagen durch lokale Eigenschaften der Knoten gewonnen werden können.

Bemerkung: Markierungsvorschriften M aus Definition 4.1.1 werden nicht geprüft. Deshalb werden die Begriffe Flußdiagramm-Graph und Flußdiagramm synonym benutzt.

5.1 Erreichbarkeitstreue Kompression

Kernpunkt des hier entwickelten Algorithmus bildet eine Kompressionsvorschrift, welche im Falle eines Graphen G mit den in F1 aus Definition 4.1.1 enthaltenen Eigenschaften schrittweise sämtliche Knoten außer S und T eliminiert und somit G auf das kleinste Flußdiagramm komprimiert, das die Bedingungen von F1 erfüllt.

Definition 5.1.1: Ein Flußdiagramm $G=(K,V)$ heißt minimal bezüglich F1 aus Definition 4.1.1, wenn $\forall\ G'=(K',V')$ $(|K|+|V|\leq|K'|+|V'|$ und G,G' erfüllen F1).

Es folgt sofort, daß $MF = (\{S,T\},\{(S,T)\})$ das einzige minimale Flußdiagramm bezüglich F1 ist.

Definition 5.1.2: Seien $G=(K,V)$ und $H=(Y,W)$ Graphen. H heißt erreichbarkeitstreu komprimiert bezüglich G, wenn H erreichbarkeitstreu bezüglich G und $\exists$ genau ein $k\in K \setminus Y$ $(V(k)\neq \{k\} \wedge N(k) \neq \{k\} \wedge \mathrm{Ein}(k)\neq 0 \wedge \mathrm{Aus}(k) \neq 0)$.

Für die Anwendung der Kompressionsvorschrift reicht die Definition 5.1.2 aus. Für die einfache Anwendung der Kompression im

Algorithmus ist es allerdings erforderlich, daß H streng erreichbarkeitstreu komprimiert wird. Bezüglich des Unterschieds vergleiche man die Definitonen 3.2.9 und 3.2.10. Deshalb wird der Begriff Kompression in diesem Zusammenhang immer als streng erreichbarkeitstreue Kompression verstanden. Analog dazu wird der streng erreichbarkeitstreue Kompressionsoperator KOMP definiert.

Definition 5.1.3: Sei $G = (K,V)$ Graph und $\exists\, k \in K$ mit $V^E(k) \neq \{\} \wedge N^E(k) \neq \{\}$. Der Kompressionsoperator KOMP (G,k) führt eine streng erreichbarkeitstreue Kompression von G in zwei Schritten durch:

- $\forall\, k' \in V^E(k) \wedge k'' \in N^E(k)\ (V \leftarrow (V \cup \{(k',k'')\}) \setminus \{(k',k),(k,k'')\})$
- $V \leftarrow V \setminus \{(k,k)\}$; $K \leftarrow K \setminus \{k\}$

Bemerkungen:

- Die Kompressionsvorschrift darf keine Knoten komprimieren, die entweder keinen echten Vorgänger oder keinen echten Nachfolger oder weder echte Vorgänger noch echte Nachfolger haben. Anderenfalls ist es nicht möglich, die Knoten S bzw. T zu erhalten und den Graphen auf MF zu komprimieren. In Definition 5.1.2 wurden die Bedingungen für k ausführlich spezifiziert.
- Aufgabe des Kompressionsoperators ist es, unter Wahrung der strengen Erreichbarkeitstreue einen Knoten k aus dem Graphen zu entfernen. Dazu werden im ersten Schritt alle echten Vorgänger von k mit allen echten Nachfolgern von k verbunden (soweit kein direkter Weg bereits existiert) sowie alle Kanten, welche die echten Vorgänger mit k bzw. k mit seinen echten Nachfolgern verbinden, eliminiert. Im zweiten Schritt wird eine eventuelle Schlinge um k sowie k selbst gelöscht.

Beispiel 5.1.1: In Abb. 5.1.1 wird die Anwendung des Kompressionsoperators auf Flußdiagramme (mit Verzweigungszyklen) vorgeführt.

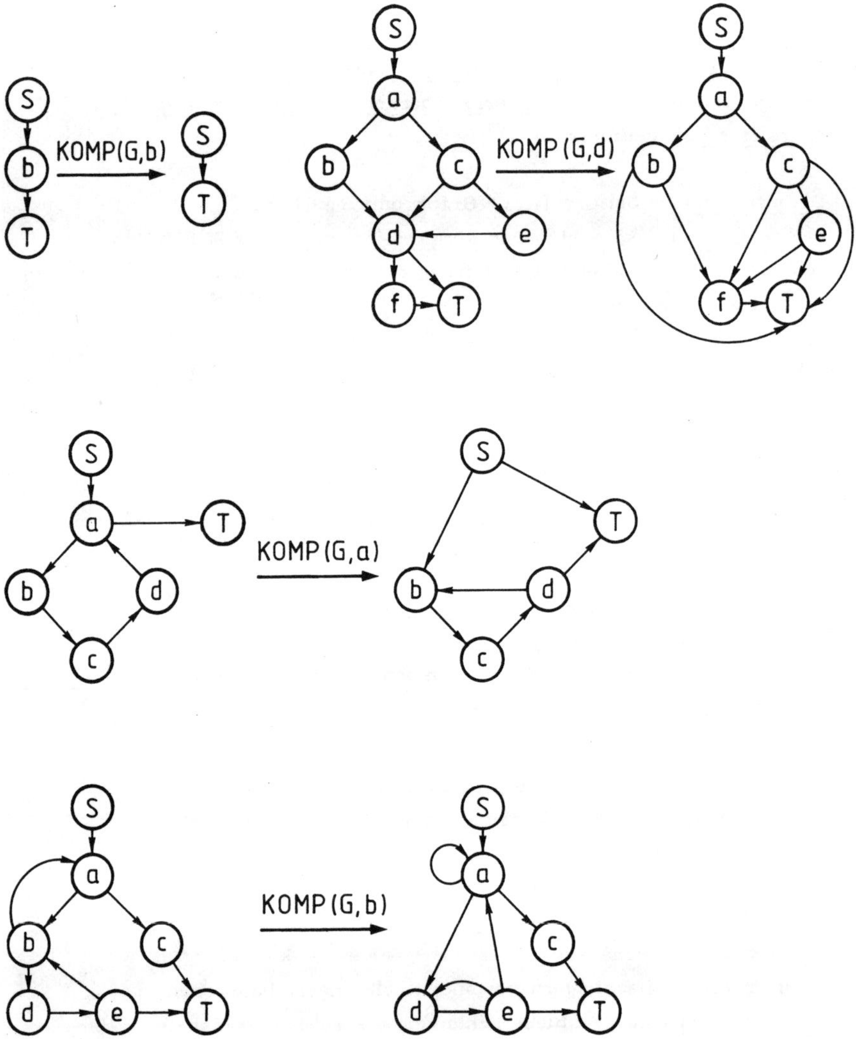

Abb. 5.1.1 Der Kompressionsoperator KOMP

5.2 Der FGK-Algorithmus zur Erkennung von Flußdiagrammen

Beim Einsatz des Kompressionsoperators im Algorithmus muß man berücksichtigen, daß seine mehrfache Anwendung auf einen Graphen folgende Auswirkungen hat:

- Er reduziert schrittweise "größere" Zyklen auf Schlingen, die er anschließend eliminiert, falls sie einen echten Nachfolger besitzen;
- Er ermöglicht am Ende der Kompression Aussagen über den Zusammenhang und die Erreichbarkeit im Graphen;
- Er verwandelt unter Umständen Knoten mit einem Ausgang zu Verzweigungsknoten.

Wendet man die Kompression ohne weitere Vorkehrungen an, so ist es nicht mehr möglich, Verzweigungszyklen zu erkennen. Man muß deshalb zusätzlich die Eigenschaften von Verzweigungszyklen ausnutzen, um diese möglichst einfach entdecken zu können. Dazu dienen folgende Feststellungen:

- Jeder Verzweigungszyklus enthält mindestens einen elementaren Verzweigungszyklus (falls er selbst nicht elementar ist).
- Verzweigungszyklen enthalten keine Knoten mit einem Ausgang. Deshalb sollten solche Knoten als letzte komprimiert werden.
- Durch die Kompression neu entstandene Verzweigungsknoten müssen markiert werden, um falsche Schlüsse zu verhindern.
- Vor der Eliminierung einer Schlinge, welche möglicherweise durch mehrfache Kompression eines Zyklus "künstlich" erstellt wurde, muß entschieden werden, ob sie durch einen Verzweigungszyklus entstanden ist oder nicht.

Die Darstellung des Algorithmus erfolgt in natürlicher Sprache unter Verwendung einiger bekannter Kontrollstrukturen. Weitere Verfeinerungen können bei einer konkreten Implementation realisiert werden.

Um die Ausgabe der Untersuchung zu vereinfachen, wird ein String mit Abkürzungen von Eigenschaften eines Flußdiagrammes im "erweiterten" Sinne vorbereitet. Dazu dient folgende Konvention aus Abb. 5.2.1:

Abkürzung	Bedeutung
N	Der Graph ist kein Flußdiagramm. Er ist entweder nicht zusammenhängend oder hat keinen oder mehrere Anfangsknoten
P	Das Flußdiagramm enthält Zyklen ohne Ausgang
E	Das Flußdiagramm enthält mehrere Endknoten
S	Das Flußdiagramm enthält Verzweigungszyklen
Z	Das Flußdiagramm enthält Zyklen
B	Das Flußdiagramm enthält Verzweigungen
L	Das Flußdiagramm ist linear

Abb. 5.2.1: Charakterisierung erweiterter Flußdiagramme

Kombinationen sind möglich. So bedeutet beispielsweise PES, daß das Flußdiagramm Zyklen ohne Ausgang, mehrere Endknoten sowie Verzweigungszyklen enthält. Nicht alle Kombinationen sind sinnvoll, wie man etwa an PL erkennt.

Notation:

- MARK (k) markiert den Knoten k
- M?(k) liefert .T. falls k markiert und .F. sonst
- X • Y konkateniert die Strings X und Y
- Bemerkungen werden in < > eingeschlossen.

Der FGK-Algorithmus läuft in 5 Phasen ab:

- Initialisierung
- Komprimierung von Verzweigungsknoten
- Komprimierung "restlicher" Knoten
- Endprüfung
- Ausgabe

FGK-Phase 1 (Initialisierung)

Eingabe: ein endlicher nichtleerer gerichteter Graph G = (K,V) ohne Parallelen

R ← ''; Z ← .F.; S ← .F.; B ← .F.

<In R soll das Resultat gespeichert werden. Z, S und B sind Indikatoren für Zyklen, Verzweigungszyklen und Verzweigungen. Ende der Phase 1.>

FGK-Phase 2 (Komprimierung von Verzweigungen)

<Hier werden Verzweigungsknoten erkannt und komprimiert. Falls bei einer bevorstehenden Komprimierung ein Knoten mit einem Ausgang zu einem Verzweigungsknoten umgewandelt werden soll, wird er markiert, um in dieser Phase nicht komprimiert zu werden. Eventuelle Verzweigungszyklen werden erkannt. Beachte, daß Verzweigungsknoten einen echten Vorgänger haben müssen.>

loop ∀ k∈K (M?(k) = .F. ∧ Aus(k) > 1)
    if Ein^E(k) = 0 then R ← 'N'; exitloop endif
    if (k,k) ∈ V then S ← .T. endif
    ∀ k' ∈ V^E(k) mit Aus^E(k') = 1 (MARK (k'))
    KOMP (G,k)
endloop

if R = 'N' then goto FGK - Phase 5 endif

<Ende der Phase 2. Der Graph G enthält nur Eingangs- bzw. Ausgangsknoten, Knoten mit einem echten Nachfolger sowie 2 Typen von Zyklen: Schlingen an markierten Knoten mit Ausgang als Resultat der Kompression von nicht-Verzweigungszyklen und Zyklen ohne Ausgang (und in pathologischen Fällen sogar ohne Eingang), welche nicht zu einem Endknoten führen.>

FGK-Phase 3 (Rest-Komprimierung)

<Hier werden alle Knoten komprimiert, welche einen echten Vorgänger *und* einen echten Nachfolger besitzen. Markierte Knoten mit Schlinge sind eine Indikation für die Existenz von Zyklen.>

```
loop  ∀ k ∈ K (Ein^E(k) > 0 ∧ Aus^E(k) > 0)
      if M?(k) then B ← .T. ; if (k,k) ∈ V then Z ← .T. endif
      endif
      KOMP (G,k)
endloop
```

<Ende der Phase 3. Der komprimierte Graph G enthält entweder isolierte Knoten oder Anfangs- und Endknoten (eventuell mit Schlinge) oder isolierte Zyklen aus zwei Knoten.>

FGK-Phase 4 (Endprüfung)

< In der Endphase wird der komprimierte Graph geprüft, um den Typ des Flußdiagramms herauszufinden, falls es sich um eines handelt. Die Überprüfung gliedert sich in drei Teile: Prüfung, ob G gleich MF ist, ob er Zyklen ohne Ausgang (komprimiert zu Schlingen) und/oder ob er mehrere Endknoten besitzt. Trifft alles nicht zu, dann handelt es sich um kein Flußdiagramm.>

```
if ∃ k ∈ K (Ein(k) = 0) then
    if Aus(k) = 1 ∧ K ∖ {k} ={k'}∧ Aus(k') = 0  then
        case
            ¬(B ∨ M?(k))         :  R ←— 'L'
             (B ∨ M?(k)) ∧ ¬Z :  R ←— 'B'
             (B ∨ M?(k)) ∧  Z :  R ←— 'Z'
        endcase
        if S then R ←— R • 'S' endif
    else if Aus(k) = |K| - 1 then
        if Aus(k) < |V| then R ←— R • 'P' endif
        if ∃ k', k'' ∈ K (Aus(k')+Aus(k'')=0) then R ←— R • 'E' endif
        if Z then R ←— R • 'Z' endif
        if S then R ←— R • 'S' endif
    endif
endif
if R = '' then R ←— 'N' endif
```

< Ende der Phase 4. Man beachte die Reihenfolge der Überprüfung.>

FGK-Phase 5 (Ausgabe)

Ausgabe: R

< Ende der Phase 5. >

Ende des FGK-Algorithmus

5.3 Analyse und Anwendung des FGK-Algorithmus

Vergleicht man den FGK-Algorithmus mit anderen verwandten Algorithmen aus der Graphentheorie, so stellt man einen entscheidenden Unterschied fest: Während FGK auf den Graphen selbst operiert und ihn manipuliert, operieren die bekannten Graphen-Algorithmen mit Markierungen. Dies ist sicherlich vorteilhaft, denn dadurch bleibt die ursprüngliche Information - der Graph selbst - erhalten. Die Umwandlung von FGK zu einem Markierungsalgorithmus bereitet keine Schwierigkeiten. Dadurch verliert aber das Verfahren seine Anschaulichkeit.

Der Nachweis der Terminiertheit von FGK ist trivial. Da der eingegebene Graph $G = (K,V)$ endlich ist, kann man $m = |K|$ und $n = |V|$ setzen. In der Phase 2 wird die äußere Iteration maximal m mal durchlaufen. Die inneren Iterationen sind durch die Anzahl der Vorgänger und Nachfolger eines ausgewählten Knotens begrenzt. Dasselbe gilt auch für die Phase 3. In der Phase 4 werden Elemente mit speziellen Eigenschaften aus einer endlichen Menge gesucht, so daß die Terminiertheit ebenfalls gesichert ist.

Um die Richtigkeit des Algorithmus zu zeigen, muß geprüft werden, ob die Anwendung des Kompressionsoperators Eigenschaften des Graphen verletzt, welche zu seiner Charakterisierung erforderlich sind oder ob dadurch dem Graphen Eigenschaften hinzugefügt werden, welche zu einer falschen Entscheidung führen. Nach den in Kapitel 4 aufgestellten Eigenschaften von Flußdiagrammen einschließlich der Erweiterungen aus Abb. 5.2.1 muß der Kompressionsoperator folgendes berücksichtigen:

- Keine Veränderung der Anfangs- und Endknoten;
- Keine Einrichtung von neuen Wegen, wenn sie nicht bereits vor der Kompression vorhanden waren;
- Keine Vernichtung von Wegen, falls sie vor der Kompression vorhanden waren.

Genau nach diesen Gesichtspunkten wurde KOMP entworfen. Durch ihn werden die Eigenschaften Zusammenhang und Erreichbarkeit weder verletzt noch in irgendeiner Form erzeugt. Gleichzeitig muß er möglichst viele Knoten komprimieren können, damit die Endprüfungen trivial sind. Folgende Typen von Knoten werden von KOMP nicht komprimiert:

- Isolierte Knoten
- Anfangsknoten (eventuell mit Schlingen)
- Endknoten (eventuell mit Schlingen)

Zusammenhängende Graphen bestehen nach der Kompression nur noch aus solchen Knoten (möglicherweise aus endlich vielen). Abb. 5.3.1 zeigt Graphen, die durch KOMP nicht weiter komprimierbar sind. Darunter befindet sich auch MF. Solche Strukturen sind bei der Phase 4 von GFK zu berücksichtigen.

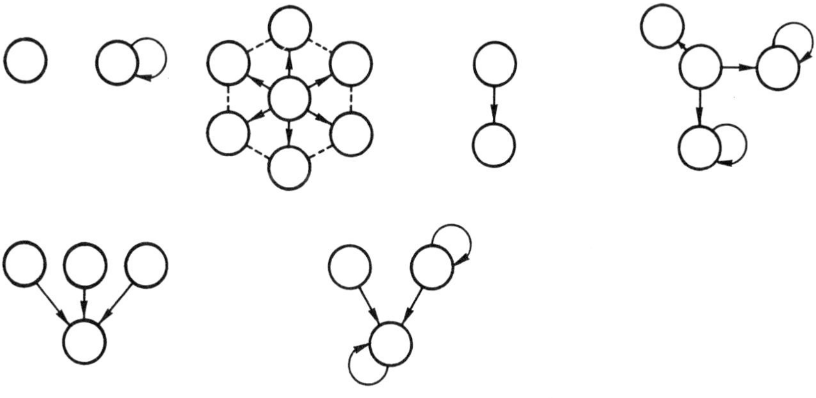

Abb. 5.3.1 Nicht komprimierbare Graphen

Zur Überprüfung der globalen Eigenschaften (Zusammenhang, Erreichbarkeit, Typen von Zyklen) durch lokale Beziehungen muß der Graph vereinfacht werden. Dabei entsteht folgendes Problem in Verbindung mit Verzweigungszyklen:
Knoten mit einem Ausgang werden unter Umständen durch KOMP zu

Verzweigungsknoten. Sie müssen rechtzeitig markiert werden, damit sie nicht irrtümlicherweise während der Phase 2 komprimiert werden. Dadurch wäre es nämlich nicht mehr möglich, Verzweigungszyklen von anderen Zyklen zu unterscheiden (siehe Abb. 5.3.2).

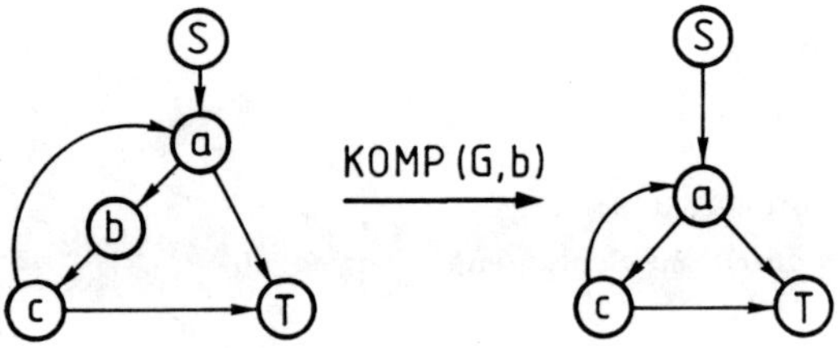

Abb. 5.3.2 Durch Kompression entstandener Verzweigungszyklus (a, c, a)

Ein Verzweigungszyklus wird während der Phase 2 zu einer Schlinge an einem nicht markierten Knoten komprimiert. Dagegen werden gewöhnliche Zyklen zu Schlingen an markierten Knoten komprimiert. Es ist deshalb sehr einfach, die Existenz und Charakterisierung von Zyklen lokal vorzunehmen. Schließlich sei noch erwähnt, daß Zyklen ohne echten Ausgang durch Kompression zu Schlingen an Knoten ohne echte Nachfolger umgewandelt werden (siehe Abb. 5.3.1).

Es verbleibt schließlich die Endprüfung. Es handelt sich dabei um eine mehrschichtige Fallunterscheidung. Man beachte, daß die komplizierteste Form eines komprimierten "erweiterten" Flußdiagramms ein Stern mit Schlingen ist.

Zur Veranschaulichung des Algorithmus und zur Verdeutlichung der angegebenen Korrektheitsargumente werden in Abb. 5.3.3 einige Graphen mit FGK behandelt. Man erkennt an den verschiedenen Kompressionsphasen, daß dadurch aufschlußreiche Interpretationen über die Struktur eines Flußdiagramms ermöglicht werden. Sie spielen bei der Fehleranalyse und Code-Optimierung

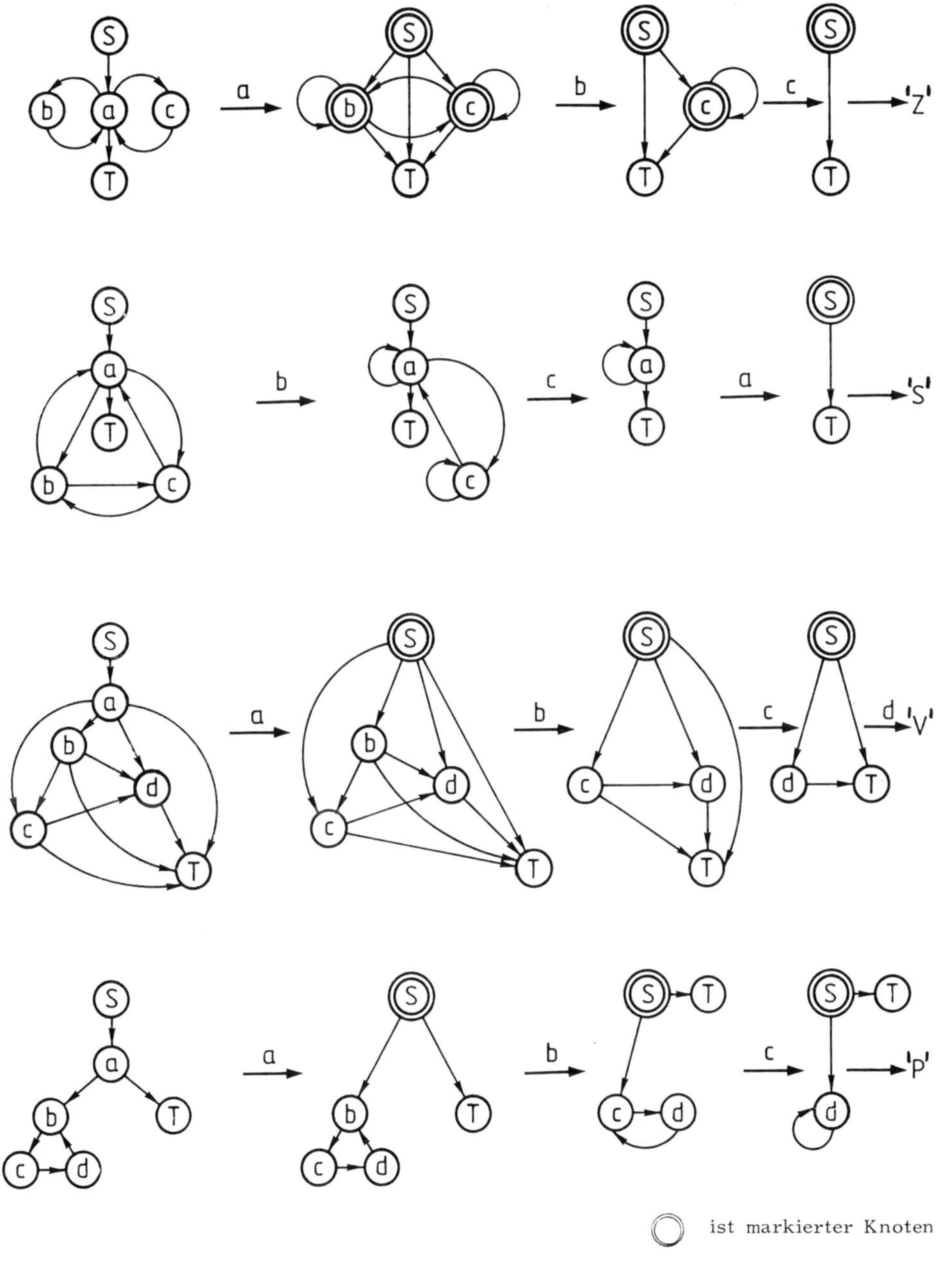

Abb. 5.3.3 FGK auf Graphen

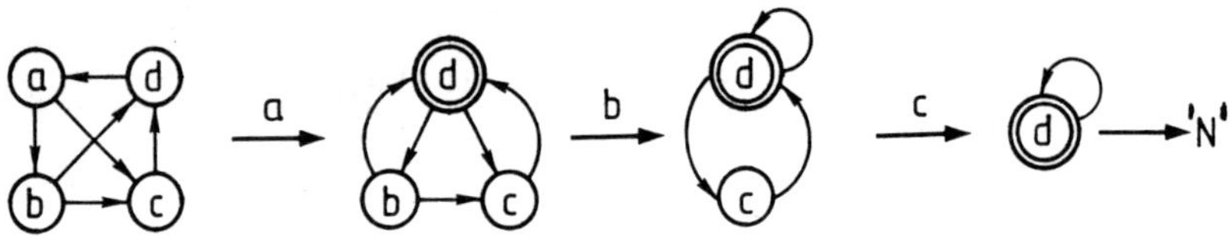

Abb. 5.3.3 (Fortsetzung) FGK auf Graphen

eine bedeutende Rolle ([Sch.73],[Ah/Ul.73]). Um aber bessere Aussagen darüber zu gewinnen, müßte man die Reihenfolge der Knotenkomprimierung innerhalb der einzelnen Phasen nach anderen Gesichtspunkten (etwa nach der Anzahl von Eingangs- und Ausgangskanten) ordnen.

Bei einer konkreten Implementierung des Algorithmus können verschiedene Maßnahmen zur Verbesserung der Effizienz getroffen werden. Beispielsweise kann die Anzahl der Startknoten gleich zu Beginn ermittelt werden (obwohl bei Flußdiagrammen kaum zwei Startknoten vorkommen werden). Die Trennung zwischen Verzweigungsknoten und anderen Knoten kann ebenfalls während der Eingabe vorgenommen werden. Schließlich können Operationen auf direkte Vorgänger (oder Nachfolger) sehr effizient durch logische Verknüpfungen durchgeführt werden, wenn man eine binäre Adjazenzmatrix als Datenstruktur verwendet und die Markierung in einem zusätzlichen Vektor unterbringt. Da der Algorithmus parallele Operationen begünstigt, ist eine Implementierung auf Array-Prozessoren besonders vorteilhaft.

6. Flußdiagramme und Programmiersprachen

Die bisherige Behandlung von Flußdiagrammen wurde bewußt abstrakt geführt. Ausgehend von graphentheoretischen Überlegungen sind die Eigenschaften von uninterpretierten Flußdiagrammen (abstrakte Programmschemata) analysiert und dadurch eine Charakterisierung von Flußdiagramm-Graphen vorgenommen worden. Damit läßt sich die abstrakte Struktur eines Algorithmus (oder sogar einer Klasse von Algorithmen) recht übersichtlich beschreiben. Man kann solche Graphen zum Studium der Grundeigenschaften von Algorithmen heranziehen.

Die Abb. 6.1 zeigt einen simplen Flußdiagramm-Graphen. Dazu werden zwei mögliche Interpretationen angegeben.

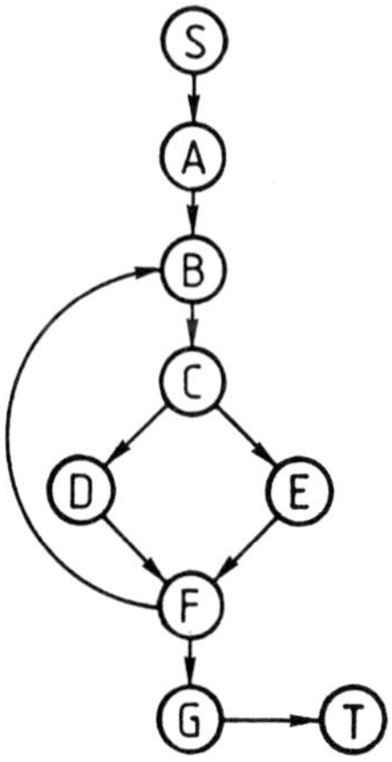

Abb. 6.1 Uninterpretiertes Flußdiagramm

Interpretation A (Prüfung von Zufallzahlen-Folgen):

```
S : START

A : LÖSCHE X,Y , I

B : ERZEUGE ZUFALLSZAHL Z GLEICHVERTEILT IN [0,1]; I ← I + 1

C : WENN Z < 0,5        DANN GEHE NACH D
    WENN Z ≧ 0,5        DANN GEHE NACH E

D : ADDIERE  1  ZU  X, LÖSCHE  Y  UND GEHE NACH F

E : ADDIERE  1  ZU  Y UND LÖCHE X

F : WENN |X-Y|≠100 DANN  GEHE  NACH  B
    WENN |X-Y|=100 DANN  GEHE  NACH  G

G : DRUCKE X,Y, I

T : STOP
```

Interpretation B (Aktualisierung von Soll- und Haben-Posten):

```
S : START

A : LÖSCHE S,H

B : EINLESEN  X

C : WENN  X<0  DANN GEHE NACH D
    WENN  X≧0  DANN GEHE NACH E

D : ADDIERE |X| ZU S UND GEHE NACH F

E : ADDIERE  X  ZU  H

F : WENN X≠0  DANN GEHE NACH B
    WENN X=0  DANN GEHE NACH G

G : DRUCKE  S,H

T : STOP
```

Bemerkungen: Man beachte, daß beide Interpretationen aus denselben Bestandteilen zusammengesetzt sind: Initailisierung, Ermittlung eines Wertes, Aktualisierung von Resultaten und Prüfung auf Terminierung. Bei beiden Programmen ist die Terminierung nicht garantiert: Die Zufallszahl Z mag niemals 100 mal hintereinander einen Wert kleiner bzw. größer gleich 0.5 annehmen. In diesem Fall hat man auch keinen äußeren Einfluß auf den Ablauf. Bei der zweiten Interpretation ist die Terminierung nach dem Einlesen des Wertes 0 gesichert, es ist aber nicht sichergestellt, daß dieser Wert in den zu verarbeitenden Daten enthalten ist. Der Unterschied besteht lediglich darin, daß während bei der zweiten Interpretation die Terminierung wahrscheinlich ist und von außen beeinflußt werden kann, ist sie bei der ersten Interpretation sehr unwahrscheinlich (falls man die Güte des Pseudo-Zufallszahlen-Generators voraussetzen darf).

Hinweis: Es ist theoretisch richtig zu behaupten, daß Interpretation A einen Algorithmus darstellt. Vom praktischen Standpunkt aus sind solche instabile Terminiertheitskriterien außerordentlich gefährlich!

Sobald also ein konkreter Algorithmus implementiert werden soll, begnügt man sich nicht mit einem uninterpretierten Programmschema. Vielmehr benötigt man eine symbolische Sprache sowie deren konkrete semantische Interpretation, um möglichst effektiv und übersichtlich Programme zu formulieren, die dann von einer Maschine ausgeführt werden können.

In der vorliegenden Untersuchung interessieren Flußdiagramme nur vom Standpunkt der maschinellen Abarbeitung. Es ist deshalb bei der Frage der symbolischen Markierung von Flußdiagrammen angebracht, auf bekannte Konzepte von Programmiersprachen zurückzugreifen, welche sich im Laufe der Zeit als besonders geeignet für die Formulierung von Algorithmen herausgestellt haben.

Auf der Suche nach einer guten Notation für Flußdiagramme sind hauptsächlich zwei Bereiche zu untersuchen:
- die graphische Notation für Flußdiagramme;
- Konventionen zur Markierung und Interpretation von Flußdiagrammen.

In beiden Fällen gibt es bereits verschiedene Modelle, welche für diverse Applikationen entwickelt worden sind. Das hier entwickelte

Modell berücksichtigt als Hauptaspekt die Erstellung von Programmablaufplänen.

6.1 Graphische Notation für Flußdiagramme

Die in den Kapiteln 3 bis 5 benutzte Notation für Flußdiagramm-Graphen ist zu abstrakt und zu unhandlich und deshalb nicht geeignet für konkrete Flußdiagramme. Wie bereits in Kapitel 2 beschrieben, gibt es eine Klassifikation von Flußdiagrammknoten nach semantischen Gesichtspunkten. Auf dieser Einteilung basieren die entsprechenden Flußdiagramm-Sinnbilder ([DIN.75]). Ein kleiner Auszug daraus ist in Abb. 2.1.1 enthalten.

Die Menge der gebräuchlichen Sinnbilder ist wesentlich umfangreicher. Trotzdem soll hier ihre Anzahl auf ein Minimum begrenzt werden. Dazu gibt es verschiedene Gründe:

- Viele der bekannten Sinnbilder, welche hier nicht übernommen werden, beziehen sich auf spezielle Hardwaregeräte, welche heute zum Teil nicht mehr aktuell sind. Sie sind deshalb nur selten anwendbar.

- Das Schwergewicht wird hier auf die Beschreibung von algorithmischen Abläufen und nicht auf kommerzielle Anwendungen mit verschiedenen Ein- und Ausgabemedien gelegt.

- Eine knappe Anzahl von Symbolen erleichtert die Anwendung und macht die Notation übersichtlich.

Ausgehend von der in Abb. 2.1.1 dargestellten Teilmenge und der grundsätzlichen Klassifizierung von Knoten gemäß der Vereinbarungen von Kapitel 4 geben wir in Abb. 6.1.1 die Symbole für sequentielle Flußdiagramme sowie ihren dazugehörigen Innen- und Außengrad an.

Symbol	Bedeutung	Innen-grad	Außen-grad
	Beginn / Ende eines Flußdiagramms	0/n>0	1 / 0
	Ausführung einer Anweisung	n > 0	1
	Verzweigung	n > 0	m > 1
	Ablauflinie	-	-
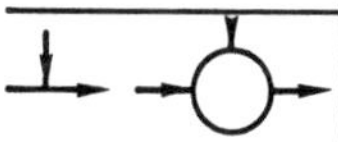	Zusammenführung von Ablauflinien	n > 0	1
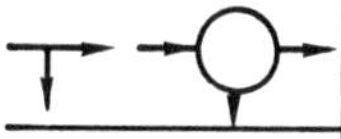	Trennung von Ablauflinien	1	n > 1
	Zusicherung	1	1

Abb. 6.1.1 Sinnbilder für sequentielle Flußdiagramme

Bemerkungen: Bei dieser Notation gibt es einige ungewöhnliche Vereinbarungen, welche einer Erläuterung bedürfen.

- Die Zusammenführung und Trennung von Ablauflinien darf auch in verkürzter Schreibweise (ohne Knoten) wiedergegeben werden.
- Die "virtuelle" Verbindung von Knoten ist eliminiert worden. Das Symbol ○ hat mindestens eine Ausgangskante und dient nicht mehr als eine Sprungmarke. Diese Regel soll das Verbinden von entfernten Knoten erschweren! Theoretisch ist die Mächtigkeit von Fluß-Graphen überhaupt nicht eingeschränkt worden. Die Konsequenz für die Praxis ist aber ein indirekter Zwang zur Modularisierung, zumal die Papiergröße limitiert ist.
- Zusicherungen (auch "gates" oder "guards" genannt) sind zuerst von [Fl.67] in einer anderen Form und später von [Di.76] in Verbindung mit Programmiersprachen eingeführt worden. Bei der hier vorgeschlagenen Notation wird folgende Konvention

eingeführt:

Konvention 6.1.1: Jede Ablauflinie kann mit einer Zusicherung versehen werden. Jede Ausgangskante einer Verzweigung muß mit einer Zusicherung versehen werden.

Die Eliminierung der "virtuellen" Knotenverbindungen ist ein Schritt in die Richtung übersichtlicher Flußdiagramme. Trotzdem sind noch beliebige Knotenverbindungen zugelassen. Die Zusicherungen wurden aufgenommen, um die Verifikation eines Algorithmus zu erleichtern. Durch sie kann eigentlich die Markierung einer Verzweigung wegfallen, da sie vollkommen überflüssig wird. Würde man diese Überlegung strikt befolgen, dann könnte die Verzweigung durch ein kleines unbeschriftetes Symbol (etwa $\triangle$) dargestellt werden.

Beispiel 6.1.1 und Abb. 6.1.2 verdeutlichen die Anwendung von Zusicherungen bei mehrfachen Verzweigungen.

Beispiel 6.1.1: Bestimme die Lösung der quadratischen Gleichung $a x^2 + bx + c = 0$ für beliebige reelle Zahlen a, b und c.
(Die Lösung ist bekannt, deshalb wird nur die Grundstruktur gezeigt. Rundungsfehler der Gleitkommaarithmetik werden nicht berücksichtigt.)

Wegen der Zusicherungen an den Ausgängen der Verzweigungen, welche wie Schranken wirken, kann man innerhalb des Verzweigungsknotens eine informelle Beschreibung des zu testenden Zusammenhangs angeben. Es ist jedenfalls darauf zu achten, daß die Fallunterscheidung vollständig mit Hilfe der Zusicherungen beschrieben wird.

Alternativ kann man einen Prädikatenausdruck innerhalb des Verzweigungsknotens eintragen, der nach Auswertung den Wert .true. oder .false. liefert (abgekürzt: .T. bzw. .F.). In einem solchen Fall kann man die Zusicherungen mit dem entsprechenden logischen Wert versehen.

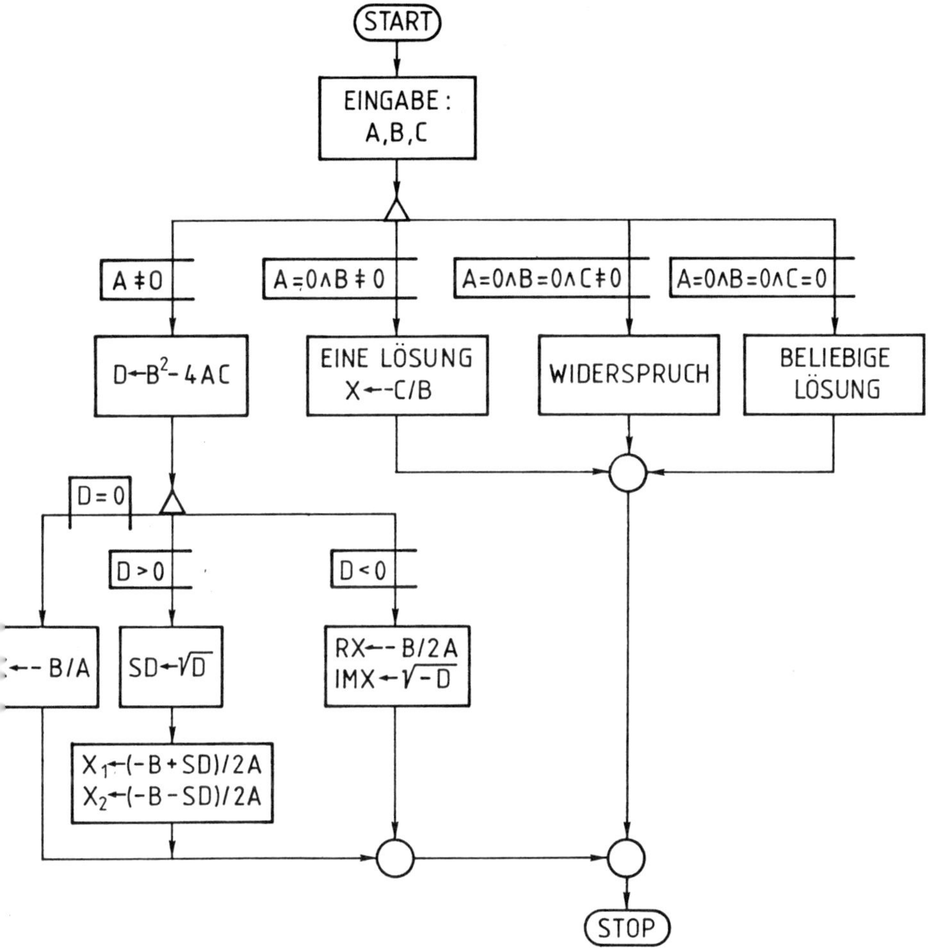

Abb. 6.1.2 Lösung einer quadratischen Gleichung

Es bleibt noch zu klären, welcher Weg eingenommen wird, falls keine der Zusicherungen den weiteren Ablauf eines Algorithmus zuläßt. [Di.76] schlägt in einem solchen Fall den unplanmäßigen Abbruch des Algorithmus vor. Ein Vorgehen dieser Art könnte mit Hilfe von einem zusätzlichen Ausgang hinter jeder Verzweigung realisiert werden.

Definition 6.1.1: Sei C ein Verzweigungsknoten mit Aus(C)=n und Z_i^C die i-te Zusicherung von C, i=1,...,n. Eine else-Zusicherung Z_{n+1}^C erweitert den Außengrad von C um 1 auf n+1 und hat als Markierung:
$\neg(Z_1^C \vee Z_2^C \vee \ldots \vee Z_n^C)$

Aus Definition 6.1.1 folgt, daß die Verhinderung einer Blockierung durch die Zusicherungen mit Hilfe der else-Zusicherung garantiert ist. Durch Zusammenfassung der "restlichen Fälle" in einem "Sonderausgang" können dort entweder individuelle Maßnahmen getroffen oder der Algorithmus beendet werden.

Anders ist es bei Zusicherungen hinter Ausführungsknoten. Verletzung solcher Zusicherungen müssen zum Abbruch des Algorithmus führen. Eine Konformität mit den hier diskutierten Flußdiagrammen kann dadurch erreicht werden, daß vor einer solchen Zusicherung eine Verzweigung mit einem zusätzlichen Sonderausgang (als Komplement der ursprünglichen Zusicherung) eingefügt wird.

Ähnliche Ansätze in Verbindung mit Verifikation von Programmen findet man bei der Programmiersprache Euclid ([LHLMP.77, LGHLMP.78]). In Euclid können sogar gewisse Typen von Zusicherungen automatisch generiert werden.

6.2 Markierung und Interpretation von Flußdiagrammen

Für die in 6.1 eingeführte Notation für Flußdiagramme werden hier einige Grundregeln bezüglich der Markierung und Interpretation entwickelt.

Eins der Hauptprobleme bei der Anwendung von Flußdiagrammen besteht in der Wahl des geeigneten Abstraktionsgrades. Flußdiagramme schreiben keine bestimmte Abstraktionsebene vor. Es ist deshalb sinnvoll, zumindest einen einheitlichen Abstraktionsgrad zu fordern.

Forderung 6.2.1: Innerhalb eines Flußdiagramms sollte ein möglichst einheitlicher Abstraktionsgrad eingehalten werden.

Es muß bei dieser Gelegenheit darauf hingewiesen werden, daß durch die Benutzung einer konkreten Programmiersprache als Markierung von Flußdiagrammen die Forderung 6.2.1 nicht automatisch erfüllt wird. Immerhin erreicht man dadurch eine einheitliche Markierungs-Notation sowie semantische Regeln für die verschiedenen Sprachkonstrukte.

Unabhängig von der Wahl einer Programmiersprache sollen für die Flußdiagramm-Symbole folgende Regeln gelten:

Markierungsregeln für Beginn-Symbole: Jedes Beginn-Symbol enthält eine Bezeichnung für das Flußdiagramm (Name) sowie eine möglichst exakte Beschreibung seiner Schnittstelle zu anderen Flußdiagrammen.

Interpretationsregeln für Beginn-Symbole: Das Beginn-Symbol identifiziert den Anfang eines neuen Flußdiagramms einschließlich seines Namens und seiner Schnittstelle. Es ist der einzige Eingang zu diesem Flußdiagramm.

Bemerkung: Eine Methode zur Beschreibung der Schnittstelle folgt im Anschluß an diesen Abschnitt.

Markierungsregeln für Anweisungssymbole: Jedes Anweisungssymbol enthält eine eindeutige und in einem endlichen Zeitintervall ausführbare Anweisung.

Interpretationsregeln für Anweisungssymbole: Die Anweisung wird nach den semantischen Regeln der gewählten Notation ausgeführt.

Markierungsregeln für Verzweigungssymbole: Jedes Verzweigungssymbol enthält entweder keine (bzw. eine informelle) Markierung oder einen Prädikatenausdruck, dessen Wert entweder wahr (.T.) oder falsch (.F.) ist.

Interpretationsregeln für Verzweigungssymbole: Enthält das Verzweigungssymbol einen Prädikatenausdruck, dann wird dieser ausgewertet und derjenige Ausgang angenommen, dessen Zusicherung mit dem Wert des Prädikatenausdrucks übereinstimmt. Enthält das Verzweigungssymbol keine Markierung (bzw. nur Kommentar), dann werden die Ausgangs-Zusicherungen ausgewertet und derjenige Ausgang ausgewählt, dessen Zusicherung den Wert .T. hat. (siehe auch Definition 4.1.1).

Bemerkungen:

- Ist eine Verzweigung mit einem Prädikatenausdruck markiert, dann muß die Verzweigung genau zwei Ausgänge mit den Zusicherungen .T. bzw. .F. besitzen.
- Enthält die Verzweigung mehr als zwei Ausgänge, dann wird die Markierung der Verzweigung nicht ausgewertet.
- Bei Verzweigungen mit mehr als zwei Ausgängen
  - ist die Reihenfolge der Auswertung von Ausgangszusicherungen nicht vorgeschrieben,
  - können mehrere Zusicherungen gleichzeitig (kollateral) ausgewertet werden,
  - ist die Wahl eines Ausgangs mit wahrer Zusicherung willkürlich, falls bei mehreren Ausgängen die Zusicherung erfüllt ist.

Markierungsregeln für Ablauflinien, deren Zusammenführung bzw. Trennung: Ablauflinien werden nicht markiert.

Interpretationsregeln für Ablauflinien: Bekannt.

Interpretationsregeln für Zusammenführung bzw. Trennung von Ablauflinien: Bekannt. Die Symbolik dient nur der besseren Übersicht.

Markierungsregeln für Zusicherungen: Jede Zusicherung enthält einen Prädikatenausdruck.

Interpretationsregeln für Zusicherungen: Eine Zusicherung erlaubt den Übergang zu ihrem Nachfolger nur dann, wenn die Auswertung ihres Prädikatenausdrucks den Wert .T. liefert. Die Interpretation eines Flußdiagramms wird abgebrochen, falls das Erreichen aller Nachfolge-Operationen durch Zusicherungen verhindert wird.

Bemerkung: Siehe auch Abschnitt 6.1 sowie die Interpretationsregeln für Verzweigungen. Der Abbruch einer Interpretation ist nicht gleichbedeutend mit der Terminierung einer Interpretation.

Markierungsregeln für Ende-Symbole: Bekannt.

Interpretationsregeln für Ende-Symbole: Planmäßige Terminierung der Flußdiagramm-Interpretation.

Hinweis: Es empfiehlt sich, den Beginn und das Ende des Haupt-Flußdiagramms anders zu markieren (etwa durch START/STOP) als den Beginn und das Ende eines Unter-Flußdiagramms (etwa durch ENTRY/EXIT).

Ausführliche Beispiele sind am Ende von Kapitel 6 enthalten.

6.3 Grundkonzepte von Programmiersprachen

Neben den Grundregeln zur Markierung von Flußdiagrammen, die in 6.2 diskutiert wurden, gibt es noch einige fundamentale Konstrukte in Programmiersprachen, welche bei der Formulierung von Algorithmen eine entscheidende Bedeutung haben. Es ist also noch zu prüfen, ob neben den bereits definierten Regeln noch einige Empfehlungen in Verbindung mit der Markierung gemacht werden können. Dazu werden Programmiersprachen etwas näher betrachtet.

Es sei zunächst bemerkt, daß im Rahmen dieser Untersuchung das Schwergewicht bei der Entwicklung von Algorithmen mit Hilfe höherer Programmiersprachen liegt. Auf spezielle Probleme maschinennaher Sprachen wird deshalb nicht weiter eingegangen.

Es besteht hier nicht die Absicht, die komplette Syntax und Semantik einer neuen Programmiersprache anzugeben, um dadurch die Markierung von Flußdiagrammen zu vereinheitlichen. Interessante Beiträge zur Entwicklung von Programmiersprachen findet man bei [Ho. 73], [Hor. 79] sowie [Wi. 74a]. Dies würde aber Flußdiagramme auf eine bestimmte Sprache einschränken. Statt dessen werden nur solche Konzepte untersucht, welche mehr oder weniger in irgendeiner Form in allen bekannten Programmiersprachen enthalten sind.

Dabei werden zwei Ziele verfolgt: Es sollen einerseits Vorschläge erarbeitet werden, um einem Programmier-Anfänger die Erstellung eines Algorithmus zu erleichtern und ihn bei der Modularisierung zu unterstützen. Es soll aber gleichzeitig jedem erfahrenen Programmierer erlaubt sein, seine eigene Syntax und Semantik bei der Markierung zu verwenden, um sein System möglichst problemnahe spezifizieren und entwickeln zu können.

Sieht man von speziellen Programmiersprachen (z.B. rein rekursive Sprachen wie LISP ([MC.62])) ab, so entdeckt man bei jeder gängigen Programmiersprache einige Grundkonzepte, welche die Programmierung entscheidend geprägt haben. Diese sind:

- Objekte mit ihren Eigenschaften (Attributen) und den dazugehörigen Operationen (Datenstrukturen und Anweisungen;
- Kommandos zur Beschreibung des Programmablaufs (Kontrollstrukturen);
- Kommandos zur Kommunikation mit der Außenwelt (Ein- und Ausgabe);
- Programmorganisation (Haupt- und Unterprogramme, Modularisierungstechniken).

Von diesen Grundkonzepten werden die Kontrollstrukturen mit Hilfe der Flußdiagramme direkt repräsentiert, so daß sie nicht in Verbindung mit Progammiersprachen untersucht werden. Im Rahmen dieser Untersuchung wird noch eine Klassifikation von Flußdiagrammstrukturen vorgenommen.

Die Kommandos zur Kommunikation mit der Außenwelt können als Teil der ausführbaren Anweisungen betrachtet werden. Da hier Algorithmen ohne externe Einflüsse behandelt werden, sind Ein- und Ausgabeoperationen wie alle anderen Anweisungen wohldefinierte und terminierende Aktionen.

Die Behandlung von Objekten in Verbindung mit ihrer Definition, ihrem Gültigkeitsbereich und ihrer Lebensdauer steht in engem Zusammenhang mit der Programmorganisation und der Modularisierung von Algorithmen. Sie sollen deshalb diesbezüglich näher untersucht werden.

6.4 Konventionen zur Benutzung von Objekten in Flußdiagrammen

Definition 6.4.1: Objekte in Programmiersprachen sind Dinge, welche durch ihre Bezeichnung und ihre Eigenschaften eindeutig identifizierbar sind.

Definition 6.4.1 ist noch zu allgemein, um bei den Flußdiagrammen angewandt zu werden. Die Klassifizierung von Objekten variiert von Programmiersprache zu Programmiersprache. Der Versuch einer exakten Beschreibung von Objekten wird beispielsweise im ALGOL 68 Report vorgenommen ([Wij.76]). In der vorliegenden Untersuchung interessieren grundsätzlich zwei Typen von Objekten:

- Datenobjekte, das sind Objekte, welche einen Wert repräsentieren (Konstante) bzw. annehmen können (Variable)
- Objekte, welche den Ablauf eines Algorithmus beschreiben (Funktionen, Prozeduren usw.).

Datenobjekte gehören entweder implizit einer Programmiersprache an (ganze Zahlen, logische Werte, Zeichen) oder werden explizit mit Hilfe von Deklarationen spezifiziert. Implizite Deklamationen können zusammengesetzt werden, um komplexere Datenobjekte zu beschreiben. Datenobjekte unterscheiden sich nicht nur in ihrer Feinstruktur untereinander, sondern auch bezüglich ihrer Lebensdauer (scope) sowie der Anpassung ihrer Kapazität (statisch, dynamisch).

Auf weitere spezielle Eigenschaften von Datenobjekten soll hier nicht näher eingegangen werden, um unnötige Einschränkungen zu vermeiden. Etwas ungewöhnlich mag vielleicht der Vorschlag erscheinen, nicht nur Datenobjekte, sondern ebenfalls Algorithmen (dargestellt etwa durch Flußdiagramme) als einen zweiten Typ von Objekten zu klassifizieren.

Algorithmen können in einem solchen Fall als Objekte vom Typ "ausführbare Funktionen" aufgefaßt werden. Bestandteil ihrer Attribute ist neben der Berechnungsvorschrift ihre Schnittstelle zur Außenwelt (Umgebung, environment). Algorithmen - und demnach Flußdiagramme - erhalten also wie alle anderen Objekte einen Namen als Identifikation und entsprechen etwa den Prozeduren und Unterprogrammen bekannter Programmiersprachen.

Durch diese Betrachtungsweise ist es auch möglich, Algorithmen mechanisch zu erstellen (durch entsprechende Definition des zugehörigen Flußdiagramms) und ihre Ausführung zu initiieren. Dieses Vorgehen ist bei interpretativen Sprachen bekannt ([MC.62],[Iv.62]).

Im Hinblick auf die Anwendung von Datenobjekten in Verbindung mit Flußdiagrammen erscheinen folgende Konventionen nützlich:

Konvention 6.4.a:

Sofern bei der Formulierung eines Algorithmus die Semantik eines Datentyps für die spezifische Abstraktionsebene implizit vorgegeben und eindeutig ist, braucht man lediglich die einzelnen Objekte (gekennzeichnet durch symbolische Namen) sowie ihre Attribute mit Hilfe einer entsprechenden Deklaration zu spezifizieren. Da-

durch wird ein Objekt dieses Typs erzeugt. Ausnahme: Implizit vorhandene Konstanten - Objekte (üblicherweise Zeichen und Ziffern, aus denen Zeichenketten (Strings) bzw. Zahlen erzeugt werden) sowie interne Zwischenergebnisse bedürfen keiner expliziten Deklaration.

Es gelten die üblichen Regeln über die Eindeutigkeit von Objekten durch ihre Bezeichnung: Solange ein Objekt gültig ist, darf es keine Deklaration eines neuen Objekts mit demselben Namen geben.

Bemerkung: Deklarationen von Objekten beeinflussen die Umgebung eines Algorithmus und sind deshalb in Flußdiagrammen aufzunehmen.

Konvention 6.4.b:
Explizit deklarierte Objekte können (ebenfalls explizit) vernichtet (gelöscht) werden. Am Anfang eines Flußdiagramms existieren nur solche explizite Objekte, welche mit ihrem Namen als sogenannte "Import-Objekte" in eine "Import-Liste" eingetragen sind. Sie sind die einzigen externen Objekte, welche dem Flußdiagramm zugänglich sind. Auf "Import-Objekte" haben Flußdiagramme nur Lese- bzw. Ausführungszugriff (im Falle von "ausführbaren Funktionen").

Alle innerhalb eines Flußdiagramms deklarierten Objekte sind lokale Objekte und werden automatisch am Ende der Aktivierung des Flußdiagramms vernichtet. Ausnahme bilden deklarierte Objekte, die mit ihrem Namen als sogenannte "Export-Objekte" in eine "Export-Liste" eingetragen sind.

Import- bzw. Exportobjekte dürfen nicht vernichtet werden.

Ein Flußdiagramm hat auf lokale Objekte und Export-Objekte Schreib- bzw. Ausführungszugriff.

Bemerkungen:
Die Import/Export-Listen führen neben den Namen der Objekte auch die dazugehörenden Attribute, damit ein Flußdiagramm losgelöst von seiner Umgebung untersucht werden kann. Üblicherweise bezeichnet man Import-Objekte als Eingangsparameter und Export-Objekte als Ausgangsparameter. Es ist zulässig, daß ein Objekt sowohl Import- als auch Export-Objekt ist: damit wird das Zugriffsrecht von ausschließlich Lesen auf Lesen und Schreiben erweitert. Import-Objekte sollten immer einen Wert besitzen.

Hinweis: Die korrekte Parameter-Versorgung kann wegen der expliziten Angabe der Attribute der Import/Export-Parameter größtenteils mechanisch vor der Aktivierung eines Flußdiagramms überprüft werden.

Die Import/Export-Listen sind die Beschreibung der einzigen Schnittstelle ("interface")eines Flußdiagramms zu seiner Außenwelt. Dazu wird im nächsten Abschnitt in Verbindung mit der Modularisierung näher eingegangen.

Bisher wurde davon ausgegangen, daß ein Objekt bei seiner Deklaration gewisse Eigenschaften erhält und diese während seiner gesamten Lebensdauer beibehält. Diese Auffassung ist in Verbindung mit der Eigenschaft "Kapazität" nicht immer korrekt! Es gibt viele Problemstellungen, welche die Festlegung der Kapazität eines Objekts von dem Ablauf des Algorithmus abhängig machen (etwa bei einer Symbol-Tabelle eines Übersetzers). Man spricht in einem solchen Fall von dynamischen Datenobjekten.

Bei dynamischen Objekten ist es weder möglich noch erwünscht, ihre Speicherkapazität a priori festzulegen. Es ist deshalb eine Konvention nötig, welche die Vergrößerung und Verminderung der Kapazität von Datenobjekten erlaubt.

Definition 6.4.1:

Datenobjekte, deren Speicherkapazität zum Zeitpunkt ihrer Generierung fest vorgegeben wird, heißen statisch. Datenobjekte mit veränderlicher Speicherkapazität während ihrer Lebensdauer heißen dynamisch. Sie werden bei ihrer Generierung als solche gekennzeichnet.

Konvention 6.4.c:

Statische Datenobjekte können (nach Bedarf) mehrmals deklariert und vernichtet werden. Während ihrer Lebensdauer ist aber ihre Speicherkapazität fest. Bei dynamischen Datenobjekten existieren spezielle Funktionen der allgemeinen Speicherverwaltung, welche das Manipulieren der Speicherkapazität erlauben, sowie Auskünfte über die aktuelle Objektgröße erteilen.

Beispiel 6.4.1: Alle Datenobjekte in APL ([Iv.62]) sind in der hier verwendeten Sichtweise statisch. Denn seien A und B Vektoren mit ρ A = m und ρ B = n. Dann generiert die Verkettungsoperation A,B ein neues Objekt, nämlich einen Vektor der Länge m+n. Die Anweisung A $\leftarrow$ A,B generiert konsequenterweise als Zwischenergebnis einen Vektor der Länge m+n mit den Elementen von A gefolgt von den Elementen von B, vernichtet das ursprüngliche A und benennt das Zwischenergebnis A. Eine andere Implementation der Verkettungsoperation ist zwar über Zeiger denkbar, entspricht aber nicht dem Wesen des Verkettungsoperators in Verbindung mit der Zuweisung.

Beispiel 6.4.2: Datenobjekte, welche in PASCAL über Pointer-Variablen zugänglich sind ([Jen/Wi .74]) sind in der hier verwendeten Sichtweise dynamisch. Dasselbe gilt für Objekte in ALGOL 68, welche mit Hilfe des heap-Generators erzeugt werden ([Wij.76],[Li/Me.77]), sowie für Datenobjekte auf externen Speichern (Dateien, Files).

Zum Schluß sei noch einaml darauf hingewiesen, daß bei der Ausführung einer Anweisung (Zuweisung oder Berechnung eines

Ausdrucks usw.) alle angesprochenen Objekte vorher deklariert und (mit Ausnahme des Zuweisungs-Objekts) mit einem Wert versorgt sein müssen. Anderenfalls läßt sich ein Flußdiagramm nicht sinnvoll interpretieren. Oft geschieht die Datenversorgung während der sogenannten "Initialisierungsphase". Sie schließt sich meistens der Deklaration des Objekts an. Es kommt auch sehr oft vor, daß viele Datenobjekte während der Ausführung des Flußdiagramms ihren Wert über eine Zuweisung erhalten. Es gilt deshalb

Konvention 6.4.d: Sämtliche explizit definierten Datenobjekte besitzen von ihrer Initialisierung bzw. vor einer Wertzuweisung den Wert "undefiniert".

Die hier beschriebenen Konventionen über Objekte und speziell über Datenobjekte sind viel zu mächtig und nicht für jede Applikation erforderlich. Ihre volle Ausnutzung würde einen in der Regel recht umfangreichen Verwaltungsaufwand des Laufzeitsystems (run-time system) der entsprechenden Programmiersprache verlangen. Die Konventionen geben eigentlich nur Grenzen an, welche nicht überschritten werden sollten. Es steht aber dem Anwender frei, auf dynamische Datenobjekte vollständig zu verzichten und die Mächtigkeit der statischen Objekte auf die seiner Zielsprache zu reduzieren. Eine Ausnahme könnten nicht-Hauptspeicher-residente Datenobjekte bilden (sequentielle bzw. nicht sequentielle Dateien), da für ihre Verwaltung grundsätzlich ein vorhandenes Betriebssystem vorausgesetzt werden kann.

6.5 Konventionen zur Modularisierung von Flußdiagrammen

Im Zusammenhang mit der Lebensdauer von Datenobjekten und der Kommunikation mit der Außenwelt wurden bereits die ersten Schritte zu einem einfachen und relativ eingeschränkten Modularisierungskonzept gemacht. Die Modularisierung eines komplexen bzw. umfangreichen Algorithmus basiert entweder auf seiner Zerlegung in natürliche Komponenten in Form von Unterprogrammen, Moduln oder Paketen (Methode der "schrittweisen Verfeinerung", auch "top-down approach") genannt ([Wi.71]) oder auf der Komposition von einzelnen Bausteinen zu einem großen System ("bottom-up approach"). Gewöhnlicherweise werden beide Vorgehensweisen gemischt: Man beginnt top-down bis man zu einer Verfeinerungsstufe angelangt ist, welche durch bekannte bzw. vorhandene Komponenten beschrieben werden kann. Ab dieser Schicht geht man bottom-up vor.

Die erfolgreiche Modularisierung von Algorithmen läßt sich kaum formalisieren. Eine ausführliche Darstellung verschiedener Verfahren zur Zerlegung von Algorithmen in Moduln ist in [KKST.79] enthalten. Ziel dieses Abschnitts ist es aber, einige Konventionen vorzuschlagen, welche die Erstellung von Moduln unterstützen.

Bei der Zerlegung eines Problems in überschaubare Bestandteile, um den Lösungsentwurf etwas besser strukturieren zu können, entstehen gewisse Beziehungen zwischen den verschiedenen Moduln:

- Die Aufteilung ist streng hierarchisch, d.h. Moduln einer Schicht benutzen Moduln der direkt niedrigeren Schicht;
- Die Aufteilung ist baumartig, d.h. sie ist streng hierarchisch und in Teilbereiche aufgeteilt, welche voneinander unabhängig sind;
- Die Aufteilung ist einfach hierarchisch, d.h. Moduln einer Schicht benutzen Moduln einer niedrigeren Schicht;
- Die Aufteilung ist schwach hierarchisch, d.h. sie ist einfach hierarchisch mit der zusätzlichen Eigenschaft, daß Moduln derselben Schicht sich gegenseitig aufrufen können (wodurch eine direkte oder indirekte Rekursion entstehen kann);
- Die Aufteilung ist nicht strukturiert, d.h. die Modul-Abhängigkeit ist beliebig.

Abb. 6.5.1 zeigt graphisch die verschiedenen Moduln-Beziehungen. Mit Ausnahme der letzten, unstrukturierten Aufteilung finden alle anderen bei sinnvollen Systementwürfen Anwendung. Die Kanten zeigen die "benutzt"-Beziehung zwischen den Moduln (Knoten).

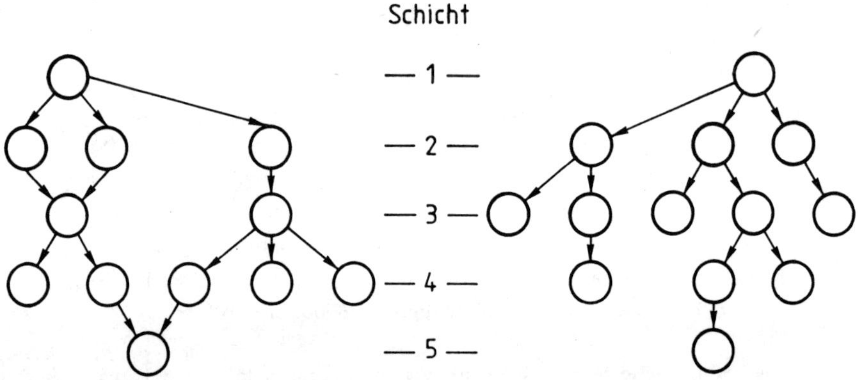

Abb. 6.5.1 a strenge Hierarchie

Abb. 6.5.1 b Baum - Hierarchie

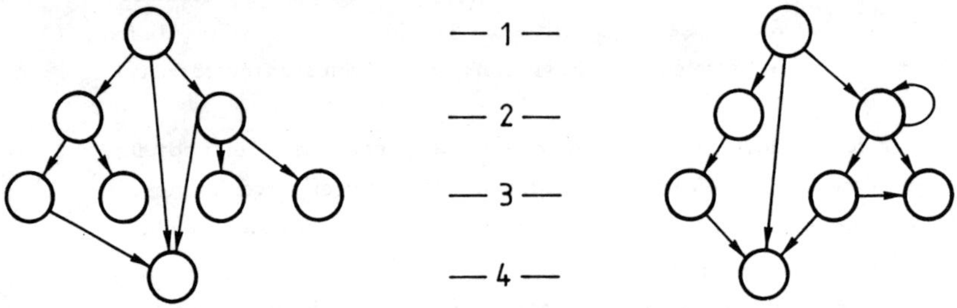

Abb. 6.5.1c einfache Hierarchie

Abb. 6.5.1d schwache Hierarchie

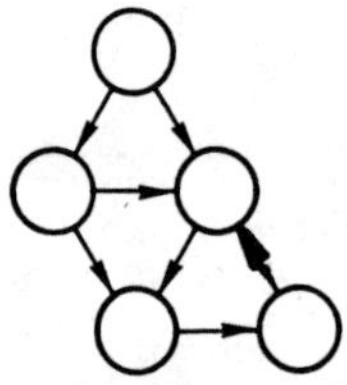

Abb. 6.5.1e nicht-hierarchische Modularisierung

Abb. 6.5.1 Modul - Beziehungen bei Software - Systemen

Im Fall der Flußdiagramme ist ohne zusätzliche Symbolik die Zusammenfassung einzelner Flußdiagramme zu einem Modul nicht möglich. Deshalb wird auch von einer Einschränkung der Hierarchie-Beziehungen abgesehen.

Definition 6.5.1: Ein Flußdiagramm-System besteht aus mehreren kooperierenden Flußdiagrammen, welche durch einen Namen eindeutig identifiziert werden.

Definition 6.5.2: In einem Flußdiagramm-System gibt es ein Haupt-Flußdiagramm und mehrere Unter-Flußdiagramme. Ein Flußdiagramm kann nicht weitere Flußdiagramme enthalten.

Damit ist es nicht möglich, die Hierarchie-Struktur eines Flußdiagramm-Systems explizit festzulegen. Sie wird durch die aktuelle "benutzt"-Beziehung definiert. Insofern entsprechen Flußdiagramm-Moduln etwa den Paketen der Programmiersprache ELAN ([HJJKK.78]). Es bleibt also dem Programmierer überlassen, eine sinnvolle Hierarchie innerhalb seines Flußdiagramm-Systems zu definieren und einzuhalten.

Konvention 6.5.a:

Das Haupt-Flußdiagramm beginnt mit der Bezeichnung START <name> - wobei <name> ein beliebiger Name ist - und endet mit der Bezeichnung STOP <name> . Import- und Export-Objekte (beispielsweise Dateien) werden in die Import/Export-Liste des Haupt-Flußdiagramms aufgenommen. Ausnahme bilden nur implizit definierte Objekte.

Dies ist die einzige Schnittstelle zwischen einem Haupt-Flußdiagramm und seiner (übergeordneten) Außenwelt. Man beachte in diesem Zusammenhang, daß dadurch eine Kommunikation zwischen Hauptprogrammen und Betriebssystem ermöglicht wird.

Konvention 6.5.b: Die Unter-Flußdiagramme beginnen immer mit der Bezeichnung ENTRY <name> und enden mit EXIT <name> . Wertzuweisungen an Namen von Unter-Flußdiagrammen (Funktionen) sind erlaubt.

Konvention 6.5.c: Die Schnittstelle zwischen einem Unter-Flußdiagramm und seiner Umwelt wird durch die Import/Export-Liste definiert. Es gibt keine globalen Objekte. Ist die Import/Export-Liste leer, dann handelt es sich um die Darstellung eines parameterlosen

Unter-Flußdiagramms. Ist die Import/Export-Liste nicht vorhanden, dann handelt es sich um eine Flußdiagramm-Verfeinerung.

Bemerkung: Durch diese Konventionen wird das Konzept der Coroutinen ([Kn.69]) nicht unterstützt.

Der Unterschied zwischen Unter-Flußdiagrammen und Flußdiagramm-Verfeinerungen besteht darin, daß die ersten mittels der Parameter-Liste Werte austauschen können, während die letzteren nur eine organisatorische Maßnahme zur Wahrung der Übersicht darstellen. Verfeinerungen sind für die Darstellung eines Algorithmus in mehrere Schichten fast unentbehrlich. Flußdiagramm-Verfeinerungen haben Zugang zu sämtlichen Objekten des übergeordneten Moduls (aber nicht umgekehrt).

Die rekursive Anwendung von Prozeduren oder Funktionen bereitet in dem hier vorgeschlagenen Modell keine weiteren Schwierigkeiten. Trotzdem ist die Rekursion aus der Sicht der Interpretation eines Flußdiagramms etwas seltsam. Während in allen anderen Situationen die einzelnen Schritte der Algorithmus mit Hilfe der hier vorgegebenen Interpretationsregeln (Abschnitt 6.2) nachvollzogen werden können, bedeutet der rekursive Aufruf eines Unter-Flußdiagramms zusätzlich das Einfrieren des Modul-Zustands (möglicherweise über mehrere Rekursionsstufen). Die Anwendung indirekter Rekursion ist äußerst unübersichtlich. Das hier vorgestellte Flußdiagramm-Modell kann in einem solchen Fall keine besonderen Dienste erweisen. Es sollte aber auch betont werden, daß Rekursion eine kompakte, aber nicht unbedingt eine übersichtliche Notation ist. Als Beispiel kann man die bekannte hochrekursive Ackermann-Funktion heranziehen (Beispiel 6.5.1).

Beispiel 6.5.1: Die Ackermann-Funktion ist für zwei ganze nichtnegative Zahlen m und n definiert durch:

$$\text{Ackermann}(m,n) = \begin{cases} n+1 & \text{für } m=0 \\ \text{Ackermann}(m-1,1) & \text{für } n=0 \wedge m \neq 0 \\ \text{Ackermann}(m-1, \text{Ackermann}(m,n-1)) & \text{sonst} \end{cases}$$

Ein rekursives Flußdiagramm trägt zum Verständnis der Funktion kaum bei.

Im Falle von Flußdiagrammen mit Rekursion ist von [OFP.75] empfohlen worden, diese mit zusätzlichen Hilfsmitteln wie z.B. Legenden über Variableninhalte und Tabellierung der Rekursionsaufrufe und deren Ergebnisse zu ergänzen. Solche Mittel, die den Zustandsraum des Algorithmus während seines Ablaufs beschreiben, können wertvolle Hilfe bei der Analyse einer rekursiven Beziehung leisten. Sie sind aber kein graphisches Hilfsmittel und nicht notwendigerweise an Flußdiagramme gebunden, so daß sie hier nicht weiter untersucht werden.

Flußdiagramme erweisen sich bei rekursiven Algorithmen als nicht besonders geeignete Hilfsmittel. Eine Umwandlung der Rekursion in eine Iteration ist nur in bestimmten Fällen einfach durchzuführen ([Ba.68]).

6.6 Anwendungsbeispiele

In diesem Abschnitt sollen einige der entwickelten Konzepte in Verbindung mit den vorgeschlagenen Konventionen anhand von Beispielen erläutert werden. Es sind nur einfache Probleme ausgewählt worden, um das Schwergewicht auf die Anwendung der hier vorgeschlagenen Methodik zu legen.

Beispiel 6.6.1: Gegeben ist ein String S. Gesucht wird die Position des ersten (FNB) und die des letzten (LNB) Zeichens innerhalb von S, welche nicht Leerzeichen (blank) sind.

Notation: Mit # (S) wird die Zeichenanzahl von S bestimmt. Falls S ein leeres String ist, dann ist # (S) = 0. Für 0 ≦ I ≦ # (S) liefert S[I] das i-te Zeichen in S. Für I ≦ J≦# (S) liefert S[I:J] das Substring $S_I S_{I+1} \ldots S_J$.

Lösungsweg: FNB wird aufsteigend ermittelt. Anschließend wird LNB absteigend ermittelt (falls eine Suche noch erforderlich ist). Abb. 6.6.1 zeigt das entsprechende Flußdiagramm.

Bemerkung: Es ist sofort ersichtlich, daß die vorgestellte Lösung zu kompliziert ist. Außerdem entspricht das dargestellte Flußdiagramm nicht den bekannten Regeln für genormte Kontrollstrukturen. Diese Lösung wurde vorgestellt, um zu demonstrieren, daß die Mächtigkeit der Flußdiagramme selbst bei primitiven Problemen zu schlechten Entwürfen führen kann. Eine alternative Lösung wird nach Einführung der strukturierten Flußdiagramme angegeben.

Auf die explizite Angabe der Standard Ein- und Ausgabedateien wird in den folgenden Beispielen verzichtet.

Beispiel 6.6.2: Gegeben ist ein String S1. Gesucht wird ein String S2 mit vorgegebener Länge, das den "signifikanten" Teil von S1 enthält und möglichst keine führenden und abschließenden Leerzeichen aufweist.

Vorbemerkung: Es soll die Anwendung von Verfeinerungen in Zusammenhang mit Flußdiagrammen demonstriert werden. Auf die Benutzung expliziter goto-Verzweigungen wird im Vorgriff auf die strukturierten Flußdiagramme verzichtet.

Notation: Es wird dieselbe Notation wie im Beispiel 6.6.1 benutzt. Der Anfang und das Ende eines Strings wird durch • angedeutet.

Problemanalyse: Beispiel 6.6.2 ist aus der Textverarbeitung unter dem Namen "Randausgleich" bekannt. Hier wird es isoliert von seiner Umgebung betrachtet.

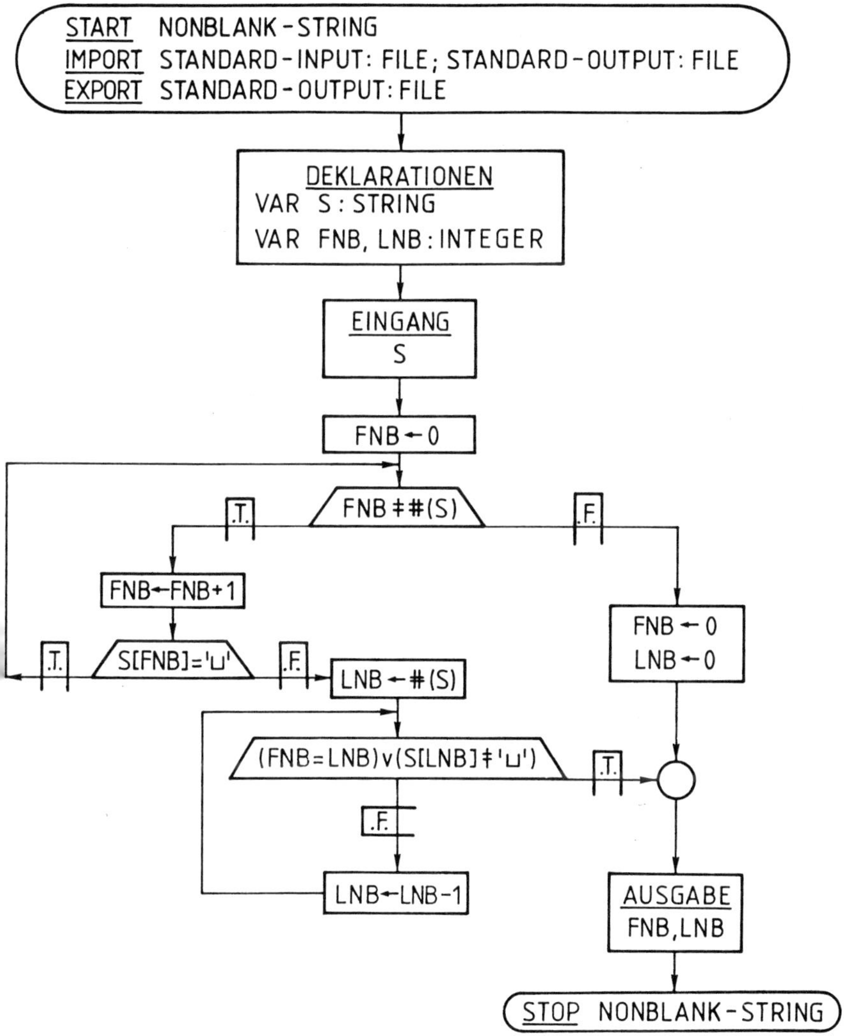

Abb. 6.1.1 Suche nach dem ersten und letzten Zeichen ≠␣ innerhalb eines Strings (unstrukturierte Lösung)

S1 besteht aus Wörtern, die voneinander durch ein oder mehrere Leerzeichen getrennt sind. Ein Wort besteht nur aus "sichtbaren" Zeichen (keine Steuerzeichen wie BACKSPACE) und ist nicht leer. Um zwischen Leerzeichen als Trennzeichen und Leerzeichen als Bestandteil eines Wortes unterscheiden zu können, werden Wort-Leerzeichen durch □ dargestellt. Diese Konvention stellt eine Vereinfachung der üblichen Betrachtungsweise dar, bei der man Wörter mit Leerzeichen in Hochkommata einschließt. Dadurch treten aber Komplikationen durch syntaktische Fehler auf, falls die Anzahl der Hochkommata in einem String ungerade ist.

Einige Beispiele illustrieren Wörter-Strings:
◦ABC◦ ◦␣␣␣A␣B␣␣C␣␣◦ ◦␣␣Zwei␣Wörter◦
◦Berechne: ␣□□(X□-□Y) □ * □ Z ␣␣◦

Entfernt man alle überflüssigen Trenn-Leerzeichen, dann erhält man aus S1 seinen signifikanten Teil SS1. Man beachte, daß vor dem ersten und nach dem letzten Wort keine Trenn-Leerzeichen benötigt werden.

Aus der Problemstellung folgen einige sinnvolle Einschränkungen. Demnach gilt:

- $\#(S2) < \#(SS1) \Rightarrow$ Aufgabe nicht lösbar.

- $(\#(S1)=0) \vee (\#(SS1)=0) \vee (\#(SS1) = \#(S2)) \Rightarrow$
  $S2 \leftarrow SS1$ {uninteressante Spezialfälle}

- $\#(SS1) < \#(S2) \wedge \forall\ 0 < I \leq \#(SS1)\ (SS1[I] \neq \text{'␣'}) \Rightarrow$
  $S2 \leftarrow SS1$ {Falls SS1 nur ein einziges Wort enthält, so ist der linke Randausgleich bedeutender als der rechte}

- Für alle anderen Fälle berechne die Anzahl der zusätzlichen Trenn-Leerzeichen $NB = \#(S2) - \#(SS1)$ und verteile sie "gleichmäßig" auf die verschiedenen Trennfelder.

Das Problem wird also auf die Frage reduziert, wie man "gleichmäßig" M>0 Trenn-Leerzeichen auf N>0 linear angeordnete Trennfelder verteilt.

Für M>0 und N>0 gibt es Konstanten $0 \leq K < N$ und $0 \leq L$ derart, daß

$$M = L * N + K$$

gilt. Wenn aber K=0 dann ist die Verteilung trivial. Deshalb reduziert sich das Problem darin, $0 < K < N$ Trenn-Leerzeichen "gleichmäßig" auf N Trennfelder zu verteilen.

Es ist möglich, die Verteilung mit Hilfe eines Zufallsmechanismus vorzunehmen, dabei wird aber die lineare Anordnung der Trennfelder nur im Mittel berücksichtigt. Die Definition eines Konzentrationsmaßes für Trennfelder und die Berücksichtigung deren Konzentration bei der Verteilung verursacht erheblichen Rechenaufwand.

Eine übliche heuristische Methode führt zunächst die Verteilung der K Trenn-Leerzeichen seriell durch und wechselt bei jedem Zeilenwechsel das Anfangs-Trennfeld (von äußerst links nach äußerst rechts und umgekehrt). Diese Methode liefert bei vertretbarem Rechenaufwand zufriedenstellende Ergebnisse.

Lösungsweg: Da die Anzahl der Trenn-Leerzeichen NB und die Anzahl der Trennfelder nicht bekannt sind, werden sie zunächst durch eine Inspektion von S1 ermittelt. SS1 braucht nicht explizit erstellt werden, für die Behandlung der Sonderfälle genügt es, #(SS1) zu kennen. Unter Berücksichtigung der Priorität für den linken Randausgleich und der Heuristik für die "gleichmäßige" Verteilung von Trenn-Leerzeichen wird dann der "signifikante" Teil von S1 nach S2 kopiert.

Abb. 6.6.2 a-c zeigen die entsprechenden Flußdiagramme.

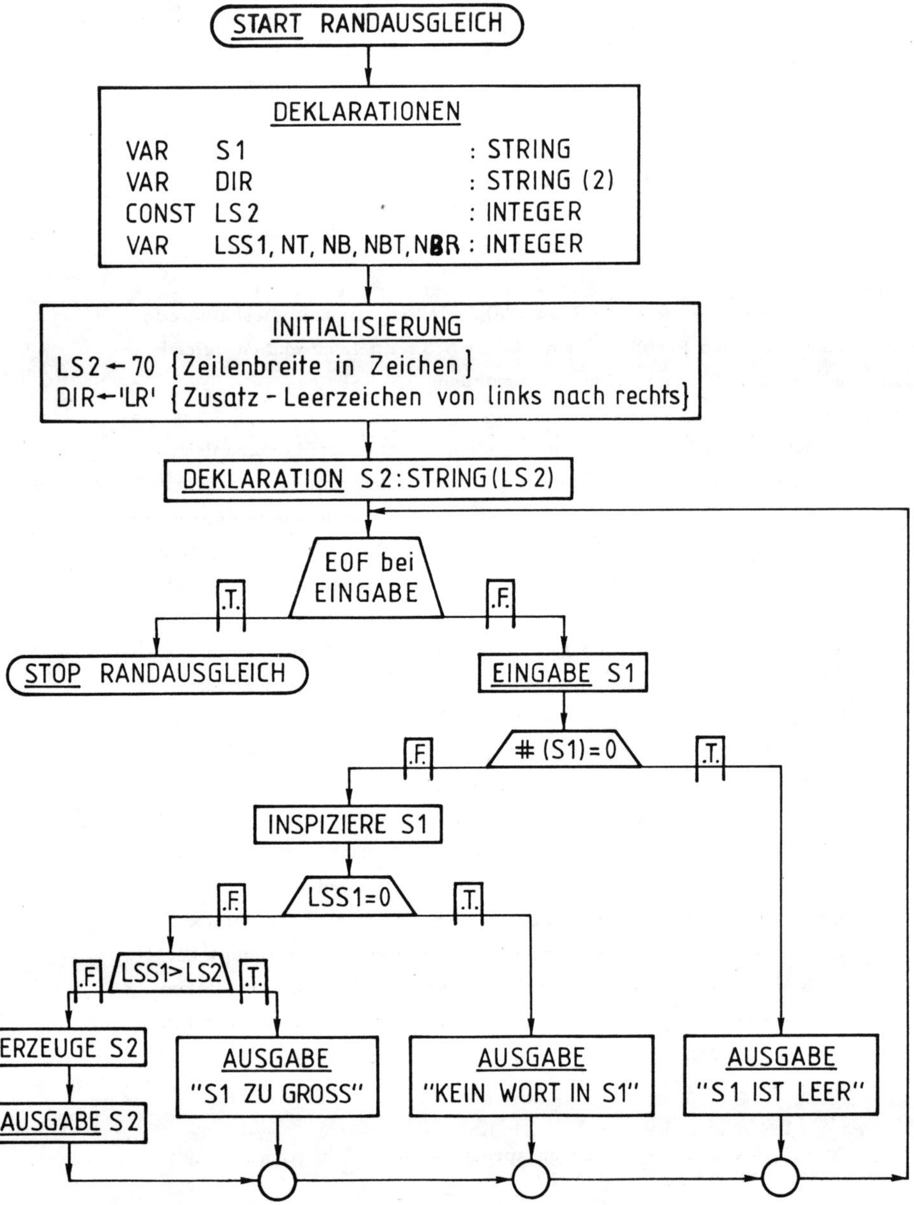

Abb. 6.6.2 a Haupt-Flußdiagramm "RANDAUSGLEICH"

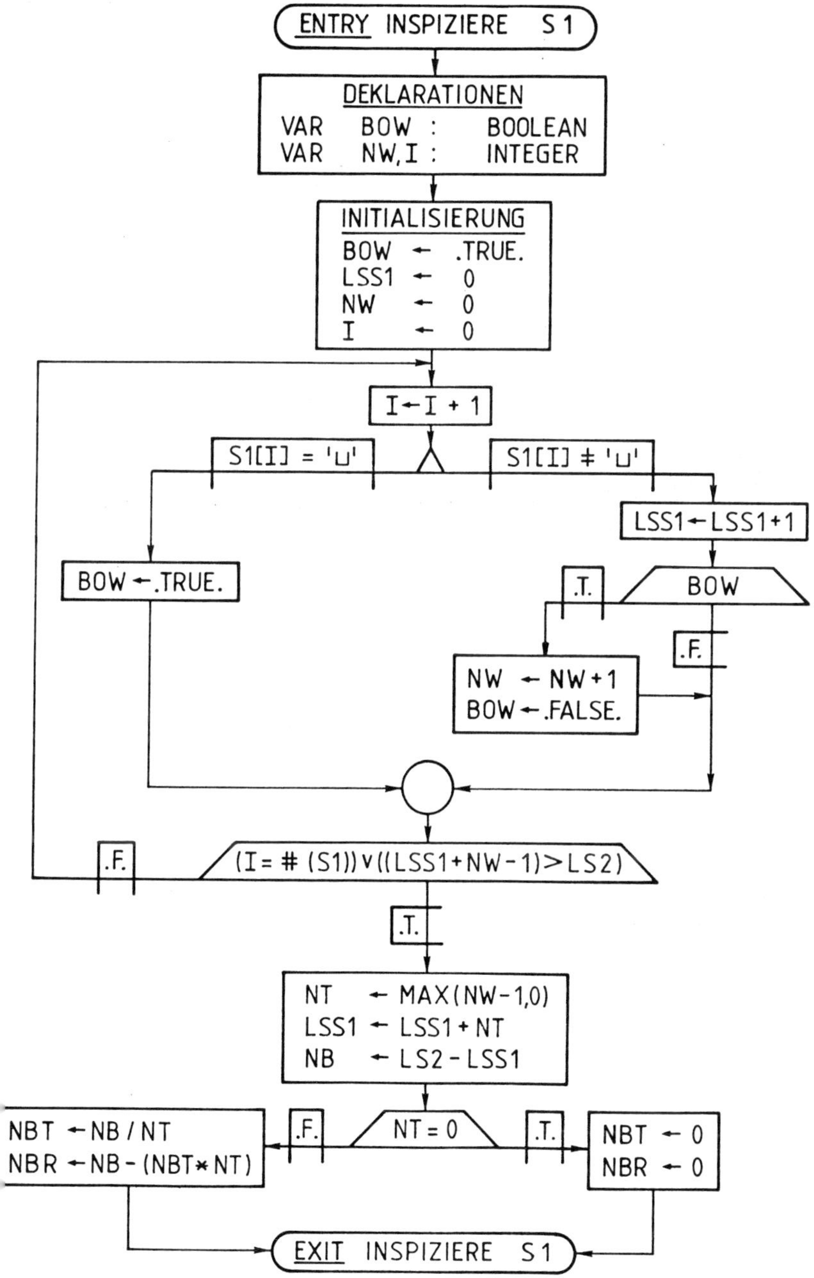

Abb. 6.6.2.b "INSPIZIERE S1" (aus "RANDAUSGLEICH")

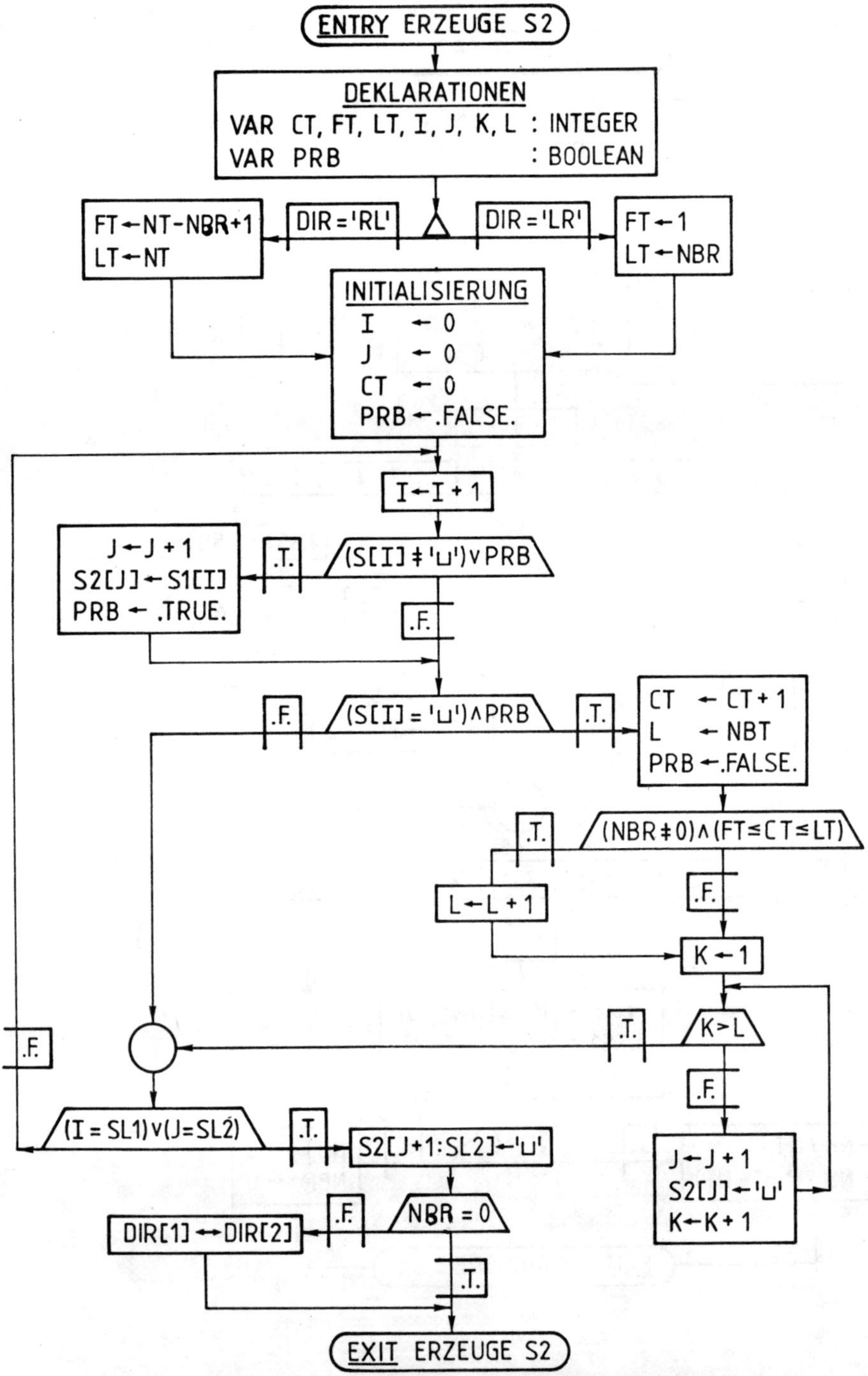

Abb. 6.6.2.c "ERZEUGE S2" (Aus "RANDAUSGLEICH")

Legende: Bedeutung der wichtigsten Variablen

LSS1	#(SS1)
NT	Anzahl der Trennfelder in S1
NB	Anzahl der einzufügenden Trenn-Leerzeichen
NBT	Anzahl der einzufügenden Trenn-Leerzeichen pro Trennfeld
FT	Nummer des ersten Trennfeldes, das neben NBT noch ein zusätzliches Trenn-Leerzeichen erhalten soll
LT	Nummer des letzten Trennfeldes, das neben NBT noch ein zusätzliches Trenn-Leerzeichen erhalten soll

Bemerkungen: Wie es leicht ersichtlich ist, bestehen die Flußdiagramme aus "one-in, one-out" Strukturen. Einige Ausgänge von verschiedenene Schichten wurden aber zum Teil zusammengeschmolzen (siehe Abb. 6.6.2.a).

Die Flußdiagramme "INSPIZIERE S1" und "ERZEUGE S2" wären etwas verständlicher, wenn sie über einige Hilfsroutinen verfügen würden (beispielsweise "SKIP BLANK-FIELD", "COPY NEXT WORD", "APPEND CHARACTERS" und ähnliche). Auf ihre Anwendung wurde hier verzichtet, um zu demonstrieren, daß selbst gut strukturierte und mit Verfeinerungen erstellte Flußdiagramme nicht zwangsläufig eine gute Lösung garantieren (Ke/Pl. 76).

Bei der Lösung des "RANDAUSGLEICH"- Problems wurde angenommen, daß Strings Datenstrukturen variabler Länge sind, wenn sie nicht explizit mit vorgeschriebener Länge (wie etwa S2) deklariert werden.

Beispiel 6.6.3: Sei X eine quadratische Zeichenmatrix, in der punktweise eine bestimmte graphische Form abgebildet ist - etwa ein Buchstabe an einem Bildschirmgerät. Gesucht ist ein Mechanismus (in Form eines Algorithmus), der X ausschließlich durch Operationen auf ganzen Zeilen bzw. Spalten so umformt, daß das veränderte X durch folgende elementare Transformationen aus dem ursprünglichen X hervorgeht:

- Drehung nach rechts bzw. nach links um 90° (DR, DL)
- Spiegelung um eine vertikale bzw. horizontale Achse (SV, SH)
- Spiegelung um die Haupt- bzw. Nebendiagonale (SD, SN)

Abb. 6.6.3a verdeutlicht das Vorgehen bei sukzessiver Anwendung sämtlicher Transformationen.

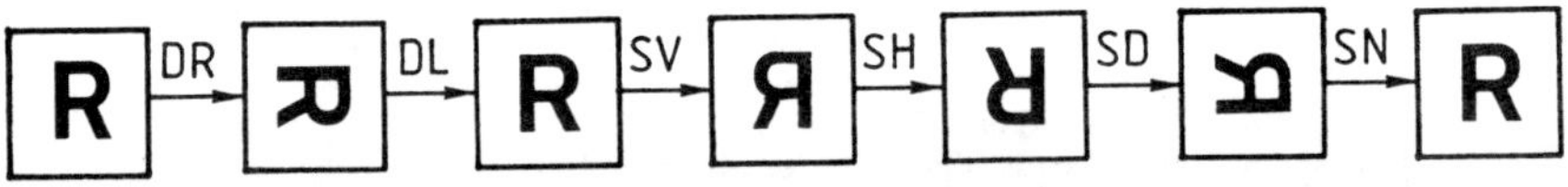

Abb. 6.6.3a Elementare Koordinatentransformationen bei einer quadratischen Matrix

Vorbemerkung: Im Gegensatz zu Beispiel 6.6.2 soll hier die Anwendung von Unter-Flußdiagrammen bei der Entwicklung die Hauptrolle spielen.

Notation: LWB (X,I) liefert die Untergrenze (lower bound) der I-ten Dimension der mehrdimensionalen Struktur X. UPB (X,I) liefert entsprechend die Obergrenze (upper bound) der I-ten Dimension von X.

Problemanalyse: Das Grundproblem ließe sich ohne weitere Überlegungen direkt in einen Algorithmus umwandeln, wenn der Zugriff auf einzelne Elemente von X erlaubt wäre. Dies erfordert aber einen feineren Mechanismus, dessen Realisierung etwas aufwendiger sein könnte. Die Problemstellung schließt deshalb Einzelzugriffe aus!

Da nur komplette Zeilen oder Spalten bearbeitet werden dürfen, muß man die jeweils gewünschte Zieltransformation durch elementare Zeilen- und Spaltenbewegungen erreichen. Es ist also zunächst ein Transport-Mechanismus erforderlich, der eine beliebige Zeile bzw. Spalte aus X in eine beliebige Zeile bzw. Spalte in X überträgt. Man überzeugt sich leicht, daß es wegen der Drehung und wegen der Diagonalen-Spiegelung nicht ausreicht, nur Zeilen in Zeilen bzw. Spalten in Spalten einzukopieren.

Ziel der Lösung ist nicht ein schnelles Verfahren, sondern die Konstruktion eines möglichst simplen Mechanismus. Dabei soll hohe Modularität demonstriert werden. Es wird deshalb versucht, möglichst viele Transformationen durch einige wenige Basistransformationen auszudrücken. Dadurch wird auch der Programmierungsaufwand auf ein Minimum reduziert, was sich in diesem Fall zu ungunsten des Speicherplatzbedarfs und der Effizienz auswirken wird.

Dazu benötigt man jeweils eine Operation aus dem Paar der Drehungen (DR, DL) und eine aus dem Paar der primitiven Spiegelungen (SV, SH). Drehungen lassen sich nämlich nicht durch primitive Spiegelungen darstellen (und umgekehrt). Diagonalspiegelungen lassen sich dann durch geeignete Anwendung von Drehung und primitiver Spiegelung generieren.

Entscheidet man sich für SV und DR als Basistransformationen (BT), so kann man die gewünschten Elementartransformationen wie folgt formulieren:

Operation	Abkürzung	Verfahren
Spiegelung vertikal (BT)	SV	Umkehrung der Spalten-Reihenfolge
Drehung 90° nach rechts (BT)	DR	Umwandlung der Zeilen in Spalten unter Umkehrung der Reihenfolge
Spiegelung horizontal	SH	DR; DR; SV
Drehung 90° nach links	DL	DR; SH; SV ≙ DR; DR; DR
Spiegelung Hauptdiagonale	SD	DR; SV
Spiegelung Nebendiagonale	SN	DR; SH ≙ DL; SV ≙ DR; DR; SV

Lösungsweg: Es wird zunächst ein Modul erstellt, welches eine beliebige Zeile bzw. Spalte einer Matrix A in eine beliebige Zeile bzw. Spalte einer Matrix B umspeichert. Auf Fehlerbehandlung (etwa wegen inkonsistenter Matrix-Dimensionen) wird verzichtet. Dasselbe Modul wird erweitert, um die ganze Matrix A nach B zu speichern.

Da bei einer Drehungs-Operation Teile von noch nicht transportierten Zeilen vernichtet würden, wenn die Drehung auf dieselbe Matrix ausgeführt wird, ist eine zusätzliche Matrix als Zwischenspeicher erforderlich. Es muß aber beachtet werden, daß das Endresultat der Operation immer in X gespeichert sein muß.

Das Umspeicherungs-Modul wird durch zwei Parameter gesteuert. Abb. 6.6.3.b zeigt deren Funktion.

K \ L	< 0	= 0	> 0
<0	K-te Spalte von A nach L-ter Zeile von B,	exit	K-te Spalte von A nach L-ter Zeile von B
=0	exit	A nach B vollständig	exit
>0	K-te Zeile von A nach L-ter Zeile von B	exit	K-te Zeile von A nach L-ter Zeile von B

Abb. 6.6.3.b Parametersteuerung bei COPYM (A,B,K,L)

Die restlichen Komponenten betreffen jeweils ein Flußdiagramm für SV und DR sowie ein Haupt-Flußdiagramm zur Steuerung des Ablaufs bei verschiedenen Elementartransformationen. Abb. 6.3.c-g zeigen die dazugehörigen Flußdiagramme in <u>bottom-up</u> Entwicklung.

<u>Bemerkung</u>: Die Verfizierung des Verfahrens ist wegen der starken Modularisierung und der geringen Komplexität der einzelnen Mechanismen besonders einfach.

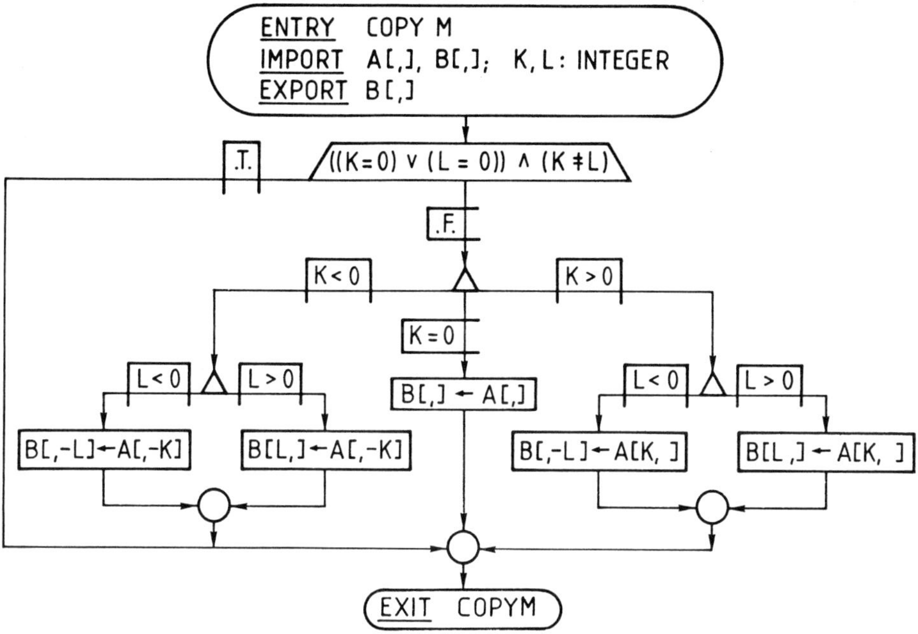

Abb. 6.6.3.c "COPYM": Kopiere von Matrix A nach Matrix B

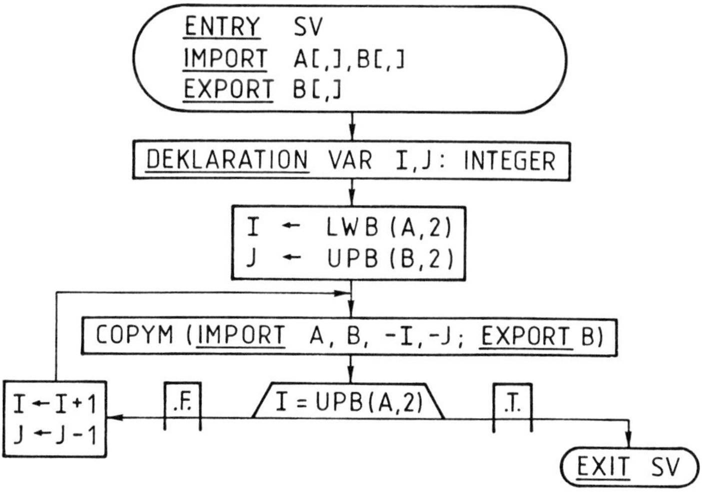

Abb. 6.6.3.d Grundtransformation "SV"

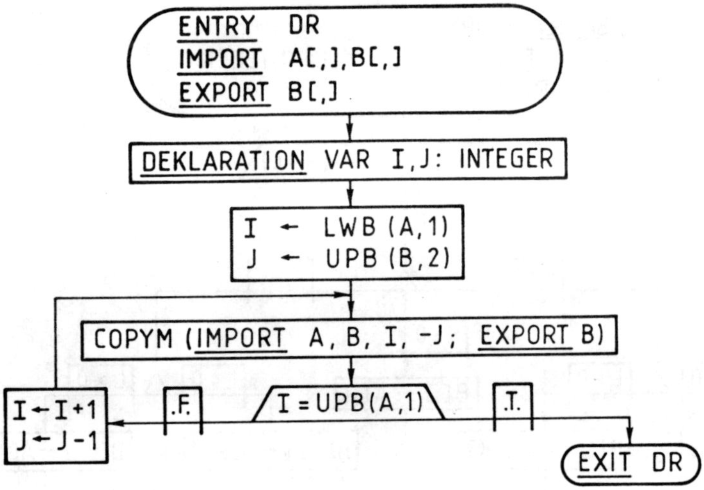

Abb. 6.6.3.e Grundtransformation "DR"

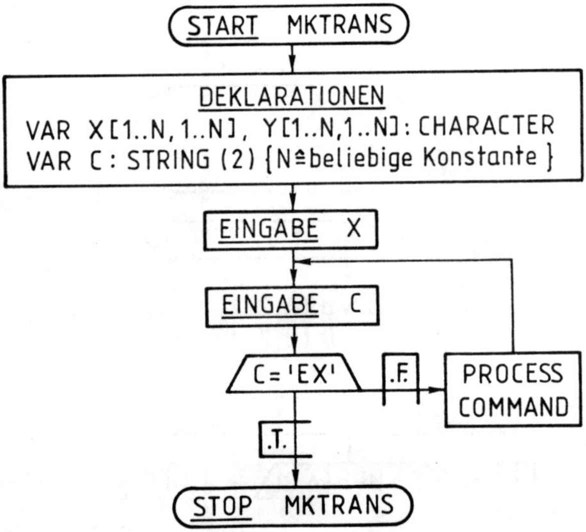

Abb. 6.6.3.f Haupt-Flußdiagramm "MKTRANS"

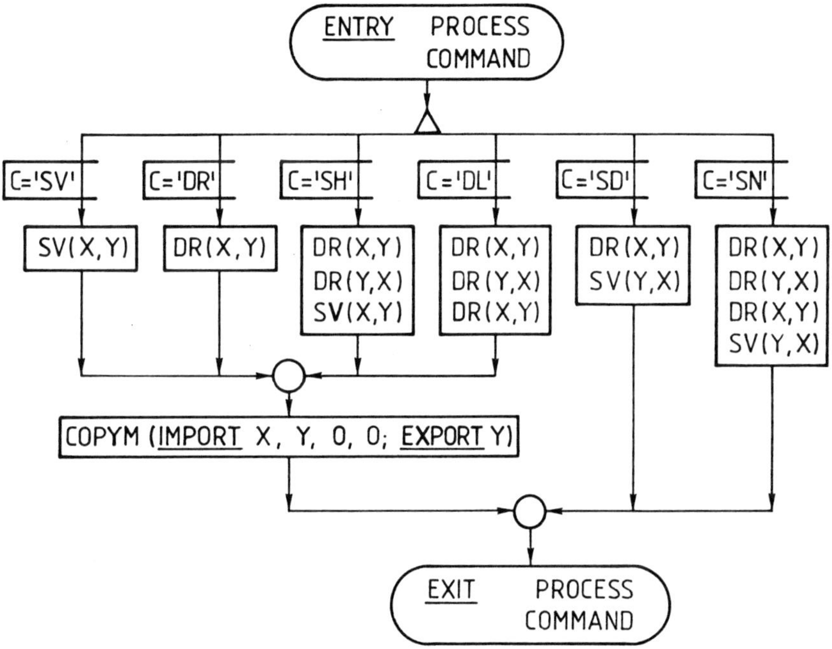

Abb. 6.6.3.g Verfeinerung "PROCESS COMMAND" (ohne explizite Parameter-Beschreibung bei DR- und SV-Aufrufen)

7. Strukturierte Flußdiagramme

Im vorangegangenen Kapitel wurde eine neue Notation für Flußdiagramme entwickelt sowie Regeln zur Markierung und Interpretation angegeben. Dabei stand die Entwicklung einer knappen und mächtigen Symbolik, die Unterstützung von Modularisierung sowie die Verbindung zu den Programmiersprachen im Vordergrund. Unter anderem wurden Verbindungen entfernter Knogen erschwert, Schnittstellen für Verfeinerungen und Unter-Flußdiagramme definiert und die Verzweigungslogik durch das Konzept der Zusicherungen verallgemeinert.

Der Abstand zwischen den Flußdiagrammen und den Programmiersprachen hat sich dadurch verringert. Der zweidimensionale Charakter der Flußdiagramme ist trotzdem erhalten geblieben. Ihre Mächtigkeit ist aber genau so groß wie bei den konventionellen Flußdiagramm-Definitionen. In den bisher dargestellten Flußdiagramm-Beispielen wurde erhebliche Selbstdisziplin exerziert, um Diagramme mit übersichtlicher Struktur zu erstellen. Bei den meisten dieser Diagramme handelt es sich um eine strukturell mehrfach überarbeitete Version, wobei ein guter Entwurf nicht immer gelungen ist (siehe Abb. 6.6.2.c).

Diese alarmierende Erkenntnis ist ein Zeichen dafür, daß Flußdiagramme ohne jegliche Einschränkung der goto-Ablauflinien zuviel Spielraum beim Entwerfen komplizierter Ablaufstrukturen zulassen. Dies ist auch der Hauptvorwurf gegen die allgemeinen Flußdiagramme. Man hat deshalb die Flußdiagramme abgelehnt und Kontrollstrukturen für Programmiersprachen entwickelt, welche den logischen Aufbau und den Ablauf eines Programms ersichtlich machen.

Diese Entwicklung führte zu den "one-in, one-out" Kontrollstrukturen und zu den Struktogrammen (siehe Kapitel 2). Trotzdem ist bei fast allen Programmiersprachen die goto-Anweisung weiterhin vorhanden. Es gibt nämlich durchaus Algorithmen, bei denen die disziplinierte Anwendung des goto die Struktur der Lösung klar darstellt und eine effiziente Implementation ermöglicht ([Kn.74]).

Praktische Erfahrungen in Verbindung mit dem Ausschluß des goto bei Programmieranfängern haben gezeigt, daß sie während der gesamten Dauer eines Programmierkurses die uneingeschränkten goto-Sprünge überhaupt nicht vermissen, wenn ihnen die üblichen Kontrollstrukturen wie die von PASCAL angeboten werden. Die spätere Einführung des goto wird kaum beachtet und fast niemals benutzt.

Anders ist es bei Programmieranfängern, welche von Anfang an mit goto's operieren. Sie bemühen sich viel mehr, "optimale" Abläufe zu entwickeln, vernachlässigen aber dabei die Zerlegung des Problems in überschaubare Module und haben große Schwierigkeiten, ihre Programme zu verifizieren. Ihre Implementationen sind kaum effizienter als die Implementationen ohne goto. Dabei ist das Verbot von goto für diese Programmierergruppe mit erheblichen Umstellungsschwierigkeiten verbunden.

Ebenfalls wurde bei Programmieranfängern empirisch beobachtet, daß diejenigen, welche Flußdiagramme zur Programmentwicklung anwenden, auch goto-Anweisungen verstärkt (und oft unstrukturiert) einsetzen. Diese Feststellung ist nicht überraschend, zumal die allgemeinen Flußdiagramme nur mit Hilfe von goto's in Programmstrukturen umgewandelt werden können.

Die hier erwähnten empirischen Untersuchungen sind zwar weder repräsentativ noch statistisch abgesichert. Trotzdem wurden bei verschiedenen Personen aus den beiden Gruppen immer wieder dieselben "Symptome" festgestellt.

Diese Beobachtungen führen zwangsweise zu folgendem Schluß:

Die Verwendung allgemeiner Flußdiagramme übt einen negativen Einfluß auf die Gewohnheiten eines Programmieranfängers bezüglich eines disziplinierten Programmierstils aus.

Als Konsequenz sollten goto's während eines Programmierkurses so spät wie möglich eingeführt werden. Das goto ist das mächtigste Instrument zur Veränderung der Programmlogik und sollte deshalb nur erfahrenen Programmierern vorgestellt werden. Insbesondere darf das goto nur in Verbindung mit passenden Beispielen, welche seine Anwendung rechtfertigen ([Kn.74],[Wi.74]), eingeführt werden. Leider wird dieser Zusammenhang oft mißachtet, nicht zuletzt wegen der einfachen Syntax des goto.

Auf dieser Basis ist ein Konzept für strukturierte Flußdiagramme zu entwickeln, welches folgende Eigenschaften aufweisen soll:

- der zweidimensionale Charakter von Flußdiagrammen muß erhalten bleiben,
- ein Flußdiagramm darf nur aus Blöcken zusammengesetzt werden, welche einer Menge von strukturierten Komponenten angehören,
- die goto-Verwendung außerhalb der elementaren strukturierten Komponenten ist nicht zulässig,
- die Notation soll die Bildung von Blöcken und Hierarchien unterstützen,
- die Verletzung der Strukturierungs-Regeln soll leicht (möglichst mechanisch) überprüfbar sein,
- die Kontrollstrukturen sollen den Entwurf übersichtlicher Flußdiagramme fördern und hohe Mächtigkeit aufweisen.

Mit diesen Anforderungen soll erreicht werden, daß die strukturierten Flußdiagramme beim Entwickeln von Programmen das Design von disziplinierten Ablaufplänen unterstützen und damit ein nützliches Werkzeug zur Software-Erstellung werden.

7.1 Die Komponenten von strukturierten Flußdiagrammen

Es ist bekannt ([Bö/Ja.66]), daß die Strukturen Sequenz, Verzweigung (branch) und bedingte Wiederholung (loop) (siehe Abb. 7.1.1), welche in der klassischen Logik der direkten Implikation und Substitution, der Fallunterscheidung und der Induktion entsprechen, vollkommen ausreichend sind, um jeden beliebigen Algorithmus auszudrücken, der durch ein uneingeschränktes Flußdiagramm formuliert werden kann.

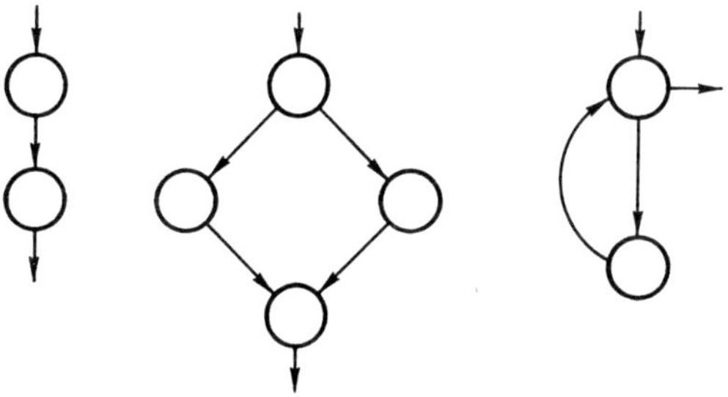

Abb. 7.1.1 Elementare "one-in, one-out" Kontrollstrukturen

Allerdings ist dafür im allgemeinen die Einführung von zusätzlichen logischen Variablen erforderlich ([Br/St.72]). Diese Transformation führt meistens zu einer erheblichen Aufblähung des entsprechenden Flußdiagramms in Form von verschachtelten Verzweigungen, deren Zusammenhang zu dem vorgegebenen Problem kaum erkennbar ist. Die Struktur eines solchen Flußdiagramms ist wegen der großen Anzahl von Schichten nicht adäquat. Eine Zusammenfassung der Ergebnisse über die Äquivalenz von Programmschemata und die Transformation beliebiger Flußdiagramme in solche aus elementaren Kontrollstrukturen ist in [Ha.80] enthalten. Darin wird das bekannte Theorem über die Äquivalenz von Flußdiagrammen wie folgt formuliert:

Theorem 7.1.1: Jedes Flußdiagramm läßt sich in ein äquivalentes Flußdiagramm mit einer einzigen "one-in, one-out"-Wiederholungsanweisung überführen, falls die Benutzung zusätzlicher (Kontroll-) Variablen zulässig ist.

Der Beweis ist erstaunlich einfach: Man numeriere sämtliche Knoten des ursprünglichen Flußdiagramms eindeutig und konstruiere ein neues Flußdiagramm mit einer Wiederholungsanweisung, welche solange ausgeführt wird, bis die Nummer des Terminierungs-Knotens entdeckt wird. Das Flußdiagramm wird mit dem ersten Knoten aktiviert und nach seiner Ausführung erhält die Kontroll-Variable die Nummer des als nächsten zu verarbeitenden Knotens. Die Kontroll-Variable dient also etwa demselben Zweck wie der Programm-Zähler bei Rechenanlagen. Sie wird innerhalb des Flußdiagramms explizit manipuliert. Abb. 7.1.2 zeigt ein Beispiel für eine derartige Konvertierung von Fluß-Graphen.

Diese Möglichkeit der Strukturierung von Flußdiagrammen ist von theoretischer Natur. Die Methode ist für die praktische Anwendung vollkommen ungeeignet, da sie dem zu untersuchenden Flußdiagramm jede Struktur raubt. Man muß aber auch betonen, daß sie nicht für eine automatische Strukturierung von Flußdiagrammen, sondern zum Beweis des Theorems 7.1.1 entwickelt wurde.

Wie aber bereits erwähnt, hat die mechanische Transformation beliebiger Flußgraphen in Graphen mit vorgegebenen Kontrollstrukturen keine besonders guten Aussichten, die Lesbarkeit und die Übersichtlichkeit von Programmen entscheidend zu verbessern ([Kn.74],[Di.68]). Dies ist überhaupt nicht verwunderlich. Man erwartet genauso wenig von einem geschickten Setzer, daß er einen verwirrenden Text durch graphische Umformung zu einem verständlichen Artikel verwandeln kann.

Die Untersuchungen über Flußdiagramm-Graphen und deren Strukturen haben zu einer Klassifizierung der Kontrollstrukturen geführt, welche die elementaren von Abb. 7.1.1 sowie einige andere enthalten. Sie wurden sowohl aus theoretischen wie auch aus praktischen Gesichtspunkten von mehreren Autoren vorgeschlagen ([As/Ma.71],[Wu.71],[Di.72],[Bo.73],[PKT.73], [Kn.74],[Za.74],[Ko.74],[Le/Ma.75],[Ba.77],[Wi.77],[Wi/Os.78])

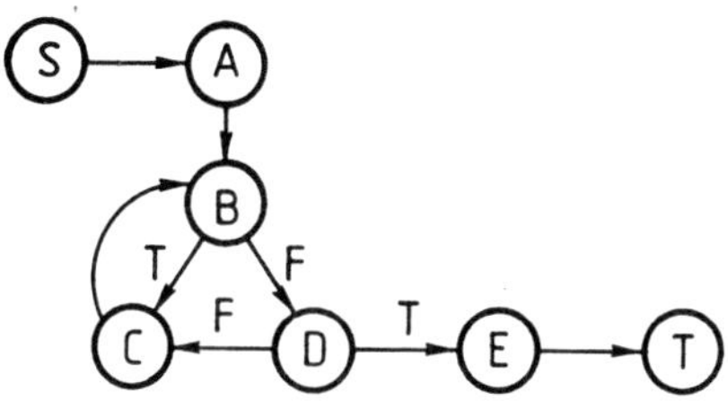

Numerierung:

A	1
B	2
C	3
D	4
E	5
T	6

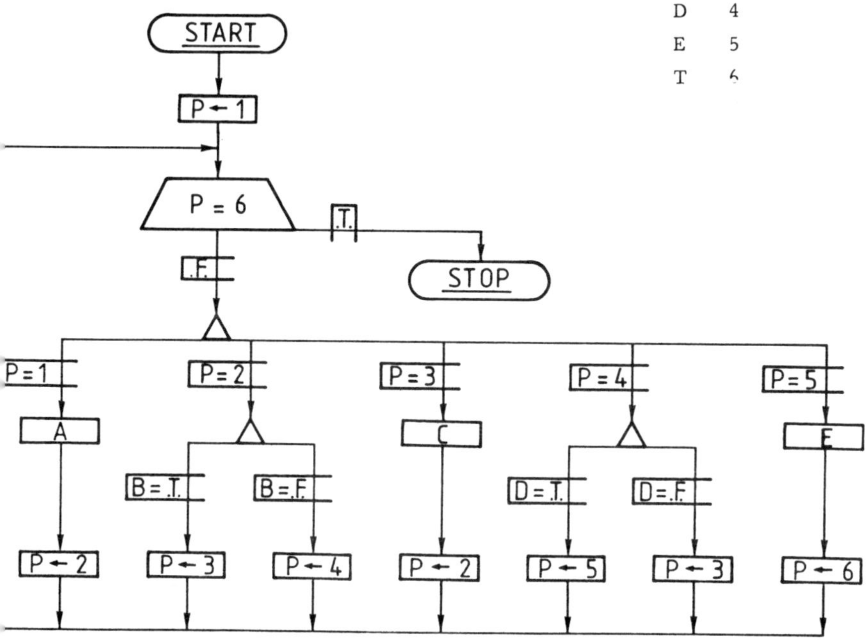

Abb. 7.1.2 Konvertierung von Fluß-Graphen

und sind in einigen Programmiersprachen implementiert worden. Die meisten dieser Untersuchungen beziehen sich auf die Analyse von Typen von Wiederholungen (loops) und ihre Zurückführung auf bekannte Strukturen mit einem Eingang und einem Ausgang.

Um die gestellten Forderungen auf die strukturierten Flußgramme zu erfüllen, müssen Klassen von strukturierten Teilgraphen beschrieben werden, die in sich strukturiert sind. Die geeignete Zusammensetzung solcher strukturierter Teilgraphen (Komponenten) bildet dann ein strukturiertes Flußdiagramm.

Bei der Auswahl der strukturierten Komponenten sind die verschiedenen Gesichtspunkte aus den zitierten theoretischen und praktischen Untersuchungen zu berücksichtigen. Hierbei steht man vor demselben Dilemma wie bei der Konstruktion einer neuen Programmiersprache. Welche Mächtigkeit sollen die Kontrollstrukturen bei den strukturierten Flußdiagrammen erhalten?

Eine präzise Definition der strukturierten Flußdiagramme wird im nächsten Kapitel angegeben. Hier sollen zunächst die verschiedenen Aspekte diskutiert werden, welche den Gesamtentwurf beeinflussen. Dazu gehört eine intuitive Vorstellung über strukturierte Flußdiagramme, die durch folgende Definition wiedergegeben wird:

Definition 7.1.1 Strukturierte Flußdiagramme sind Flußdiagramme, welche sich vollständig in Teilgraphen zerlegen lassen, die je eine vorgegebene "wohlgeformte" Struktur aufweisen.

Axiom 7.1.1 Für die wohlgeformten Teilgraphen (strukturierte Komponenten) von Flußdiagrammen gibt es Kompositionsregeln zur Konstruktion von strukturierten Flußgraphen.

Es ist also Aufgabe dieses Entwurfs, die strukturierten Komponenten und die Kompositonsregeln so aufeinander abzustimmen, daß die daraus erzeugten Flußdiagramme die unerwünschten Eigenschaften des uneingeschränkten goto ausschließen.

Mit den elementaren Kontrollstrukturen (Abb. 7.1.1) als strukturierte Komponenten würde man den konservativsten Weg einschlagen und die bereits existierenden Vorschläge nicht genügend würdigen. Im Falle des goto wird allerdings hier gegen seine Einführung außerhalb der strukturierten Komponenten entschieden, weil es sonst vollkommen undiszipliniert eingesetzt werden kann. Dabei wird in Kauf genommen, daß die Formulierung einiger Algorithmen ([Kn.74]) unter dieser Restriktion etwas leiden wird. Dafür können Flußdiagramme in Teilflußdiagramme zerlegt werden, deren Struktur vorgegeben ist. Wesentlich dabei ist es, daß dadurch die Möglichkeit geschaffen wird, innerhalb von Flußdiagrammen Blöcke und Hierarchien zu erstellen.

Zwischen dem uneingeschränkten goto, das bereits ausgeschlossen wurde, und den elementaren Kontrollstrukturen aus Abb. 7.1.1 gibt es verschiedene Klassifikationen über Strukturen von Fluß-Graphen. Aus praktischer Sicht herrscht keine Einigkeit über die Definition der Klasse der strukturierten Flußdiagramme. Deshalb wird hier versucht, diese Klasse ziemlich breit aufzufassen, um dem Programmierer ein mächtiges Werkzeug zur Verfügung zu stellen. Diese Entscheidung erfordert zwar vom Programmierer mehr Disziplin, dafür kommt sie den verschiedenen Sonderfällen, welche in der Praxis beim Programmieren auftreten, mehr entgegen.

Die syntaktischen Regeln zur Zusammensetzung von strukturierten Komponenten werden im nächsten Kapitel in Verbindung mit einer Graph-Grammatik formuliert. Hier sollen zunächst die einzelnen Komponenten näher erläutert werden.

Die folgenden Überlegungen basieren auf den theoretischen Untersuchungen zur Analyse strukturierter Programmschemata von [Ko.74] (siehe auch [Le/Ma.75] für Beispiele und praktische Anwendungen). Darin wird eine Hierarchie von Kontrollstrukturen zur

Beschreibung von Iterationen definiert, welche auf die Nicht-Reduzierbarkeit einer höheren Struktur in eine niedrigere basiert, ohne dabei den Rechenaufwand zu erhöhen (Code-Duplizierung bzw. Einführung zusätzlicher logischer Variablen). Dabei gilt für sämtliche strukturierten Komponenten:

Axiom 7.1.2: Jede strukturierte Komponente hat genau einen Eingang und genau einen Ausgang ("one-in, one-out" Struktur).

Es muß betont werden, daß Flußdiagramme im Sinne von [Ko.74] Graphen sind, welche einen Anfangspunkt und einen Endpunkt besitzen (siehe auch Kapitel 2). Vom theoretischen Standpunkt ist diese Definition besonders handlich. Im Zusammenhang mit Behandlung von Ausnahme-Fällen beim Programmieren ("exception handling") müßte dieses Modell etwas revidiert werden.

Der innere Aufbau der strukturierten Komponenten ist noch zu untersuchen. Hier gibt es die bekannten drei Klassen:

- einfache Aktionen
- (strukturierte) Verzweigungs-Blöcke
- (strukturierte) Iterations-Blöcke

Verzweigungs- und Iterations-Blöcke werden in den nun folgenden Abschnitten ausführlicher behandelt.

7.2 Charakterisierung von Verzweigungs-Strukturen

In Abb. 7.2.1 sind die Programmschemata für die bekanntesten Verzweigungstypen angegeben. Bezeichnet man mit S bzw. S_i eine bzw. die i-te Anweisung und mit C bzw. C_i eine bzw. die i-te Bedingung eines Programms, dann entsprechen die angegebenen Strukturen folgenden Programmabschnitten:

7.2.1.a : <u>if</u> C <u>then</u> S_1 <u>endif</u> S_2

7.2.1.b : <u>if</u> C <u>then</u> S_1 <u>else</u> S_2 <u>endif</u> S_3

7.2.1.c : <u>select</u>

C_1 : S_1
C_2 : S_2
. .
. .
. .
. .
C_n : S_n

<u>endselect</u>

S_{n+1}

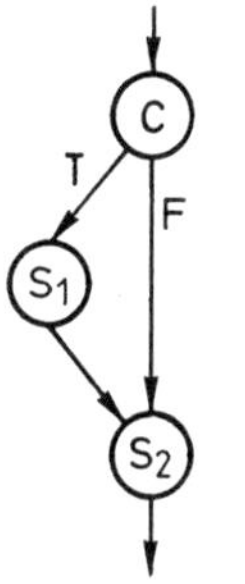

Abb. 7.2.1.a

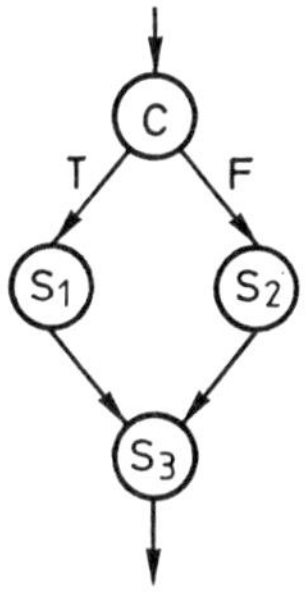

Abb. 7.2.1. b

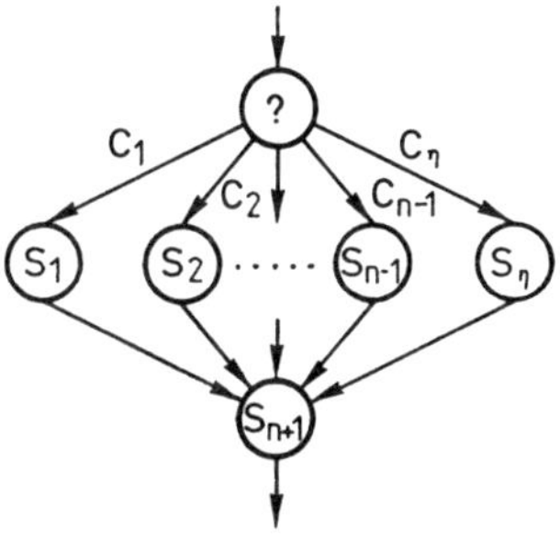

Abb. 7.2.1. c

Abb. 7.2.1. Verzweigungsstrukturen

<u>Bemerkungen</u>:

- Es ist möglich, sämtliche Strukturen mit Hilfe des <u>select</u>-Mechanismus zu beschreiben. Abb. 7.2.1.a würde in einem solchen Fall durch folgenden Programmabschnitt beschrieben werden:

  <u>select</u> C : S_1 <u>end select</u> S_2

  Die konkrete sprachliche Notation hängt stark von der verwendeten Programmiersprache ab. Die <u>if</u>-Notation wurde hier wegen ihrer Bekanntheit gewählt.

- S_2 in Abb. 7.2.1.a gehört nicht mehr der Verzweigungsstruktur an. Es wurde eingeschlossen, um den weiteren Ablauf deutlicher zu machen. Dasselbe gilt für die Anweisungen S_3 und S_{n+1}. Die Zusammenführung der Linien würde zwar ausreichen (siehe Kapitel 6), sie ist aber für Programmschemata nicht erklärt. Notfalls können die abschließenden Knoten eine "do-nothing"-Anweisung enthalten.

- Die select-Anweisung wurde hier als eine sprachliche Notation für die semantische Interpretation der verallgemeinerten Verzweigung - wie diese in Kapitel 6 beschrieben wurde - eingeführt. Darin soll zum Ausdruck gebracht werden, daß die verschiedenen Bedingungen C_i nicht in einer bestimmten Reihenfolge geprüft werden. Es ist aber auch zulässig, für die Abb. 7.2.1.c folgenden Programmabschnitt zu schreiben:

```
if C1 then S1
     else if C2 then S2
          else if
            .
             .
              .
               .
               else if Cn then Sn else error endif
          endif
          .
        .
      .
    .
endif
S(n+1)
```

Dadurch wird zwar eine Reihenfolge der Verarbeitung festgelegt, die Semantik bleibt aber unverändert erhalten, solange sich die C_i gegenseitig ausschließen (siehe Abb. 7.2.2).

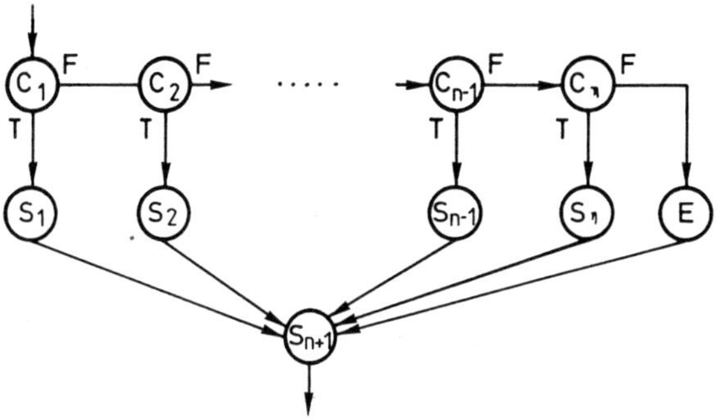

Abb. 7.2.2 Sequentialisierung der allgemeinen Verzweigung mit explizitem Fehlerausgang (E).

- Bekanntlich kann jedes S auch eine Bedingung sein, wodurch eine Verschachtelung von Verzweigungen entstehen kann. Ersetzt man beispielsweise in Abb. 7.2.1. b S_1 und S_2 durch Verzweigungsstrukturen, dann erhält man ein Diagramm wie in Abb. 7.2.3

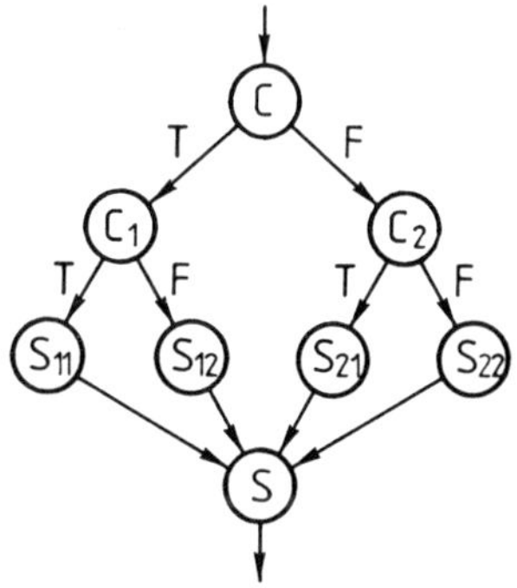

Abb. 7.2.3 Verschachtelung von Verzweigungen

Alle bisher erwähnten Verzweigungsstrukturen mit beliebiger Verschachtelung sollen auch den strukturierten Flußdiagrammen angehören. Sie wahren die gewünschte Hierarchie und die Blockbildung. Zur besseren Erkennung der Blöcke wird noch in diesem Kapitel eine Erweiterung der Notation vergenommen.

Die vorgestellten Verzweigungsstrukturen weisen als gemeinsames Merkmal das Auftreten einer einzigen Verzweigung in der untersten Stufe auf. Diese Beobachtung führt zu einer Charakterisierung solcher Strukturen.

Definition 7.2.1: Verzweigungsstrukturen sind zyklenfreie Teilgraphen von Flußdiagrammen mit einem Eingang und einem Ausgang und besitzen als Eingangsknoten einen Verzweigungsknoten.

Definition 7.2.2: Elementare Verzweigungsstrukturen sind Verzweigungsstrukturen mit genau einem Verzweigungsknoten.

Abb. 7.2.1 zeigt die Klasse der elementaren Verzweigungen, wobei Folgen von Aktionsknoten zusammengefaßt sind.

Definition 7.2.3: Zusammengesetzte Verzweigungsstrukturen sind Verzweigungsstrukturen, die dadurch entstehen, daß man beliebige Aktionsknoten von Verzweigungsstrukturen (mit Ausnahme des Ausgangsknotens) durch die Graphen elementarer Verzweigungstrukturen ersetzt.

Beispiel: Man vergleiche Abb. 7.2.1.b und Abb. 7.2.3.

Definition 7.2.4: Komplexe Verzweigungsstrukturen sind Verzweigungsstrukturen, die weder elementar noch zusammengesetzt sind.

Diese Einteilung wird bei der Beschreibung der formalen Erzeugungsregeln (Grammtik) für Verzweigungsstrukturen hilfreich sein. Durch die Einschränkung der elementaren Verzweigungsstrukturen und durch die Definition der zusammengesetzten kann man nun eine Charakterisierung der komplexen Verzweigungsstrukturen leicht angeben. Aus den obigen Definitionen 7.2.1 bis 7.2.4 folgt sofort:

Charakterisierung von komplexen Verzweigungsstrukturen: Komplexe Verzweigungsstrukturen haben mehr als einen Verzweigungsknoten und lassen sich nicht in elementare Verzweigungsstrukturen zerlegen.

Als Beispiel sind in Abb. 7.2.4.a-c einige typische Fälle komplexer Verzweigungsstrukturen mit 2 und 3 Verzweigungen mit maximal 2 Ausgängen aufgezeichnet. Folgen von Aktionsknoten sind auch hier zusammengefaßt.

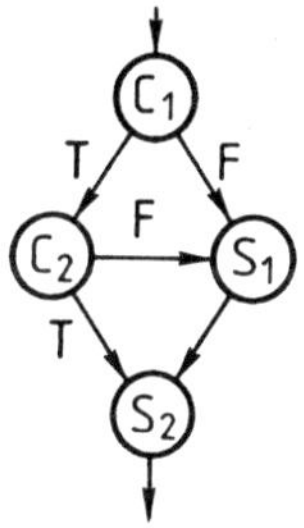

Abb. 7.2.4.a

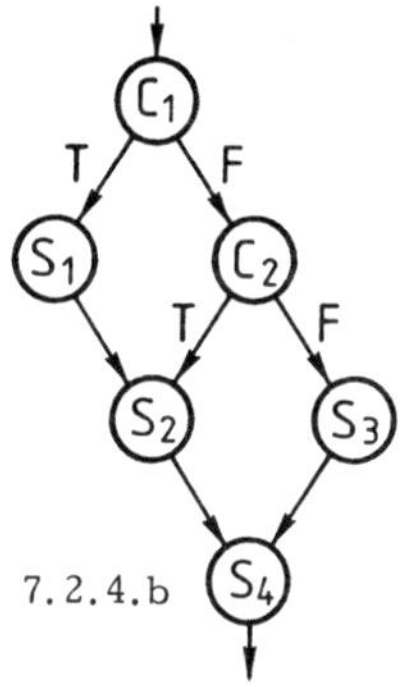

Abb. 7.2.4.b

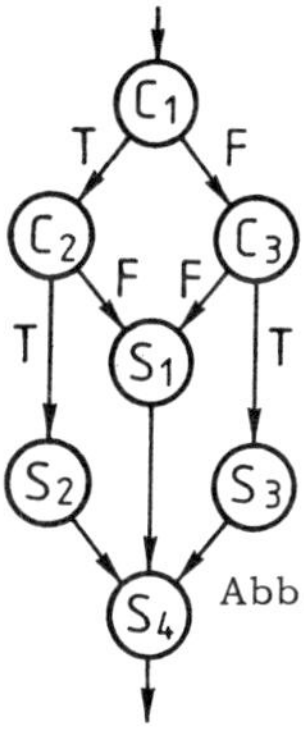

Abb. 7.2.4.c

Abb. 7.2.4 Komplexe Verzweigungsstrukturen

Bemerkung: Abb. 7.2.4.a stellt eine minimale komplexe Verzweigungsstruktur dar, d.h. weder die Anzahl der Knoten noch die Anzahl der Kanten kann weiter reduziert werden.

Das Programmschema aus 7.2.4.a ist eher künstlich erstellt worden und kann nur dann eine praktische Legitimation erhalten, falls die Berechnung von C_2 sehr aufwendig ist. Man kann dafür folgendes Programm erstellen:

$$\underline{\text{if}}\ C_1\ \underline{\text{then}}\ \underline{\text{if}}\ \neg C_2\ \underline{\text{then}}\ S_1\ \underline{\text{endif}}\ \underline{\text{else}}\ S_1\ \underline{\text{endif}}\ S_2$$

Faßt man aber C_1 und C_2 zusammen und berücksichtigt die Möglichkeit des vorzeitigen Abbruchs der Auswertung einer logischen Bedingung, wenn ihr Wert bereits sicher ermittelt worden ist (abhängig von der jeweiligen Implementation), dann kann man auch schreiben:

$$\underline{\text{if}}\ \neg(C_1 \wedge C_2)\ \underline{\text{then}}\ S_1\ \underline{\text{endif}}\ S_2$$

Es erscheint demnach nicht gerechtfertigt, die in Abb. 7.4.2.a vorgestellte Verzweigungsstruktur zu den elementaren mit aufzunehmen.

Abb. 7.2.4.b läßt sich ebenfalls nicht direkt ohne Code-Duplizierung durch elementare Verzweigungen darstellen. Für dieses Schema erhält man:

<u>if</u> C_1 <u>then</u> S_1; S_2 <u>else</u> <u>if</u> C_2 <u>then</u> S_2 <u>else</u> S_3 <u>endif</u> <u>endif</u> S_4

In dieser Struktur münden die Ausgänge von zwei Verzweigungen aus verschiedenen Hierarchien in denselben Knoten. Diese Eigenschaft ist aber bei der Bildung von Blöcken unerwünscht. Komplexe Verzweigungsstrukturen mit mehreren Verzweigungen können diese Problematik nur erschweren.

Allerdings weist Abb. 7.2.4.c mit drei Verzweigungen eine interessante Symmetrie auf, welche auch gelegentlich in der Praxis auftritt. Die zwei Verzweigungen der unteren Hierarchie-Stufe haben jeweils einen getrennten und einen gemeinsamen Ausgang. Man erkennt durch den Programmabschnitt

<u>if</u> C_1 <u>then</u> <u>if</u> C_2 <u>then</u> S_2 <u>else</u> S_1 <u>endif</u>

<u>else</u> <u>if</u> C_3 <u>then</u> S_3 <u>else</u> S_1 <u>endif</u>

<u>endif</u>

S_4

daß der <u>else</u>-Teil beider Bedingungen C_2 und C_3 denselben Code durchläuft. Man könnte dies umschreiben, indem man für solche Fälle eine neue Notation einführt. Hinter jedem <u>else</u>, das mit anderen <u>else</u>-Verzweigungen einen gemeinsamen Ausgang hat, fügt man das reservierte Wort <u>common</u> hinzu. Vor dem übergeordneten <u>endif</u> und nach allen <u>if</u> ... <u>then</u> ... <u>else</u> <u>common</u> <u>endif</u> fügt man einen Block ein, der mit <u>common else</u> beginnt. Der Code dieses Blocks ist dann der gemeinsame Code für alle <u>else</u> <u>common</u> Anweisungen.

Für Abb. 7.2.4.c ergäbe sich danach folgendes Programm:

<u>if</u> C_1 <u>then</u> <u>if</u> C_2 <u>then</u> S_2 <u>else</u> <u>common</u> <u>endif</u>

<u>else</u> <u>if</u> C_3 <u>then</u> S_3 <u>else</u> <u>common</u> <u>endif</u>

<u>common else</u> S_1

<u>endif</u>

S_4

Diese Konstruktion ist zwar verlockend, vor allem wenn eine Programmiersprache keine Verfeinerungs-Mechanismen zur Verfügung stellt oder der gemeinsame Code zu kurz ist, um als Unterprogramm formuliert zu werden.

Beim näheren Betrachten aber erweist sich der Fall als zu speziell, um dafür eine eigene syntaktische Konstruktion zur Verfügung zu stellen. Denn Strukturen wie die der Abb. 7.2.5 können nicht durch das common else eindeutig dargestellt werden.

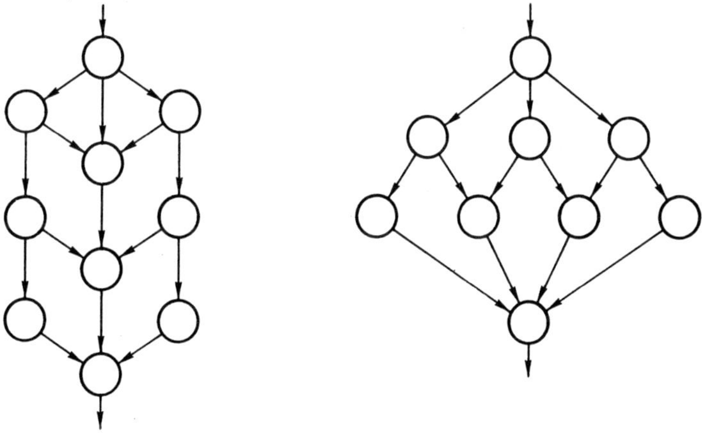

Abb. 7.2.5 Beispiele gegen die common else-Notation

Die angegebenen Gegenbeispiele sowie die Tatsache, daß durch Strukturen vom Typ common else die Planarität der Flußdiagramme verletzt werden kann, lassen es sinnvoll erscheinen, selbst die einfachsten (und symmetrischen) komplexen Verzweigungsstrukturen von der Klasse der strukturierten Verzweigungen auszuschließen. Darin werden nur die elementaren und die zusammengesetzten enthalten sein.

Eine geringfügige Veränderung der strukturierten Verzweigungen wird noch im Zusammenhang mit Ausnahme-Ausgängen vorgenommen. Es muß aber ausdrücklich darauf hingewiesen werden, daß die Möglichkeit des vorzeitigen Verlassens mehrerer Verzweigungsschichten (etwa durch exit if (i) mit i = Anzahl der zu überspringenden if-Blöcke) in dem hier vorgeschlagenen Modell nicht erlaubt ist. Solche Konstruktionen können sehr schnell zu sehr unübersichtlichen Flußdiagrammen führen (siehe Abb. 7.2.6). Ihre praktische Anwendung ist außerdem äußerst fragwürdig.

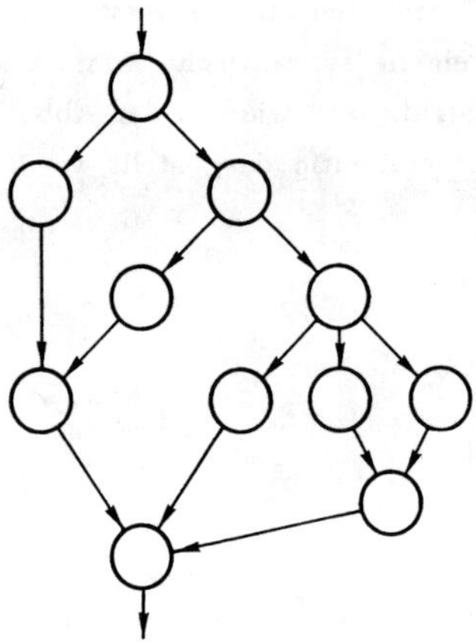

Abb. 7.2.6 Unerlaubte "multi-level" if-Ausgänge

7.3 Charakterisierung von Wiederholungs-Strukturen

Wiederholungsanweisungen und ihre Klassifizierung stellen die schwierigste Aufgabe bei der Analyse von Ablaufstrukturen in Flußdiagrammen dar. Wegen der fast uneingeschränkten Mächtigkeit der allgemeinen Flußdiagramme sind die verschiedenen Arten von Zyklen, die gebildet werden können, vom theoretischen Standpunkt aus fast unerschöpflich. Glücklicherweise braucht man aber bei Algorithmen nur einige wenige Strukturen, die in der Literatur bereits sehr genau untersucht worden sind.

Im Falle der hier zu definierenden strukturierten Flußdiagramme muß das Problem der Auswahl der geeigneten Wiederholungsstrukturen unter Berücksichtigung der zu Beginn dieses Kapitels aufgestellten Prämissen behandelt werden. Insbesondere muß ein Kompromiß zwischen

Mächtigkeit und Überschaubarkeit gefunden werden, wobei hierarchische Blockbildung und Vermeidung des uneingeschränkten goto unbedingt berücksichtigt werden müssen.

Aus diesem Grund wird eine verallgemeinerte Wiederholungsstruktur eingeführt, aus der sich die meisten gebräuchlichen Iterationstypen ableiten lassen. Zum Zwecke der Block-Bildung wird deshalb zunächst definiert:

Definition 7.3.1: Wiederholungsstrukturen sind Teilgraphen von Flußdiagrammen mit einem Eingang und einem Ausgang sowie einem Zyklus, der den Eingangsknoten enthält.

Damit hat der Eingangsknoten einen Vorgänger, der nicht zur Wiederholungsstruktur gehört, und einen, der ihr angehört.

Definition 7.3.2: Elementare Wiederholungsstrukturen haben genau einen Elementarzyklus.

Definition 7.3.3: Mehrschichtige ("multi-level") Wiederholungsstrukturen entstehen, wenn man einen Aktionsknoten (mit einem Eingang und einem Ausgang), der zu einem Zyklus einer Wiederholungsstruktur gehört, durch den Graphen einer elementaren Wiederholungsstruktur ersetzt.

Bemerkung: Die Präzisierung über den Innen- und Außengrad des zu ersetzenden Aktionsknotens in der obigen Definition ist redundant, da sonst die Ersetzung nicht zulässig ist.

Durch die Einschränkung auf Wiederholungsstrukturen mit einem Eingang und einem Ausgang sind auch überlappende Zyklen-Strukturen eliminiert worden (siehe Abb. 7.3.1).

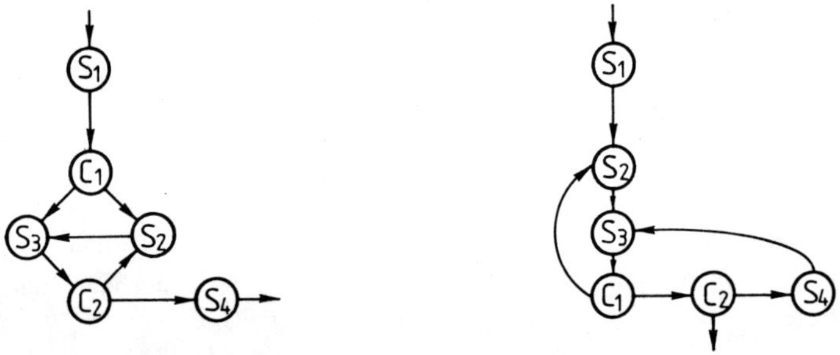

Abb. 7.3.1.(a) Zyklus mit zwei Eingängen, (b) überlappende Zyklen

Bei Abb. 7.3.1.a hat der Zyklus (S_2, S_3, C_2, S_2) die Eingänge S_2 und S_3. Bei Abb. 7.3.1.b gibt es zwei überlappende Zyklen (S_2, S_3, C_1, S_2) und (S_3, C_1, C_2, S_4, S_3).

Im folgenden werden die elementaren Wiederholungsstrukturen vom Standpunkt ihrer Anwendbarkeit und der sprachlichen Notation betrachtet. Dabei ist es interessant zu bemerken, daß für verschiedene elementare Wiederholungsstrukturen unterschiedliche sprachliche Bezeichnungen verwendet werden. Dadurch sollen offensichtlich die visuellen Mängel der linearen Notation ausgeglichen werden.

Die elementaren Wiederholungsstrukturen mit einem Eingang und einem Ausgang sind die folgenden (wegen der Übersichtlichkeit werden Zusammenführungen von Kanten zugelassen):

while-do loop (Abb. 7.3.2.a)
repeat-until loop (Abb. 7.3.2.b)
single entry-single exit loop (Abb. 7.3.2.c)
single entry-multiple exit loop (Abb. 7.3.2.d)
multiple entry-multiple exit loop (Abb. 7.3.2.e)

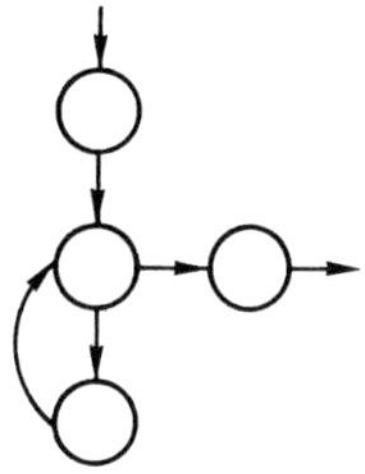

Abb. 7.3.2.a

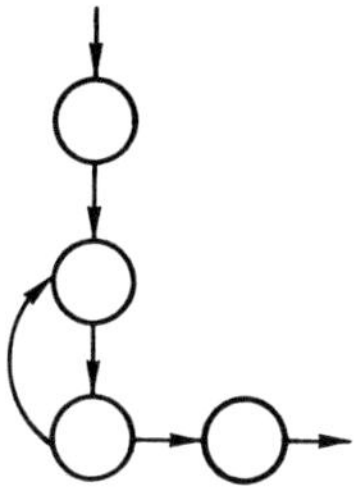

Abb. 7.3.2.b

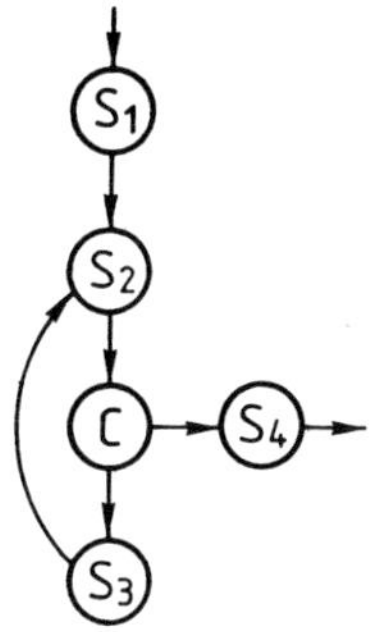

Abb. 7.3.2.c

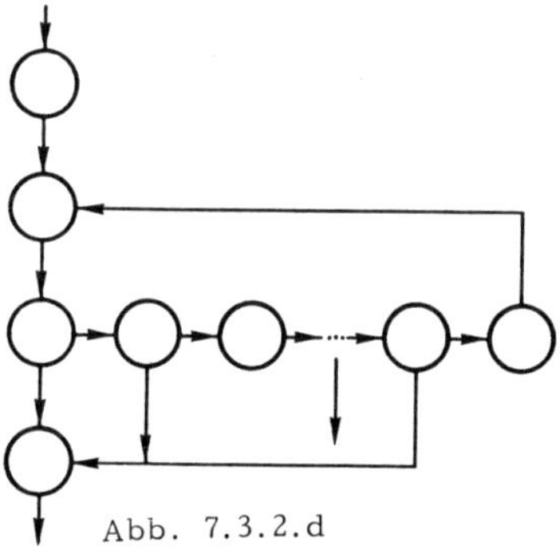

Abb. 7.3.2.d

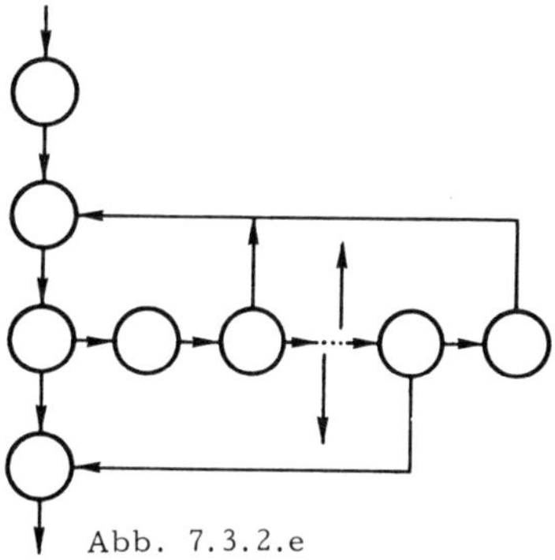

Abb. 7.3.2.e

Abb. 7.3.2 Elementare "one-in, one-out"-Wiederholungsstrukturen

Die while-do und repeat-until Wiederholungsstrukturen sind die bekanntesten und einfachsten Iterations-Konstruktionen. Der Ausgang der Wiederholungssequenz ist jeweils an deren Anfang bzw. Ende. Diese Iterationskonstrukte haben die niedrigste Mächtigkeit, d.h. sie können keine andere Wiederholungsstruktur ohne Einführung zusätzlicher Variablen oder ohne zusätzliche Berechnungen darstellen.

Die single entry-single exit Iteration erlaubt das Verlassen der Wiederholungsstruktur an jeder Stelle des Zyklus (und somit auch am Anfang bzw. am Ende). Deshalb ist diese Struktur eine

Verallgemeinerung der while-do und repeat-until Iterationen. Man beachte, daß falls in Abb. 7.3.2.c S_2 bzw. S_3 "do nothing"-Aktionen sind und die Knoten eliminiert werden, dann erhält man die Abb. 7.3.2a bzw. 7.3.2b.

Für die single entry-single exit Iteration wird bei [Kn.74] eine von O.J. Dahl empfohlene Notation vorgeschlagen:

S_1 loop S_2 while $\neg C$: S_3 repeat S_4

welche bei Abwesenheit von S_2 bzw. S_3 die Strukturen while-do und repeat-until in natürlicher Weise repräsentiert. Das ist aber eher eine Frage des persönlichen Geschmacks und bedeutet keine Einschränkung dieser Struktur, welche auch in die Klasse der strukturierten Wiederholungsstrukturen aufgenommen wird. Gelegentlich wird die single entry - single exit-Iteration "n+ 1/2 loop" genannt.

In dieser Untersuchung erscheint die Notation

S_1 loop S_2 if C then exit loop S_3 end loop S_4

etwas allgemeiner, da sie auf eine einfache Art und Weise auf die nächst mächtigere Wiederholungsstruktur angepaßt werden kann. Bei der single entry - multiple exit loop handelt es sich um eine Verallgemeinerung der vorangehenden Strukturen. Da jetzt aber mehrere Ausgänge erlaubt sind, ist es möglich, daß bei jedem Ausgang eine spezielle Aktion erforderlich ist. Eine ähnliche Konstruktion wurde von [Bo.73] und [Za.74] vorgeschlagen, allerdings werden alle Ausgangs-Aktionen gesammelt und am Ende der Iteration über eine Selektion wieder ausgewählt. Das hier vorgeschlagene Modell ist eine natürliche Erweiterung der Abb. 7.3.2.d (siehe Abb. 7.4)

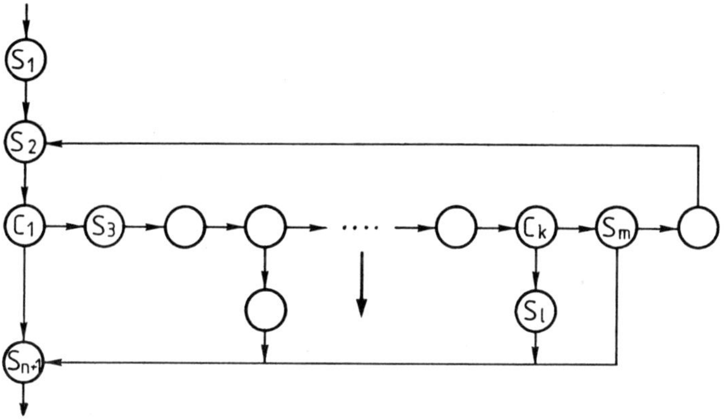

Abb. 7.4 Verallgemeinerte single entry - multiple exit loop

Für diese Iterationsstruktur kann man folgenden Programmabschnitt schreiben:

S_1
loop
  S_2
  if C_1 then exit loop
  S_3
  . .
  . .
  . .
  . .
  if C_k then exit loop with S_l
  S_m
  .
  .
  .
end loop
S_{n+1}

Bemerkungen:

- Der Name single entry - multiple exit loop mag zunächst den Anschein erwecken, daß eine nicht "one-in, one-out" Kontrollstruktur vorliegt. Dies trifft natürlich nicht zu, denn die gesamte Wiederholungsstruktur hat genau einen Ausgang, der zu S_{n+1} führt.
- Es ist sofort ersichtlich, daß durch Reduzierung der exit-Ausgänge auf einen, die niedrigere Iterationsstruktur erzeugt wird. Dadurch bleibt die Gesamtstruktur der Iterations-Graphen unverändert erhalten.
- Vom theoretischen Standpunkt wurde zusätzliche Mächtigkeit gewonnen. Ist aber diese Form der Iteration wohlstrukturiert? Da es sich um eine Verallgemeinerung der single entry - single exit Struktur handelt, die als wohlstrukturiert klassifiziert wurde und da dadurch die Bildung von Blöcken und Hierarchien nicht beeinträchtigt wird, kann die single entry - multiple exit Iteration zu den strukturierten Wiederholungskomponenten eingestuft werden.
  Diese Einstufung ist nicht einheitlich. [Wi.77] lehnt sie ohne exakte Begründung ab. Dagegen findet man ähnliche Strukturen in den Programmiersprachen C ([Ke/Ri.78]), RATFOR ([Ke.75]), PLAIN ([WSKRD. 81]) und BLISS ([WRH.71]).
- Ihre praktische Relevanz besteht in dem Verlassen von längeren Iterationen an verschiedenen Stellen beim Auftreten einer speziellen Ausnahmebedingung. Ohne die Möglichkeit des mehrfachen Ausgangs wäre in einem solchen Fall die Einführung zusätzlicher logischer Variablen erforderlich, so daß die Struktur eines Flußdiagramms durch zusätzliche Blöcke komplizierter wird. Die Erfüllung der globalen Zusicherung beim Verlassen der Iteration muß natürlich von allen Ausgängen gewährleistet sein.

Die Erweiterung der bisherigen Struktur zu einer multiple entry-multiple exit loop ist eher theoretisch gerechtfertigt. Obwohl einige Programmiersprachen diese Möglichkeit mit Hilfe der next oder cycle-Anweisung anbieten ([Ke/Ri.78]), gibt es kaum praktische Beispiele, welche diese Konstruktion erforderlich machen. Außerdem wird dadurch keine zusätzliche Mächtigkeit gewonnen, da der vorzeitige Wiederholungstest einfach negiert und als Bedingung für die weitere Verarbeitung des restlichen Innenteils der Iteration genutzt werden kann (siehe auch [Ko. 74]). Diese Wiederholungskonstruktion wird also nicht in die Klasse der strukturierten Komponenten aufgenommen.

Im übrigen lassen sich einige gebräuchliche multiple entry-Wiederholungen recht einfach in strukturierte Formen umsetzen, wie man an der Abb. 7.3.5 leicht erkennen kann.

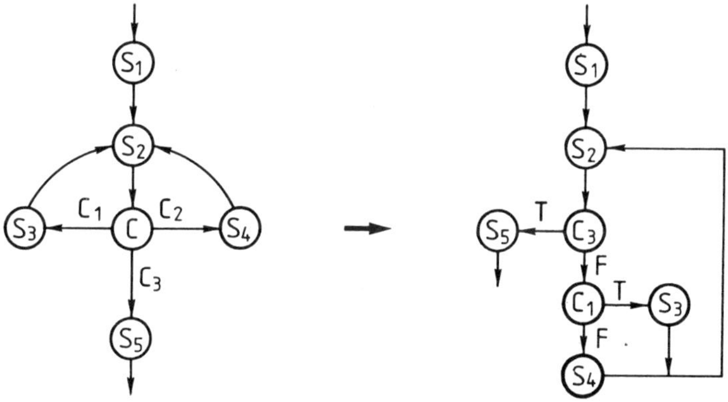

Abb. 7.3.5 Umwandlung einer Iteration mit zwei Eingängen

Nach den elementaren Wiederholungsstrukturen sind noch die mehrschichtigen zu untersuchen. Solange es keine zusätzlichen Verbindungen zwischen den verschiedenen Iterationsstrukturen - sei es innerhalb derselben Schicht oder zwischen verschiedenen Schichten - außer derjenigen aus Definition 7.3.3. gibt, dann ist ihre Einbeziehung in die Klasse der strukturierten Komponenten unproblematisch.

Des öfteren aber tritt die Forderung nach einem disziplinierten mehrschichtigen Verlassen von verschachtelten Iterationen auf ("multiple level exit loop"). Diese Struktur ist in BLISS ([WRH. 71]) nachträglich aufgenommen worden, nachdem man mit dem single level exit-Konstrukt das fluchtartige Verlassen von mehreren Iterationsblöcken nicht direkt realisieren konnte. PLAIN ([WSKRD. 81]) stellt ebenfalls diese Struktur zur Verfügung.

Die syntaktische Behandlung der multiple level-multiple exit loop ist primitiv: man hängt an die bekannte Konstruktion

exit loop with S

noch zusätzlich einen Indikator, der die Anzahl der Iterationsschichten angibt, welche zu überspringen sind. Man erhält dadurch

exit loop (i) with S mit $1 \leq i$

wobei exit loop (1) dem einfachen exit loop entspricht. Gelegentlich wird statt der Zahl i der Name eines labels angegeben, welches das entsprechende end loop markiert.

Vom theoretischen Standpunkt ([Ko.74]) gewinnt man durch multiple level exits zusätzliche Mächtigkeit, denn das Verlassen von mehreren Schichten ohne diese Konstruktion läßt sich nur mit Hilfe zusätzlicher Variablen bewältigen (siehe Abb. 7.3.6). Vom praktischen Standpunkt aus genügt meistens eine einzige Variable, denn es ist kaum beobachtet worden, daß diese Struktur in ihrer vollen Allgemeinheit benutzt worden ist. Es ist aber fraglich, ob die Benutzung solcher Schalter zu einem überschaubaren Programm bzw. Flußdiagramm führt. Jedenfalls ist die Korrektheit von Programmen mit multiple-level exit loops schwer nachweisbar, da die entsprechenden Zusicherungen sehr komplex werden können.

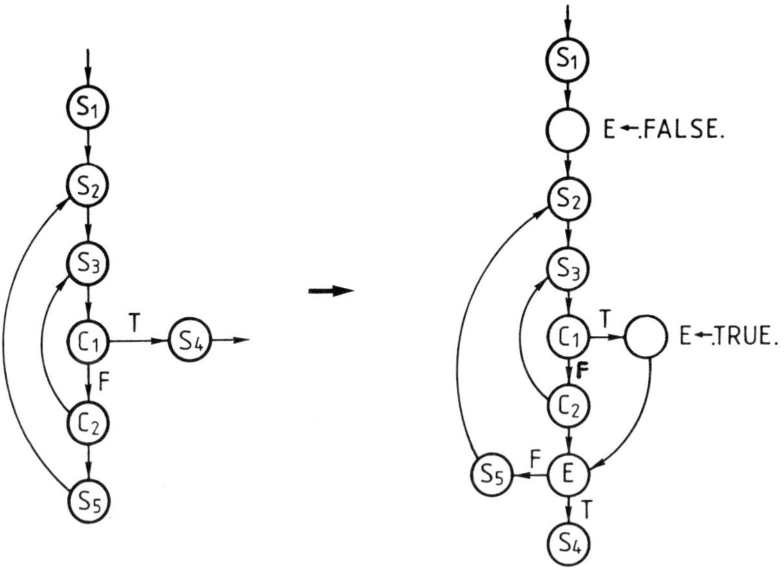

Abb. 7.3.6 <u>multiple level exit</u> loop und ihre Darstellung durch <u>single level exit</u>

Es ist verständlich, daß der Ausschluß von multiple level exit loops die Überschaubarkeit der Flußdiagramme in gewissen Fällen beeinträchtigt. Andererseits kann diese Struktur sehr leicht zu Graphen führen, die nicht planar sind (siehe Abb. 7.3.7). Außerdem verletzen die multiple level exit loops die bisher strikt eingehaltene Blockstruktur und verstoßen somit gegen die Forderung nach Modularisierbarkeit der Flußdiagramme.

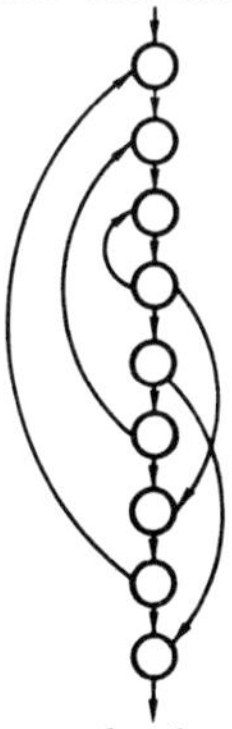

Abb. 7.3.7 geschachtelte multiple level exit loops

Aus den oben genannten Gründen müssen die multiple level exit-Wiederholungsstrukturen von der Klasse der strukturierten Iterationen ausgeschlossen werden. Die Behandlung von Ausnahme-Ausgängen bleibt weiterhin wünschenswert, darf aber nicht durch eine derartig mächtige Konstruktion realisiert werden.

Die direkte Folgerung dieser Entscheidung in Verbindung mit der Klasse der strukturierten Verzweigungsstrukturen ist die

konsequente Erhaltung der Blockstruktur in strukturierten Flußdiagrammen.

Dies bedeutet allerdings, daß es beispielsweise nicht möglich sein wird, aus einer Verzweigungsstruktur direkt die übergeordnete Iteration zu verlassen (siehe Abb. 7.3.8).

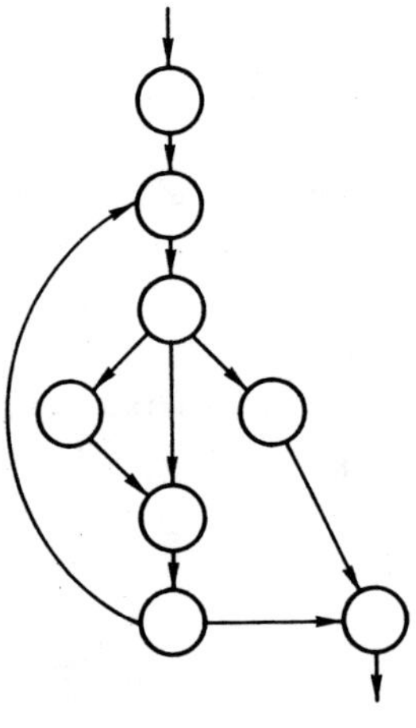

Abb. 7.3.8 Verletzung der Blockstruktur in strukturierten Flußdiagrammen

Diese Einschränkung scheint zunächst die Möglichkeiten der multiple exit Iterationen sehr stark zu reduzieren. In Wirklichkeit handelt es sich hier um eine noch vorhandene Inkonsistenz beim Entwurf des Modells der strukturierten Flußdiagramme. Für jede Wiederholungsstruktur benötigt man mindestens eine Verzweigung, in der über das Verlassen des Zyklus entschieden wird. Diese aber gehört nicht zu der Klasse der Verzweigungsstrukturen. Deshalb muß sie gesondert definiert werden.

Definition 7.3.4: Jede Wiederholungsstruktur besitzt eine oder mehrere spezielle Verzweigungen ("loop control") mit genau zwei Nachfolgeknoten, wovon der eine zur Zyklus-Sequenz gehört.

Demnach entspricht die loop control-Konstruktion der Verzweigung, welche mit Hilfe von if C then exit loop with S beschrieben wird. Zur Verbesserung der Übersicht von Flußdiagrammen wird dafür die Notation ergänzt.

Zusammenfassend bilden die single entry-(single level) multiple exit loops und ihre Sonderfälle die Komponenten der strukturierten Iterationen.

7.4 Zum disziplinierten Verlassen von Blöcken

Durch die Definition der zusammengesetzten Verzweigungen und der mehrschichtigen Iterationen auf der Basis von elementaren Strukturen ist das Verlassen mehrerer Schichten einer Block-Hierarchie nicht mehr möglich. Die Gründe dafür wurden in den Abschnitten 7.2 und 7.3 erläutert.

Aber bereits das Beispiel 2.1.1 (siehe Abb. 2.1.2) enthält eine solche Struktur, denn dort wird die innerste Wiederholung und die darüberliegende verlassen, sobald das gesuchte Element gefunden worden ist. Es gibt also häufig Situationen, bei denen ein Algorithmus an einer beliebigen Stelle unterbrochen werden muß, sei es, weil eine Abschlußbedingung erfüllt ist oder weil eine Ausnahme-Situation eingetreten ist ("exception handling"). Dabei werden Kontrollmechanismen in Verbindung mit der Steuerung von Coroutinen oder asynchronen Unterbrechungen ("interrupt handling") nicht betrachtet.

Diese natürliche Unterbrechung eines Algorithmus gibt dem Anwender die Freiheit, problemnah zu programmieren. Da aber goto's ausgeschlossen sind und die Blockstruktur möglichst beibehalten werden soll, ist ein gewisser Kompromiß erforderlich. Dieser besteht aus einer Art Fluchtkonstruktion ("termination exit"), die aus einem strukturierten Block besteht, welcher von einem Ende-Symbol gefolgt wird. Dieses Ende-Symbol wird nur zur Wahrung der Übersichtlichkeit der strukturierten Flußdiagramme eingeführt, um nicht den termination exit-Block mit dem (bisher) einzigen Ende-Symbol verbinden zu müssen.

Definition 7.4.1: Eine vorzeitige Terminierungsstruktur ("termination exit") ist ein Teilgraph eines Flußdiagrammes mit einem Eingang und zwei Ausgängen, wovon der Eingang eine spezielle Verzweigung ("termination control") mit zwei Ausgängen ist. Eine vorzeitige Terminierungsstruktur kann bei strukturierten Flußdiagramm-Komponenten an Stelle von Aktionsknoten mit einem Eingang und einem Ausgang eingesetzt werden.
Der zweite Ausgang der vorzeitigen Terminierunsstruktur wird durch ein Ende-Symbol abgeschlossen.

Abb. 7.4.1 verdeutlicht die Anwendung von vorzeitigen Terminierungsstrukturen.

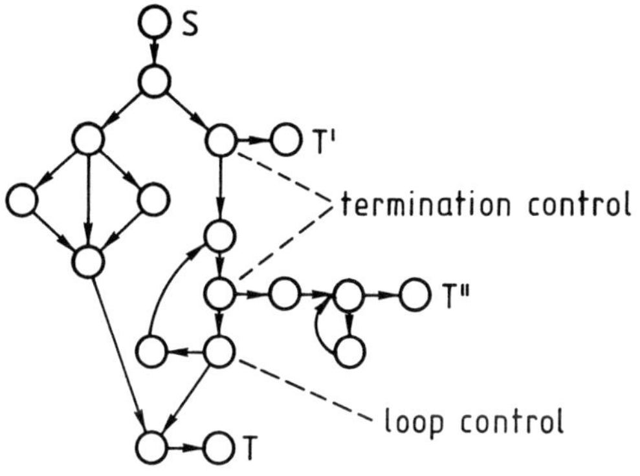

Abb. 7.4.1 Vorzeitige Terminierungsstrukturen

Bemerkungen:

- Man erkennt, daß zwischen termination control und Ende-Symbol beliebige andere strukturierte Komponenten erlaubt sind.
- Die Definition 7.4.1 führt zu gewissen Zweideutigkeiten. Es ist nämlich nicht immer eindeutig, welcher Ausgang des termination control den "Fluchtweg" darstellt und welcher den normalen Ablauf des Algorithmus repräsentiert. Diese Frage kann immer dann eindeutig beantwortet werden, wenn durch das termination control ein Verzweigungsblock unterbrochen (wie bei T' in Abb. 7.4.1) oder wenn mehr als ein Block verlassen wird. Abb. 7.4.2 zeigt nicht eindeutige Fluchtwege. Ihre Klassifizierung hängt von der Interpretation des Programms ab. Durch solche Zweideutigkeiten entstehen aber für das hier behandelte Modell keinerlei Nachteile.

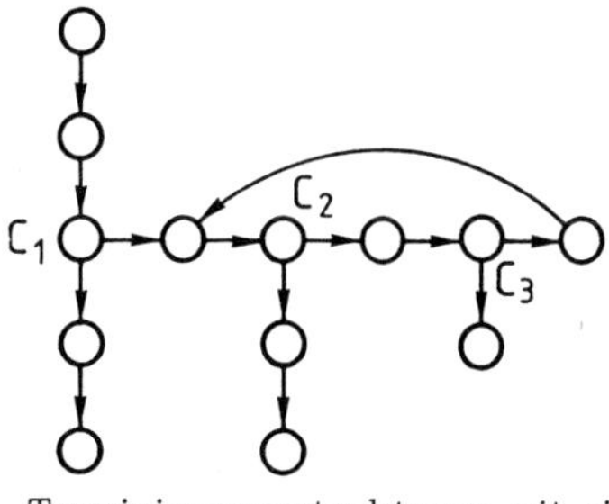

Abb. 7.4.2 Terminierungsstrukturen mit eindeutigen (C_2 und C_3) bzw. nicht eindeutigen (C_1) Fluchtwegen

- Durch Verbindung aller Ende-Symbole mit einem Ende-Symbol, das nicht einem Fluchtweg angehört (und davon gibt es mindestens eins und genauer genommen genau eins, falls alle Wege, die von einem der Ausgänge eines termination control-Knotens beginnen, als Fluchtwege markiert werden), erhält man die bekannte Struktur für Flußdiagramme zurück (siehe Definition 4.1.1).

Die Mächtigkeit der Fluchtkonstruktion ist trotz aller Einschränkungen immer noch sehr groß. Es muß nämlich berücksichtigt werden, daß durch beliebig starke hierarchische Aufteilung eines Flußdiagramms in Teilflußdiagramme oder Verfeinerungen auch entsprechende multiple-level exits künstlich erzeugt werden können. Die Mächtigkeit der Kontrollstrukturen, die nun zur Verfügung stehen, ist demnach theoretisch fast gleich mit der von multiple-level multiple exit loops, welche im vorigen Abschnitt abgelehnt wurden.

Es sollte aber berücksichtigt werden, daß eine beliebige Aufteilung eines Flußdiagramms in Teilflußdiagramme sinnlos und pathologisch ist! Es läßt sich kaum vermeiden, daß selbst die einfachsten Kontrollstrukturen mißbraucht werden können (siehe dazu die Einleitung dieses Kapitels). Viel entscheidender erscheint jedoch der indirekte Zwang zur Modularisierung, denn durch Benutzen dieser Fluchtkonstruktion innerhalb einer Blockhierarchie wird der Algorithmus zwangsläufig terminiert. Um dies zu vermeiden, muß die Semantik der Unterprogramme (dargestellt als Teilflußdiagramme mit ENTRY/EXIT) ausgenutzt werden. Dadurch hat man eine klar definierte Schnittstelle, deren Bedingungen für alle Fluchtwege in diesem Flußdiagramm einheitlich gelten. Dies ist aber der entscheidende Vorteil der hier eingeführten Konstruktion zum disziplinierten Verlassen von mehreren strukturierten Blöcken gegenüber anderen Verfahren.

Damit sind die Kontrollstrukturen für die strukturierten Flußdiagramme festgelegt.

7.5 Eine Block-Notation für strukturierte Flußdiagramme

In Abschnitt 6.1 wurde eine graphische Notation für die Darstellung von Flußdiagrammen eingeführt (siehe Abb. 6.1.1) und durch praktische Beispiele erprobt (siehe Abschnitt 6.6). Diese Notation ist zwar flexibel, sie hat aber zwei entscheidende Nachteile:

- Sie unterstützt nicht die Bildung von Blöcken. Die Abb. 6.6.2, obwohl nur aus Kontrollstrukturen der strukturierten Flußdiagramme, läßt nicht überall deutlich den hierarchischen Aufbau des Algorithmus erkennen.
- Sie unterscheidet nicht die verschiedenen Typen von Verzweigungen. Bisher wurden aber bei der Untersuchung der Komponenten für strukturierte Flußdiagramme drei verschiedene Verzweigungstypen vorgestellt:
  - gewöhnliche Verzweigungen
  - Verzweigungen zur Kontrolle von Wiederholungsbedingungen bei Zyklen (loop control)
  - Verzweigungen zur Kontrolle des vorzeitigen Abbruchs des Algorithmus (termination control).

  Da aber die strukturierten Flußdiagramme den logischen Ablauf eines Algorithmus verdeutlichen sollen, müssen die verschiedenen Verzweigungstypen andere Symbole erhalten.
- Sie läßt die Zusammenführung von Blöcken unterschiedlicher Hierarchiestufen durch die Zusammenführung beliebiger Ablauflinien zu.

Um diese Nachteile auszugleichen, werden geringfügige Modifikationen und Erweiterungen der alten Notation vorgenommen:

- Die Verzweigungen werden um zwei weitere Symbole angereichert (jeweils für loop control und termination control).
- Die Zusammenführung der Verzweigungslinien einer gewöhnlichen Verzweigungsstruktur endet auf ein Spezialsymbol zur deutlicheren Herausstellung von Verzweigungsblöcken.
- Der Eingang und der Ausgang einer Wiederholungsstruktur werden durch zusätzliche Symbole gekennzeichnet. Dadurch werden Iterationen deutlicher.

Diese Maßnahmen verbessern zwar deutlich die Übersichtlichkeit der Flußdiagramme, sie haben aber auch einen praktischen Nachteil: die neue Notation erfordert mehr Platz für ein Flußdiagramm und sie erhöht den Aufwand für seine Erstellung. Es bleibt zu hoffen, daß durch die Beispiele des nächsten Abschnitts klar wird, daß die Vorteile der neuen Notation ihre Nachteile deutlich überwiegen. Vom theretischen Stnadpunkt sowie vom Standpunkt der Graph-Grammatik (siehe Kapitel 8) sind die zusätzlichen Symbole nicht erforderlich.

Abb. 7.5.1 ist eine Zusammenfassung der revidierten graphischen Notation für strukturierte Flußdiagramme.

Symbol	Bezeichnung	Innengrad	Außengrad
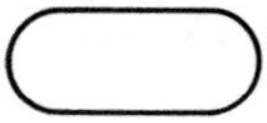	Beginn / Ende	0 / 1	1 / 0
	Anweisung (Anweisungsfolge)	1	1
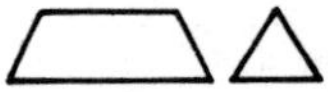	verallgemeinerte Verzweigung	1	n > 1
	Zusammenführung einer Verzweigung	n > 1	1
	Eingang eines Wiederholungsblocks	2	1
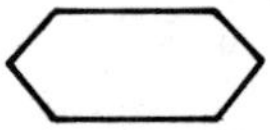	Kontrolle eines Wiederholungsblocks	1	2
	Ausgang eines Wiederholungsblocks	n > 0	1
	Kontrolle eines Fluchtweges	1	2
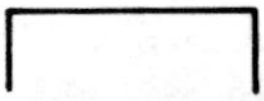	Zusicherung	1	1
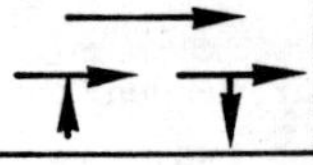	Ablauflinie, Zusammenführung und Trennung	-	-

Abb. 7.5.1 Graphische Symbole für strukturierte Flußdiagramme

7.6 Anwendungsbeispiele

In diesem Abschnitt sollen durch verschiedene Beispiele die Mächtigkeit, Übersichtlichkeit und Konsistenz des neuen Modells in Verbindung mit der modifizierten Notation demonstriert werden. Obwohl erst im nächsten Kapitel die formale Beschreibung der strukturierten Flußdiagramme vorgestellt wird, sind die nun folgenden Flußdiagramme alle mit den Entwurfsspezifikationen dieses Kapitels und mit der anschließenden Graph-Grammatik im Einklang.

Zur Erinnerung werden hier die Komponenten der strukturierten Flußdiagramme zusammengefaßt:

(1) Ein Flußdiagramm besteht aus Aktionen, Verzweigungen und Wiederholungen (strukturierte Blöcke);

(2) Strukturierte Blöcke haben einen Eingang und einen Ausgang;

(3) Ist S ein strukturierter Block, dann ist S konkateniert mit S auch ein strukturierter Block;

(4) Verzweigungen sind wohlstrukturiert, d.h. die Block-Hierarchie wird gewahrt;

(5) Als Wiederholungsstruktur gilt die single entry-single level multiple exit Iteration (und ihre Sonderfälle);

(6) Ein escape aus Blockstrukturen ist durch eine Fluchtkonstruktion vorgesehen, jeder Fluchtweg endet in ein Ende-Symbol.

Beispiel 7.6.1: Beispiel 6.6.3 (Abb. 6.6.3 a-g) enthält bis auf die veränderte Notation "fast" nur strukturierte Komponenten. Die einzige Ausnahme ist die Abb. 6.6.3.g. Dort gibt es eine Verzweigung, deren Ausgänge in zwei Blöcke aufgeteilt sind. Die Zusammenführung des einen Blocks findet aber auf einer höheren Ebene statt.

Es gibt verschiedene Möglichkeiten, dieses Problem zu lösen. Man kann die Hauptverzweigung für die Kommandos auf zwei Gruppen aufteilen: Kommandos zur Spiegelung von Diagonalen ('SD' und 'SN') und sonstige Spiegelungen. Dieser Schritt ist besser als Code-

Duplizierung, d.h. jeweils eine COPYM-Anweisung unter jedem Ausgang für sonstige Spiegelungen. Abb. 7.6.1 gibt die Struktur des modifizierten Flußdiagramms in abgekürzter Form wieder.

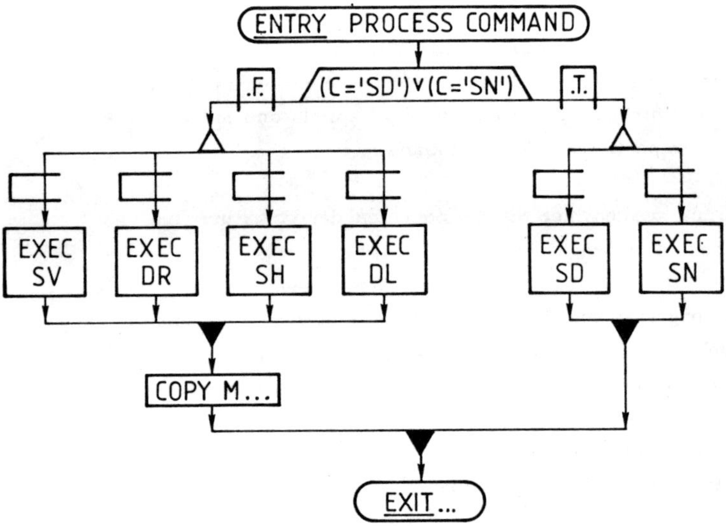

Abb. 7.6.1 Strukturierung von Abb. 6.6.3.g

Bemerkungen:

- Vergleicht man Abb. 7.6.1 mit Abb. 6.6.3.g, dann stellt man eine gewisse Strukturierung fest, die aber durch zusätzlichen Rechenaufwand und größeren Platzbedarf des neuen Flußdiagramms erkauft wird.
- Durch die strukturierten Komponenten bleibt dem Anwender ein geringer Spielraum zur graphischen Darstellung seines Algorithmus. Dies war erwünscht und verbessert die Möglichkeiten der maschinellen Erzeugung von strukturierten Flußdiagrammen.
- Die Vorteile der strukturierten Flußdiagramme spielen in diesem Beispiel keine bedeutende Rolle.

Beispiel 7.6.2: Gegeben ist eine Matrix A. Gesucht wird die Position eines negativen Elements in A mit dem geringsten Abstand zum Element A[LWB(A,1),LWB(A,2)].

Vorbemerkung: Dieses Problem ist eine modifizierte Version von Beispiel 2.1.1 (siehe Abb. 2.1.1, 2.4.1 und 2.4.2). Es eignet sich besonders gut, das vorzeitige Verlassen von Wiederholungsanweisungen zu demonstrieren. Die Funktionen LWB und UPB sind in Beispiel 6.6.3 erklärt.

Problemanalyse: Der geringste Abstand zum Element an der linken oberen Ecke kann unterschiedlich definiert werden. Oft wird bei den Elementen einer Matrix stillschweigend die lexikographische Ordnung angenommen (d.h. für K ≧ I kommt Element A[I,J] vor A[K,J+1]). In diesem Fall ist die Position des ersten negativen Elements eindeutig.

In dem vorliegenden Beispiel wird als Abstandsmaß die Summe der Indizes I+J eines Elementes A[I,J] definiert. Um den Abstand zu normieren, wird dem Ursprungselement an der linken oberen Ecke A[LWB(A,1), LWB(A,2)] der Abstand 0 zugewiesen (durch lineare Transformation der Indexgrenzen von A).

Durch das neue Maß ist das gesuchte Element nicht eindeutig definiert, denn jetzt wird die Matrix in Äquivalenzklassen eingeteilt, die Elemente mit demselben Abstand zum Ursprung enthalten (siehe Abb. 7.6.2.a). Innerhalb dieser Äquivalenzklassen möge nun die lexikographische Ordnung gelten.

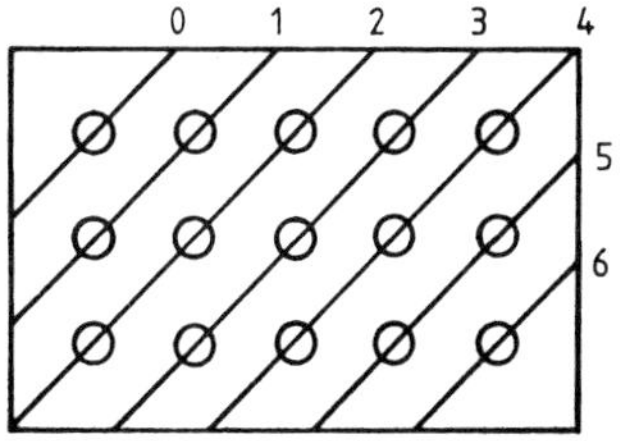

Abb. 7.6.2.a Äquivalenzklassen bezüglich der Indexsumme als Abstandsmaß bei einer 3x5-Matrix

Lösungsweg: Zunächst wird die Anzahl der Äquivalenzklassen bestimmt. Jede Äquivalenzklasse wird dann von oben rechts nach unten links durchlaufen. Falls kein negatives Element vorhanden ist, werden die Indizes mit Werten außerhalb des gültigen Bereichs für die vorgegebene Matrix gesetzt. Die Abb. 7.6.2.b zeigt das entsprechende Flußdiagramm (als Unter-Flußdiagramm). Es werden die bekannten Funktionen MIN und MAX sowie für die Ausdrücke LWB (A,1), LWB (A,2), UPB (A,1) und UPB (A,2) die Abkürzungen L1, L2, U1 und U2 benutzt.

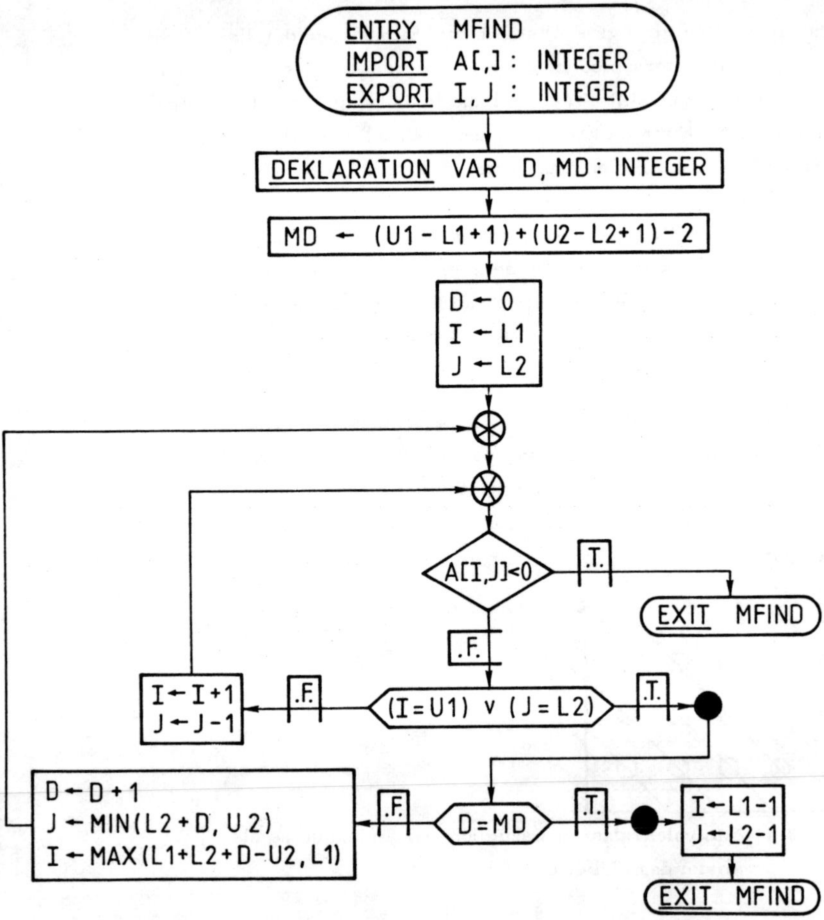

Abb. 7.6.2.b Unter-Flußdiagramm "MFIND"

Bemerkung: Durch die Formulierung des Algorithmus als Unter-Flußdiagramm wirkt der Fluchtweg wie ein vorzeitiger Abbruch, so daß mehrere Matrizen über ein Hauptflußdiagramm geprüft werden können.

Beispiel 7.6.3: In Beispiel 6.6.1 wurde ein nicht-effizientes und unstrukturiertes Flußdiagramm zur Bestimmung des ersten und des letzten Zeichens in einem String, die ungleich dem Leerzeichen sind, vorgestellt.

Der Algorithmus kann leicht revidiert werden, wenn bedacht wird, daß es sinnvoller ist, die Suche umzukehren und zunächst LNB absteigend und danach FNB aufsteigend zu suchen. Diese Reihenfolge hat die angenehme Eigenschaft, daß die Sonderfalle (leerer String oder "blank"-String) automatisch mitberücksichtigt werden. Abb. 7.6.3.a zeigt das entsprechende Unter-Flußdiagramm.

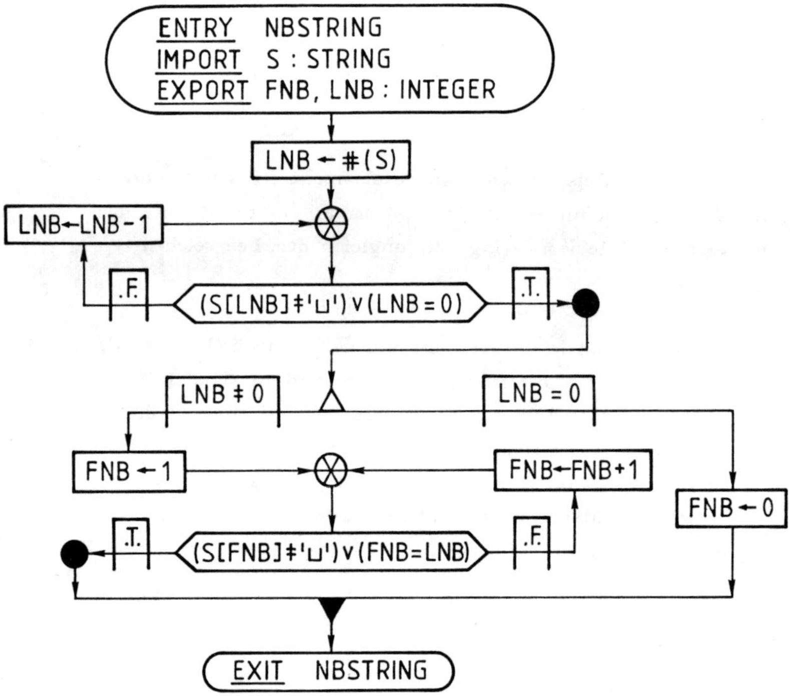

Abb. 7.6.3.a Strukturiertes Flußdiagramm "NBSTRING"

<u>Bemerkung:</u> Die abstrakte Struktur des alten und neuen Flußdiagramms wird durch Abb. 7.6.3.b wiedergegeben.

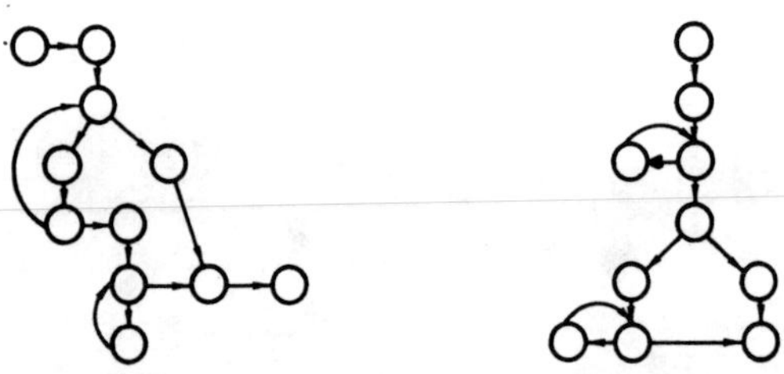

Abb. 7.6.3.b Abstrakte Strukturen der Diagramme aus Abb. 6.6.1 und 7.6.3.a

Beispiel 7.6.4: In [Di.76] ist ein Algorithmus zur Berechnung des größten gemeinsamen Teilers Z von zwei natürlichen Zahlen X und Y.

Da dieser Algorithmus in seiner ursprünglichen Form nicht direkt durch ein strukturiertes Flußdiagramm wiedergegeben werden kann, werden hier beide Varianten vorgestellt. Die in [Di.76] verwendeten Kontrollstrukturen sind weitaus mächtiger als die "klassischen" strukturierten Komponenten ([Di.72]).

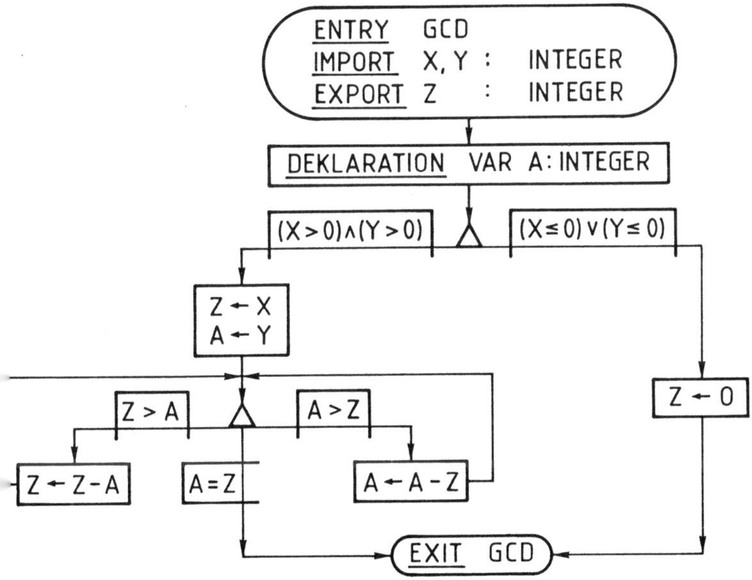

Abb. 7.6.4.a Nicht-strukturiertes Flußdiagramm für "GCD"

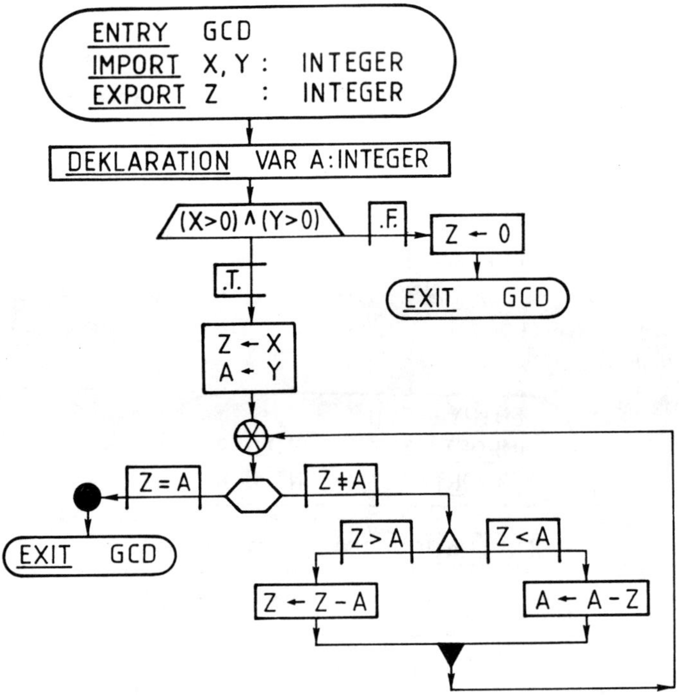

Abb. 7.6.4.b Strukturiertes Flußdiagramm für "GCD"

Beispiel 7.6.5: Für N≧0 und X ganze Zahl berechne $Y = X^N$.

Vorbemerkung: Das Beispiel ist aus [Re.78] entnommen. Dort wird schrittweise eine Lösung erstellt, die von uneingeschränkten gotos Gebrauch macht. Es wird argumentiert, daß strukturierte Lösungen suboptimal sind.

Lösungsvarianten: Zunächst wird die Originallösung präsentiert (Abb. 7.6.5.a). Dort werden keine Vorkehrungen für den Fall 0° getroffen. Diese Lösung enthält aber Ablaufstrukturen, welche sich nicht direkt durch ein strukturiertes Diagramm darstellen lassen.

Die zweite Lösungsvariante stammt aus [Di.76]. Der Algorithmus wird angegeben für N≧0 und x> 1, so daß in diesem Fall der Sonderfall 0° nicht auftreten kann (siehe Abb. 7.6.5.b).

Diese Variante halbiert den Exponenten und quadriert das Zwischenergebnis solange, bis der Exponent ungerade wird. Danach wird die innere Schleife verlassen und der äußere Teil berechnet, wodurch der Exponent wieder gerade wird. Beim Wiedereintreten in die innere Schleife wird zunächst geprüft, ob der Exponent gerade ist, was schon durch die äußere Schleife gewährleistet ist (sofern sie mindestens einmal durchlaufen worden ist). Somit ist diese Version zwar strukturiert, aber tatsächlich suboptimal.

Die dritte Lösungsvariante stellt einen eigenen Vorschlag dar. Er behandelt unter anderem die verschiedenen Sonderfälle und läßt sich durch ein strukturiertes Flußdiagramm darstellen. Im Gegensatz zu den anderen Varianten wird hier die äußere Schleife dazu benutzt, den Exponenten bis auf 1 (statt bis auf 0) zu reduzieren und die restliche Berechnung außerhalb der Schleife durchzuführen. Dazu ist zwar ein etwas längeres Programm erforderlich, was aber wohlstrukturiert und effizient ist (Abb. 7.6.5.c). Trotzdem bevorzugt Dijkstra ([Di.81]) die kürzere Version.

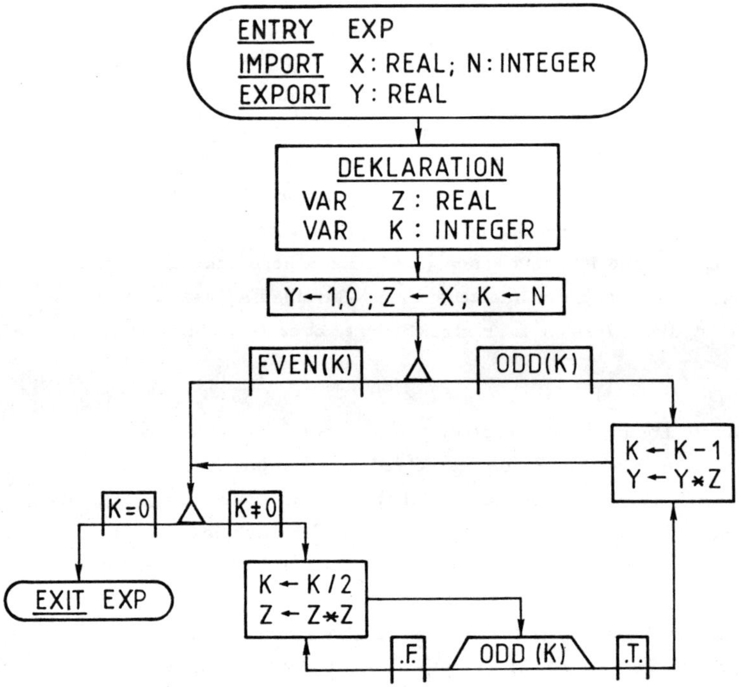

Abb. 7.6.5.a "EXP": unstrukturierte, optimale Version

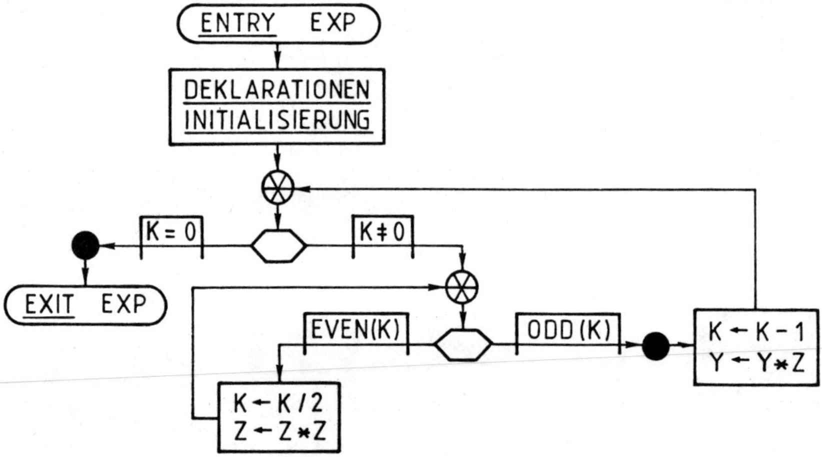

Abb. 7.6.5.b "EXP": strukturierte, suboptimale Version

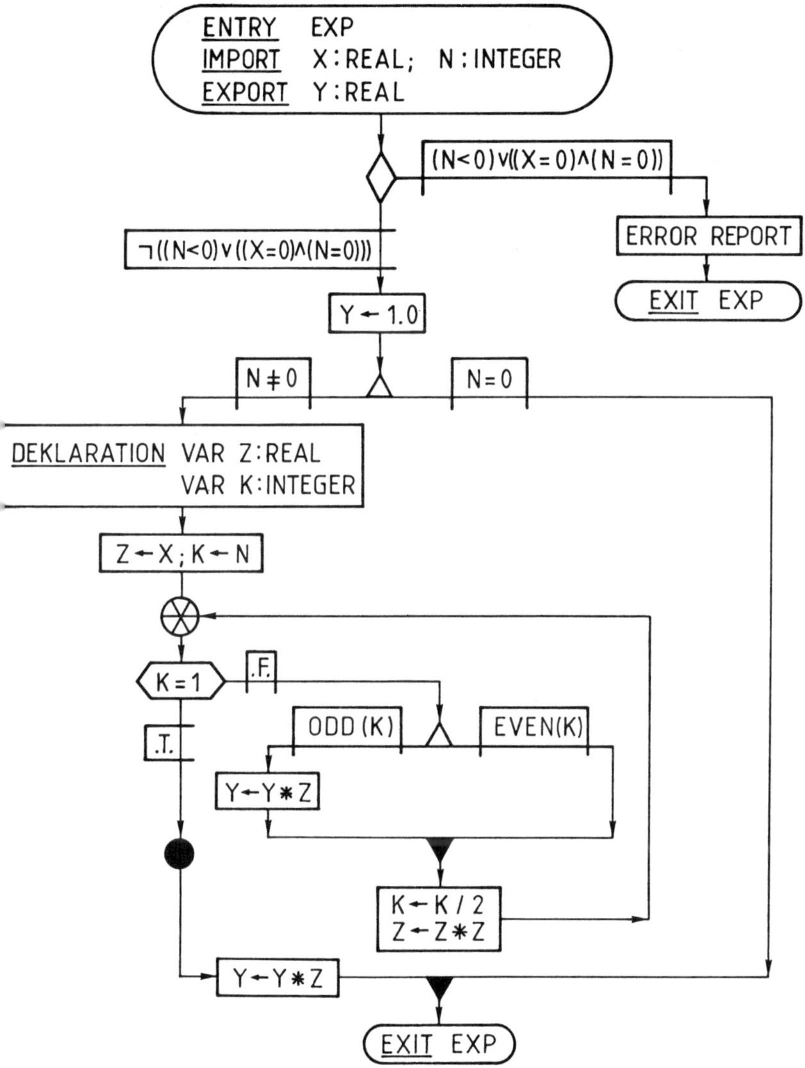

Abb. 7.6.5.c "EXP": Strukturierte, optimale Version

<u>Bemerkung:</u> Der eigentliche Algorithmus beginnt nach der Deklaration von Z und K. Der Operator / bedeutet ganzzahlige Division.

Beispiel 7.6.6: Seien (P) und (Q) Polynome mit Termen T der Form

$$T = K \circ X^A \circ Y^B \circ Z^C \quad \text{mit } K, A, B, C \in \mathbb{Q} \text{ und } A, B, C \geq 0.$$

(P) und (Q) sind als einfach verkettete Listen derart gespeichert, daß jedes Element der Liste den Koeffizienten K sowie die Exponenten A, B und C in der Form $E = 10^2 \cdot A + 10 \cdot B + C$ enthält (siehe Abb. 7.6.6.a). (P) und (Q) sind jeweils nach E absteigend geordnet (gleiche Terme zusammengefaßt). Das Ende der Liste wird durch ein Element mit K=0 und E= -1 markiert.
Gesucht wird ein Algorithmus, der (P) auf (Q) addiert.

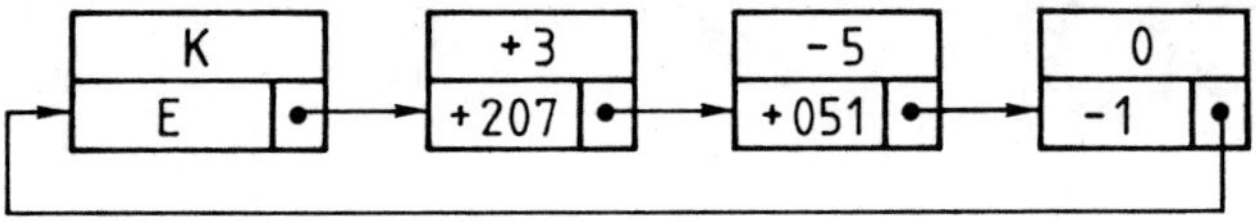

Abb. 7.6.6.a Repräsentation von Polynomen in Listen-Form

Vorbemerkung: Das Problem stammt von [Kn.69], Kapitel 2.2.4. Dort wird ein Algorithmus und ein Flußdiagramm angegeben, die sich durch die strukturierten Flußdiagramme nicht direkt darstellen lassen. Es soll deshalb hier neben der Originallösung eine Alternativlösung formuliert werden, welche effizient und durch strukturierte Flußdiagramme darstellbar ist.

Notation: P und Q sind die Zeiger für die Listen (P) und (Q). E(P), K(P) und T(P) bezeichnen den Exponenten, den Koeffizienten und den Term der Liste (P), auf die der Zeiger P zeigt (entsprechendes gilt auch für (Q)). Auf die explizite Manipulation der Zeiger in Verbindung mit den bekannten Listenoperationen wird verzichtet.

Originallösung: Abb. 7.6.6.b zeigt die Orignallösung in Form eines Flußdiagramms. Man beachte, daß das in [Kn.69] angegebene Ablaufdiagramm nur sehr verkürzt den Algorithmus wiedergibt. Da hier nur die Struktur des Algorithmus untersucht werden soll, werden

Schnittstelle - und Variablen-Deklarationen nicht explizit aufgeführt.

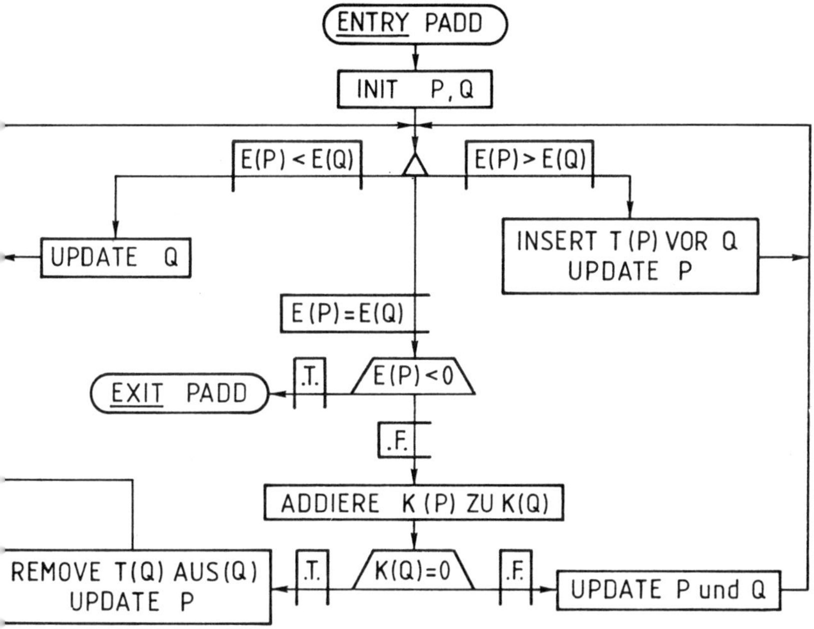

Abb. 7.6.6.b Addition von Polynomen (Originalversion nach [Kn.69])

Bemerkungen:

- Die Terminierungsbedingung verlangt, daß beide Listen bis zum Ende abgearbeitet werden. Diese Forderung ist etwas zu stark, denn es reicht aus, wenn P das Ende der (P)-Liste erreicht hat. Wenn (P) leer ist, dann kann sofort abgebrochen werden, da nichts mehr auf (Q) hinzuzuaddieren ist. Die Forderung, daß bei Beendigung der Zeiger Q auf den Anfang von (Q) zeigen soll, ist eher eine Schnittstelle-Vereinbarung. Sie ist dadurch bedingt, daß kein fester Header-Zeiger für die Listen vorgesehen ist, der für sehr viele Suchalgorithmen nützlich wäre.

- Die Kontrollstruktur des Algorithmus entspricht einer Wiederholungsanweisung mit vorzeitigem Abbruch. Eine Darstellung ohne den Fluchtmechanismus ist bei den strukturierten Flußdiagrammen nicht möglich.

Alternativlösung: Der revidierte Algorithmus trennt den Polynom-Additionsprozeß von dem Positionierungsprozeß der Zeiger. Demnach vereinfacht sich die innere Struktur der Iteration und der Algorithmus kann mit anderen Datenstrukturen verwendet werden. Der Positionierungsprozeß wird einfach durch RESET Q wiedergegeben (siehe Abb. 7.6.6.c).

Bemerkung: Ein Vergleich der strukturierten Lösung mit der originalen linearen Notation (mit vielen goto's) zeigt die Vorteile der strukturierten Flußdiagramme.

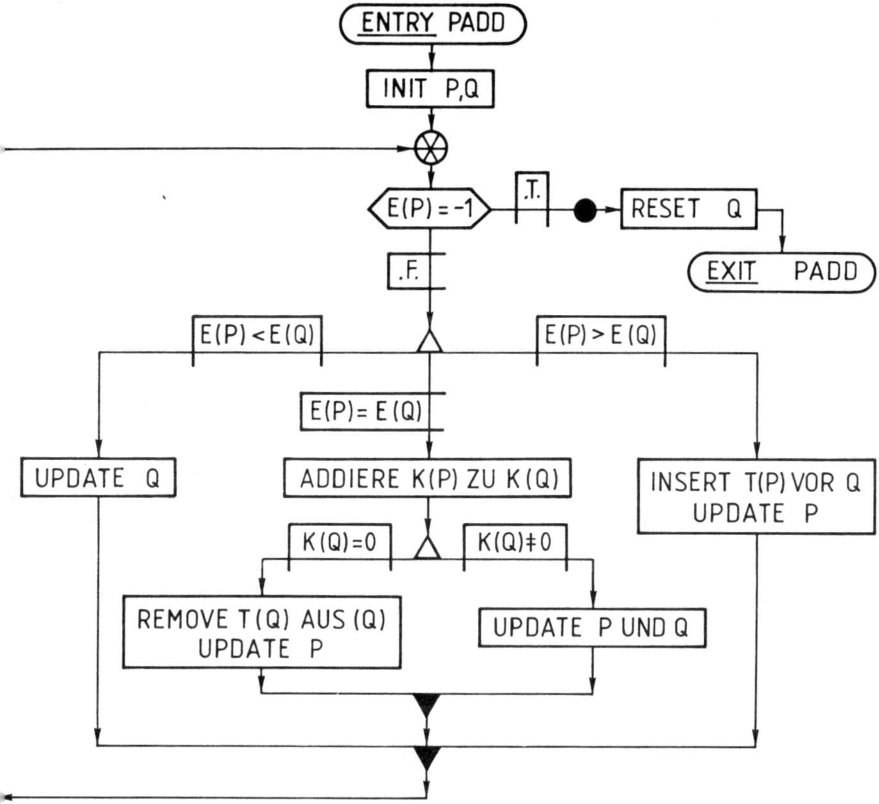

Abb. 7.6.6.c Strukturiertes Flußdiagramm zur Addition von Polynomen

Beispiel 7.6.7: Sei $z \in \mathbb{N}$ und $F(z) = \{x \mid z = x \cdot y \wedge x, y \in \mathbb{N}\}$.
z heißt perfekte Zahl, falls gilt:

$$z = \sum_{x \in F(z)} x \quad .$$

Mit Hilfe eines Entscheidungsalgorithmus ist zu prüfen, ob ein vorgegebenes z eine perfekte Zahl ist.

Problemanalyse: Zur Entscheidung dieses Problems benötigt man die Faktoren von z. Die folgenden Überlegungen dienen zur Reduzierung des Rechenaufwandes:

- $\forall z \in \mathbb{N} \; (1 \in F(z))$
- Wegen $z = x \cdot y \Rightarrow y \in F(z)$ (Kommutativitätseigenschaft der Multiplikation). Wegen dieser Symmetrie kann man die Suche nach Faktoren von z spätestens bei $x \geqq y$ abbrechen, denn alle anderen Faktoren lassen sich aus den bisher erzeugten ermitteln.
- Wegen $z = x \cdot y$ und $z = \sqrt{z} \cdot \sqrt{z} \Rightarrow x \leqq \sqrt{z} \vee y \leqq \sqrt{z}$. Damit hat man die obere Schranke für den größten Faktor von z auf $\sqrt{z}$ eingeschränkt.
- Wenn z ungerade, dann sind alle Faktoren von z ebenfalls ungerade.

Lösungsweg: Die Faktoren werden so lange erzeugt, bis eine der Bedingungen verletzt oder F(z) vollständig ermittelt ist. Dieses Problem läßt sich besonders günstig mit Hilfe von Fluchtwegen lösen. Um zu demonstrieren, daß die klassischen Kontrollstrukturen der strukturierten Programmierung in einem solchen Fall nicht ausreichen und zusätzlichen Rechenaufwand erfordern, wird neben der natürlichen Lösung mit vorzeitigem Abbruch (Abb. 7.6.7.a) ein weiteres Flußdiagramm ohne Fluchtwege angegeben (Abb. 7.6.7.b). Der zusätzliche Rechenaufwand bei dieser Lösung ist nicht besonders hoch.

Alternativ kann man F(z) über die Primfaktorzerlegung von z PF(z) erzeugen.

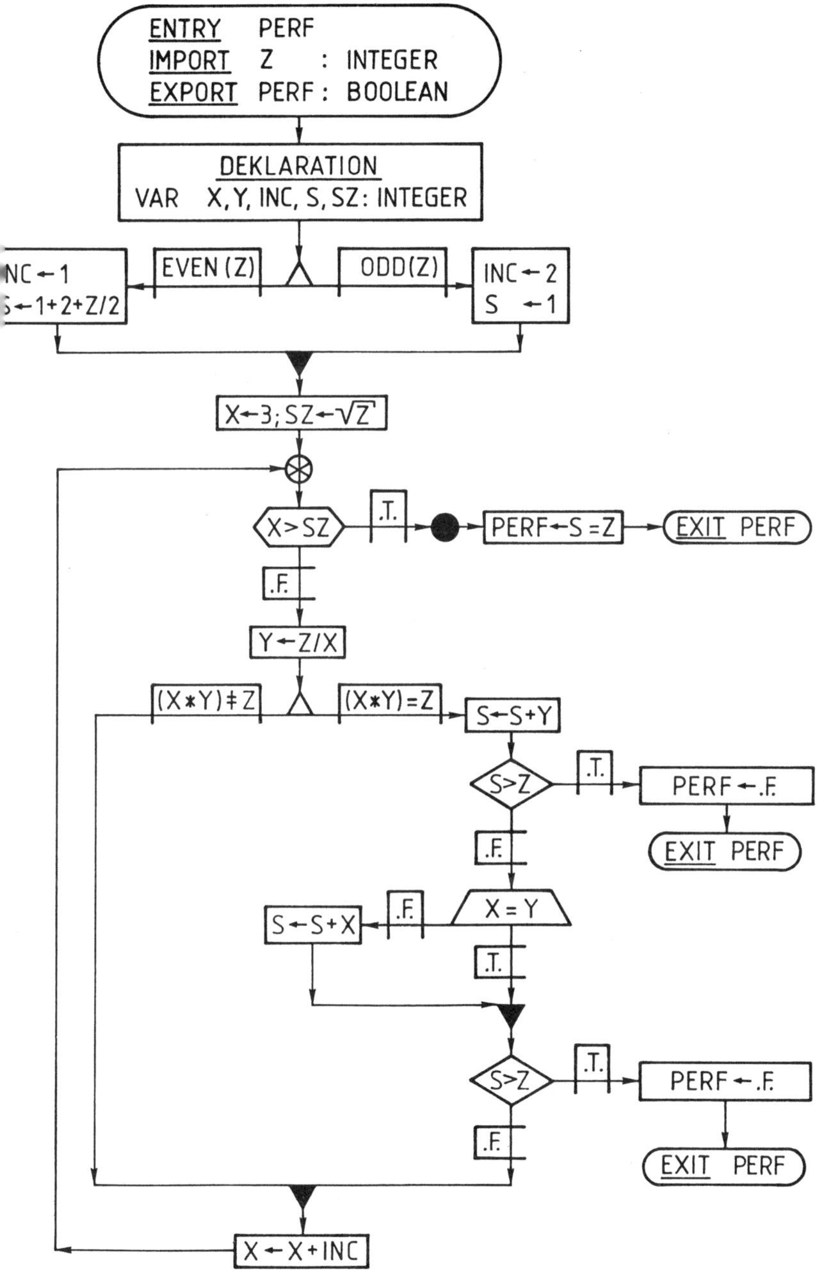

Abb. 7.6.7.a Bestimmung von perfekten Zahlen (mit Fluchtwegen)

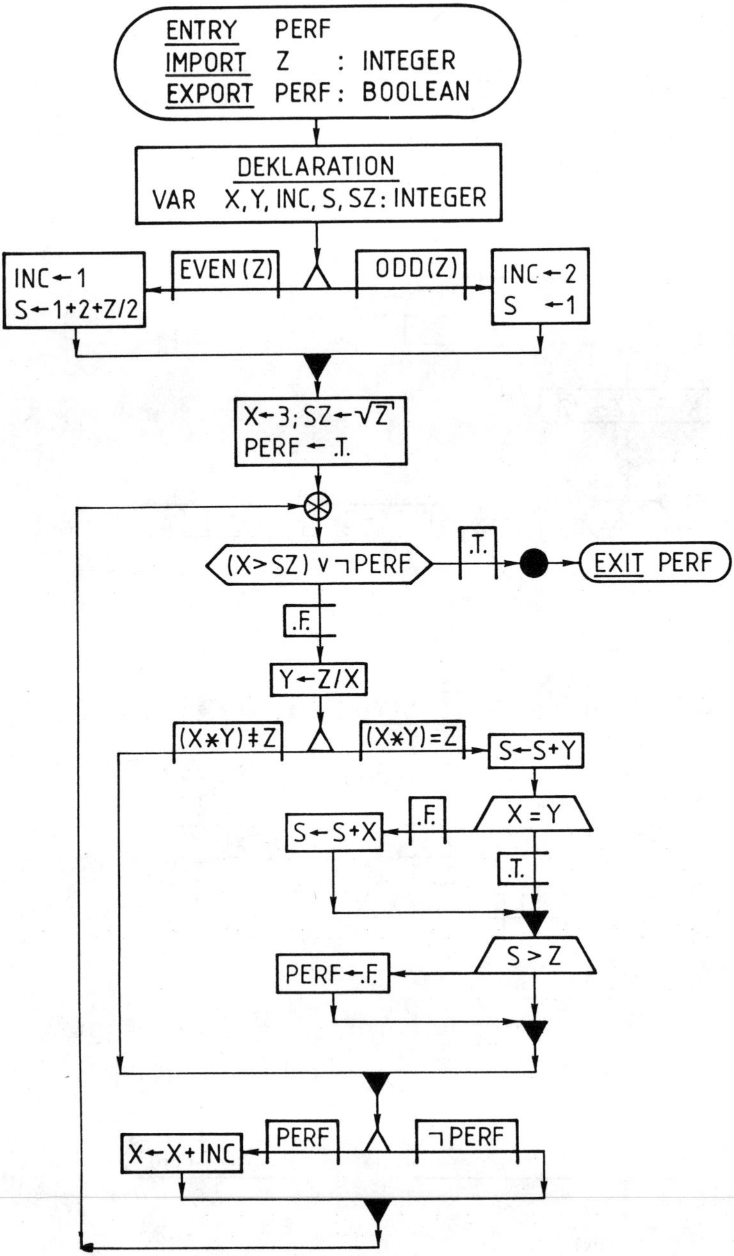

Abb. 7.6.7.b Bestimmung einer perfekten Zahl (ohne Fluchtwege)

Beispiel 7.6.8: Gegeben ist ein String S. Falls S genau eine ganze Zahl enthält, dann ist diese in eine INTEGER zu konvertieren.

Vorbemerkung: Es gibt verschiedene Lösungsansätze zu diesem Problem, da solche Algorithmen feste Bestandteile jedes Input/Output-Systems sind ([Wi.75],[Ke/Pl.76],[Ke/Ri.78]). Die hier angebotene Lösung berücksichtigt, daß üblicherweise kein Überlauf ("overflow") bei ganzzahligen Operationen durch die Hardware signalisiert wird, weshalb alle publizierten Algorithmen ohne Warnung falsche Resultate liefern können.

Das Beispiel soll darüber hinaus als Demonstration von modularem Programmieren in Verbindung mit strukturierten Flußdiagrammen dienen.

Notation: Es wird vorausgesetzt, daß maxint bzw. minint die größte bzw. kleinste darstellbare INTEGER-Zahl repräsentieren. ORD (M,X) gibt die Position von Element X innerhalb der enumerierten Menge M an.

Problemanalyse: Es sind hauptsächlich zwei Fragen zu klären:

- Was ist eine zulässige Darstellung einer ganzen Zahl?
- Welche Probleme treten bei der INTEGER-Konvertierung auf?

Die erste Frage bezieht sich nur auf die syntaktische Struktur einer ganzen Zahl. Es ist üblich, Zahlendarstellungen durch reguläre Ausdrücke zu definieren ([AHU.74]). Eine Zahl vom Typ INTEGER hat in der Backus-Naur-Notation die folgende Struktur:

< Zahl > ::= <vorzeichenlose Zahl> | <Vorzeichen> <vorzeichenlose Zahl>
<vorzeichenlose Zahl>::= <Ziffer> | <Ziffer> <vorzeichenlose Zahl>
<Vorzeichen> ::= + | -
<Ziffer> ::= 0 | 1 | 2 | 3 | 4 | 5 | 6 | 7 | 8 | 9

(Die senkrechten Striche sind als "oder" zu interpretieren.)

Eine Zahl kann also aus beliebig vielen Ziffern bestehen.
Ist das Vorzeichen nicht angegeben, dann gilt die Zahl als positiv.

In dem hier gestellten Problem wird verlangt, daß S genau eine Zahl enthalten darf (was in der Regel nicht üblich ist). Außerdem dürfen vor und nach der Zahl sowie zwischen den Vorzeichen und der Zahl beliebig viele Leerzeichen stehen. S hat also folgende Struktur:

> 0 oder mehr Leerzeichen ("leading blanks") gefolgt von einem Vorzeichen (was auch entfallen darf), gefolgt von 0 oder mehreren Leerzeichen, gefolgt von einer oder mehreren Ziffern, gefolgt von 0 oder mehreren Leerzeichen ("trailing blanks").

Das Zustandsdiagramm eines den String S erkennenden Automaten wird hier in der Form einer Übergangsmatrix ("transition matrix") wiedergegeben (Abb. 7.6.8.a). Dabei steht E für Erkennung syntaktischer Fehler und N für fehlerfreie Erkennung. Die Zahl i gibt den Zustandsübergang zur Spalte i an.

Syntaktische Einheiten / Zeichen in S	leading blanks 1	Vorzeichen 2	Ziffer 3	trailing blanks 4
Leerzeichen	1	2	4	4
Vorzeichen	2	E	E	E
Ziffer	3	3	3	E
sonstiges Zeichen	E	E	E	E
Ende von S	E	E	E	N

Abb. 7.6.8.a Übergangsmatrix zur Erkennung eines String mit einer ganzen Zahl

Diese Aufteilung von S in syntaktische Felder wird beim Algorithmus eine zentrale Rolle spielen. Es wird eine Routine entwickelt, welche Substrings mit bestimmten Eigenschaften lokalisieren kann.

Nach einer syntaktisch einwandfreien Identifikation von S kann die Konvertierung durchgeführt werden.

Es ist üblich und vorteilhaft, die Konvertierung von links nach rechts durchzuführen, da sonst führende Nullen nicht einfach übersprungen werden können.

Das einzige Problem bei der Konvertierung betrifft die Erkennung von Überlauf. Der Vergleich mit maxint kann nicht zum Erfolg führen, wenn keine aufwendige Gleitkommaarithmetik benutzt wird. Deshalb sollten folgende Forderungen eingehalten werden:

- Benutzung von Festkommaarithmetik.
- Zur Überlauf-Prüfung reicht es nicht aus, solange zu konvertieren, bis das neue Zwischenresultat kleiner wird als das alte (bei Konvertierung auf dem positiven Bereich).
- Die Zahlendarstellung ist bei Hardware mit 2-Komplement nicht symmetrisch, sondern es gilt:

  $$| \text{minint} | = \text{maxint} + 1$$

  Diese Konstanten werden von dem Algorithmus benutzt.
- Um unnötigen Rechenaufwand zu sparen, ist es sinnvoll, die Anzahl der Dezimalstellen von maxint (LM) sowie die niedrigste Ziffer von maxint (LDI) und den Rest davon (RM) anzugeben:

  $$\text{LDI} = \text{maxint} - ((\text{maxint}/10) * 10)$$
  $$\text{RM} = \text{maxint}/10$$

  Der Algorithmus macht von diesen Werten Gebrauch.

Lösungsweg: Nach der vorgegebenen Syntax wird zunächst das String S überprüft, das Vorzeichen ermittelt und der Anfang sowie das Ende der Ziffernfolge festgelegt. Die anschließende

Konvertierung läuft in folgenden Phasen ab:

- Initialisierung.
- Führende Nullen werden übergangen.
- Es wird geprüft, ob der Rest länger als LM ist.
- Alle restlichen signifikanten Ziffern werden bis auf die letzte konvertiert. Dabei kann kein Überlauf auftreten!
- Konvertierung der letzten Ziffer, falls keine Überlauf-Gefahr vorliegt.

Man beachte, daß die übliche Vorgehensweise, die Erkennung und Konvertierung synchronisiert durchzuführen, wegen der Restriktion auf S (genau eine Zahl) nicht anwendbar ist. Das Programm wird in Abb. 7.6.8.b - f angegeben.

Legende:

DINT	Haupt-Flußdiagramm
SP	Syntaxprüfungs-Modul
KV	Konvertierungs-Modul (einschließlich KONVERT-Verfeinerung)
SKF	Skip Character-Feld-Modul
S	Eingabe - String
SR	Syntax - Fehler
OV	Überlauf - Fehler
F,L	Erste bzw. letzte Ziffernposition in S
E	Endposition eines Character-Feldes
VM	Vorzeichen-Menge
ZM	Ziffern-Menge

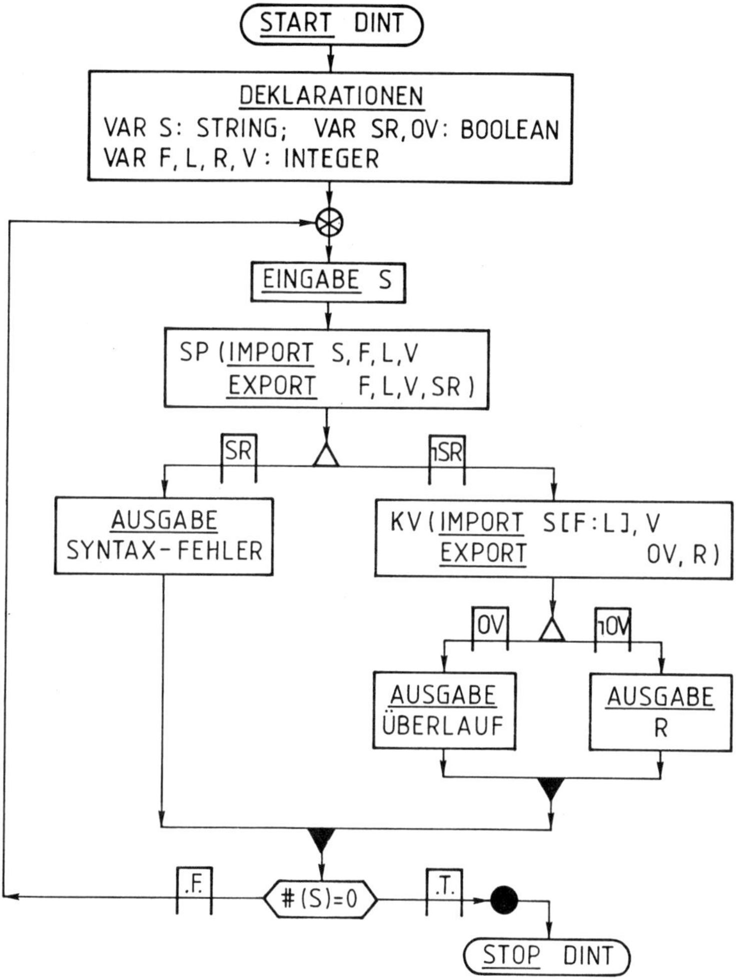

Abb. 7.6.8.b Rahmenprogramm zur Entdeckung und Konvertierung von ganzen Zahlen

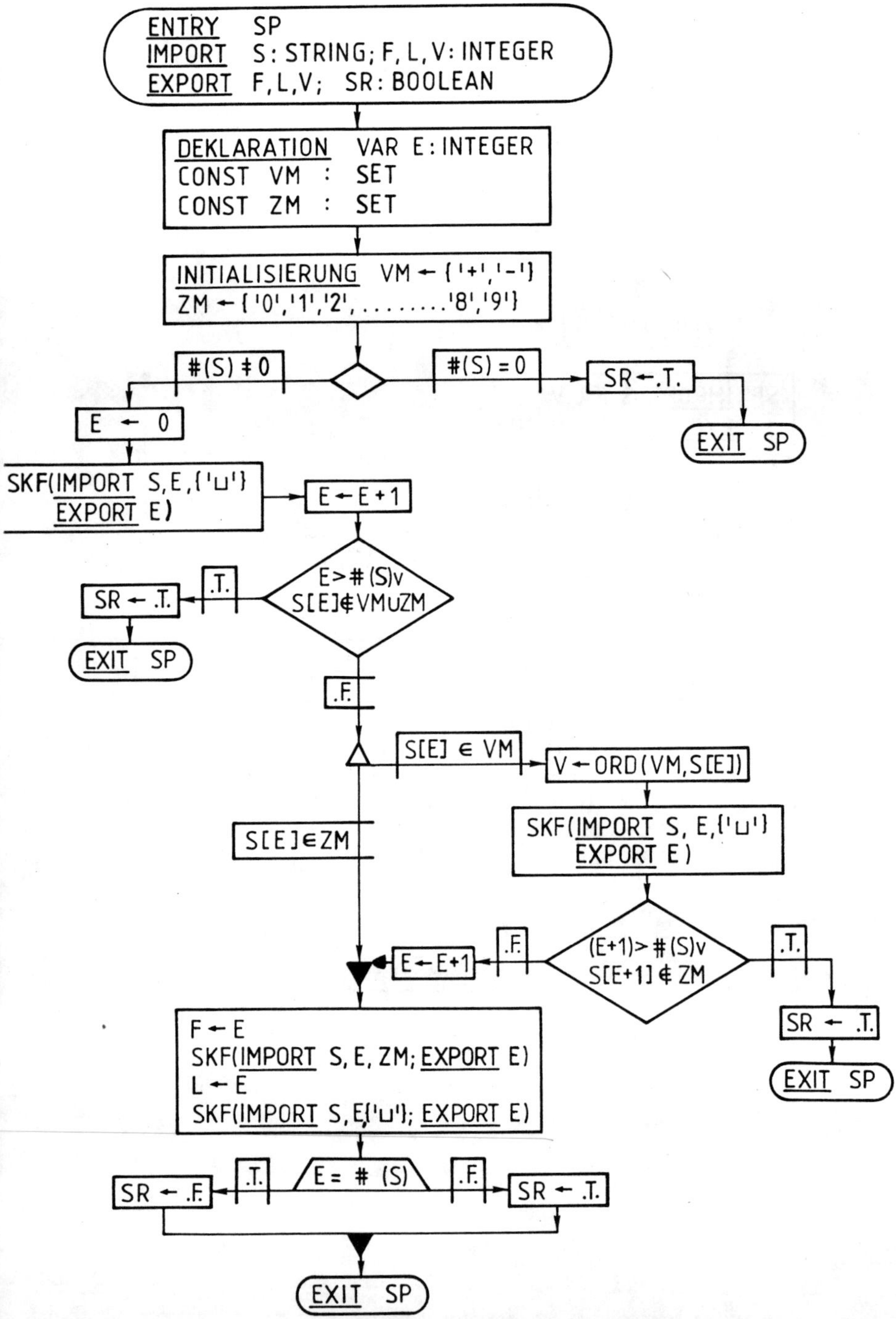

Abb. 7.6.8.c Syntaxprüfung einer Zahl

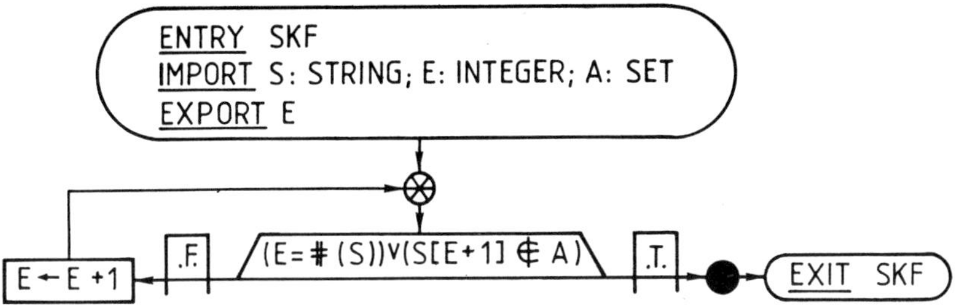

Abb. 7.6.8.d SKIP Character-Feld

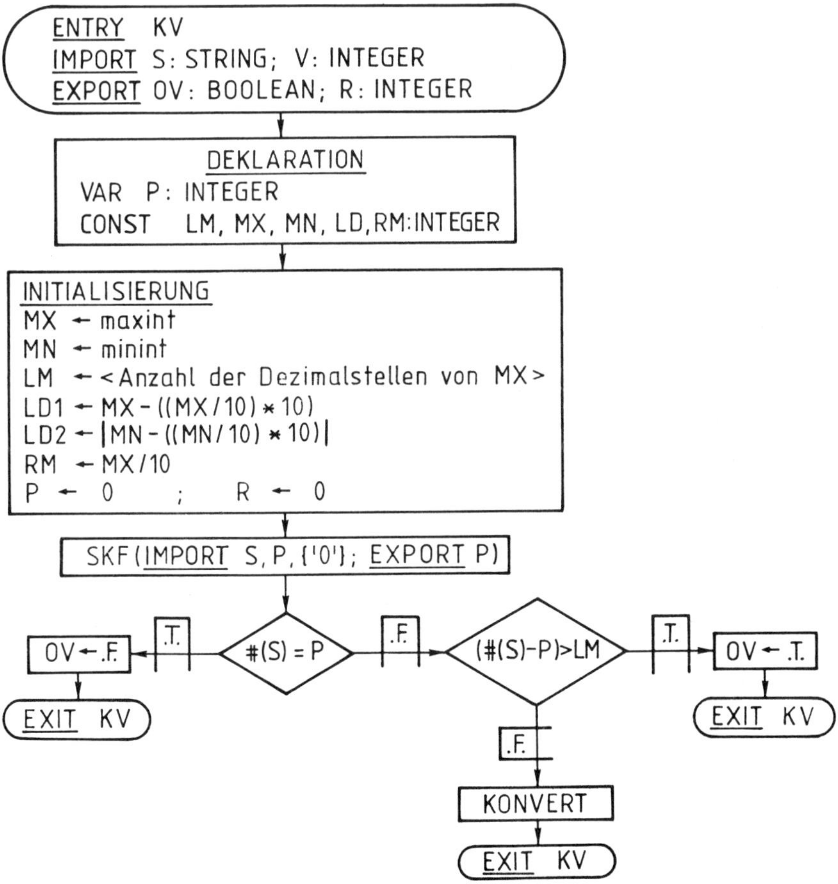

Abb. 7.6.8.e KV-Initialisierung und Vorprüfung

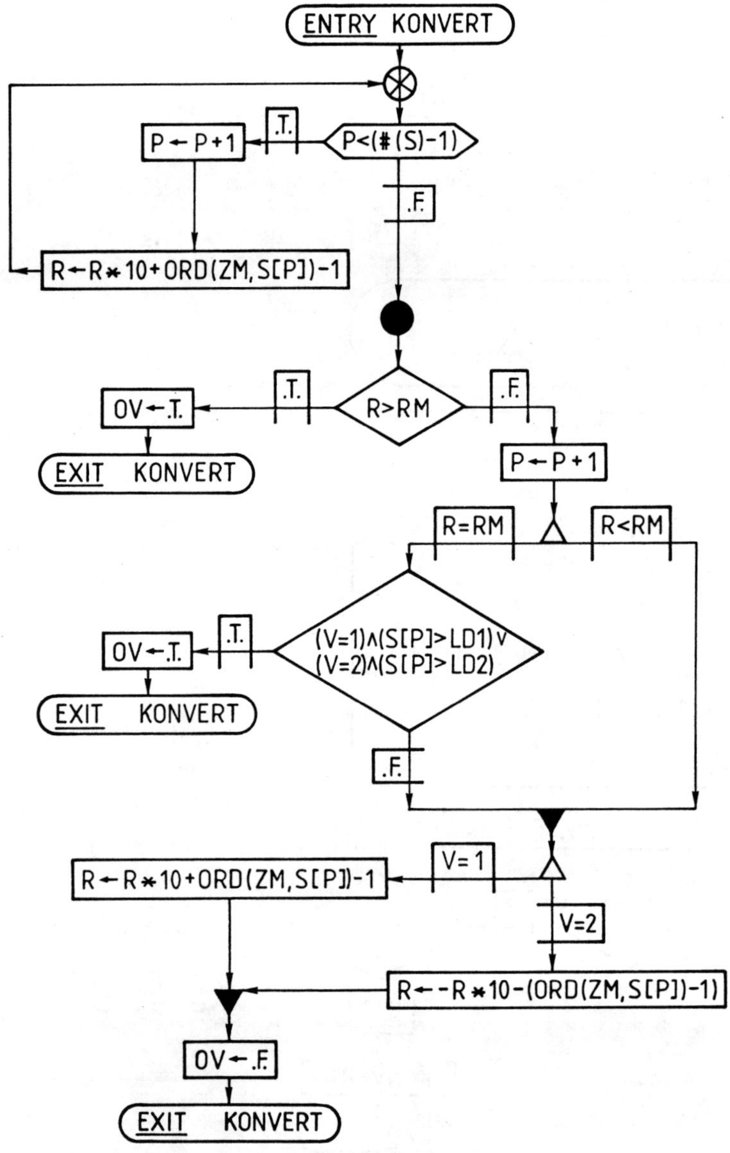

Abb. 7.6.8.f Konvertierung (Verfeinerung von KV)

8. Erzeugung strukturierter Flußdiagramme

Die Verwendung strukturierter Flußdiagramme bei der Entwicklung von Algorithmen ist ein wesentliches Hilfsmittel zum disziplinierten Einsatz von Kontrollstrukturen und zur Vermeidung von nicht-überschaubaren Abläufen. Im Kapitel 7 wurden die Komponenten der strukturierten Flußdiagramme schrittweise eingeführt und ihre Eigenschaften untersucht. Die Beispiele haben gezeigt, daß die Klasse der strukturierten Flußdiagramme über ausreichende Flexibilität verfügt, um die in der Praxis auftretenden Ablaufstrukturen ohne nennenswerten zusätzlichen Rechenaufwand darstellen zu können.

Welche Flußdiagramme gehören nun zu den strukturierten? In den Kapiteln 4 und 5 wurden die allgemeinen Flußdiagramme untersucht und graphentheoretisch charakterisiert. Es ist aber erforderlich, Regeln anzugeben, um allgemeine von strukturierten Flußdiagrammen zu trennen.

Geht man wie in Kapitel 5 vor, dann kann man mit Hilfe graphentheoretischer Methoden die strukturierten Flußdiagramme beschreiben und einen Algorithmus angeben, der bei einem vorgegebenen Graphen entscheidet, ob dieser Graph ein strukturiertes Flußdiagramm darstellt. Ausgehend von einem Flußdiagramm-Graphen können schrittweise strukturierte Komponenten identifiziert und eliminiert werden, sofern sie keine weiteren strukturierten Komponenten enthalten. Dadurch werden die Blöcke von innen nach außen abgearbeitet und ein strukturierter Graph in einen $(\{S,T\},\{(S,T)\})$ Graphen überführt.

Ein solches Verfahren benötigt zunächst eine exakte Beschreibung der strukturierten Teilgraphen aus Kapitel 7. Außerdem sind Angaben über die Zusammensetzung einzelner strukturierter Teilgraphen zu Blöcken erforderlich. Ein derartiges System von Regeln kann als eine Syntax aufgefaßt werden. Mit Hilfe einer Syntax für strukturierte Diagramme ist es möglich,

- Flußdiagramm-Graphen auf ihre Zugehörigkeit zu der Klasse der strukturierten Flußdiagramme zu überprüfen,
- strukturierte Flußdiagramme aus ihren Einzelkomponenten zu erstellen.

Die Beschreibung der Syntax formaler Ersetzungssysteme wird üblicherweise mit Hilfe einer Grammatik vorgenommen ([Sa.73]). Grammatiken werden hauptsächlich zur Manipulation von Zeichenketten eingesetzt und deshalb String-Grammatiken genannt. Davon unterscheiden sich die Graph-Grammatiken, welche Sprachen zur Erzeugung von Graphen beschreiben ([CHR.79]).

In diesem Kapitel soll ein Modell zur Erzeugung und Beschreibung von strukturierten Flußdiagrammen auf der Basis von Graph-Grammatiken erstellt werden.

8.1 String-Grammatiken

Als Motivation für den Einsatz von Grammatiken zur Beschreibung der Klasse der strukturierten Flußdiagramme werden im folgenden einige Grundbegriffe aus der Theorie der Formalen Sprachen eingeführt und erläutert. Es werden zunächst Spring-Grammatiken behandelt (wobei das Wort "String" nicht mehr explizit aufgeführt wird).

Definition 8.1.1: Ein Alphabet A ist eine endliche Menge. Die Elemente eines Alphabets heißen Zeichen oder Symbole.

Definition 8.1.2: Sei A ein Alphabet. A^* ist die Menge aller endlichen Zeichenketten (Strings), die sich aus A bilden lassen einschließlich dem leeren String ε. $A^+ = A^* \setminus \{\varepsilon\}$. Die Elemente von A^* heißen Wörter oder Sätze über A.

Beispiel 8.1.1.:

$A = \{I\}$; A^* $\{\varepsilon, I, II, III, \ldots\}$

$A = \{a,b\}$; $A^* = \{\varepsilon, a, b, aa, ab, ba, bb, aaa\ldots\}$

Definition 8.1.3: Seien v und w zwei Wörter aus A*. Das Wort $x \in A^*$ heißt Konkatenation von v und w, wenn gilt: $x = vw$.

Beispiel 8.1.2: $v = a^3$, $w = ab^2$, $x = vw = a^4b^2$. Dabei ist x^n eine verkürzte Schreibweise für n aufeinanderfolgende x.

Bemerkung: Die Bezeichnung der Symbole eines Alphabets wird in praktischen Anwendungen durch einen Begriff wiedergegeben. Da dieser Begriff aus mehreren Zeichen des natürlichen Alphabets gebildet wird, schließt man ihn in spitze Klammern (< Symbolname >) ein. Die Gesamtbezeichnung gilt dann als ein Zeichen des entsprechenden Alphabets. Diese Notation ist als Backus-Naur Form bekannt ([Na.63]).

Definition 8.1.4: Eine Teilmenge $L \subseteq A^*$ heißt Sprache über dem Alphabet A.
Diese Definition ist äußerst allgemein, denn sie umschließt alles, was man sich als eine Sprache vorstellen kann. Mit Hilfe eines ASCII-Alphabets kann man neben allen Programmiersprachen auch verschiedene natürliche Sprachen sowie auch "unverständliche" Sprachen (etwa durch Chiffrierung entstandene) erzeugen.

Das Hauptproblem bei den Sprachen besteht darin, für eine Sprache L mit einer unendlichen Menge von Wörtern ein endliches Erzeugungssystem anzugeben, das L exakt beschreibt. Ein solches System heißt dann eine (Chomsky-) Grammatik ([Ch.63]).

Eine Grammatik besteht aus einem Alphabet A, das in nichtterminale und terminale Symbole aufgeteilt wird. Weiterhin verfügt die Grammatik über ein nichtterminales Startsymbol sowie über eine endliche Menge von Ersetzungsregeln (Produktionen). Die Ersetzungsregeln beschreiben, wie nichtterminale Symbole oder Symbolketten aus terminalen und nichtterminalen Symbolen in andere Symbole oder Symbolketten umgewandelt werden. Ausgehend vom Startwort werden die Produktionen solange auf die Folgewörter angewandt, bis diese nur aus terminalen Symbolen bestehen. Die Menge aller dieser Wörter bilden dann die aus der Grammatik G erzeugte Sprache.

Diese informelle Beschreibung wird nun durch folgende Definitionen präzisiert:

Definition 8.1.5: Seine L_1 und L_2 Sprachen über A. Die Konkatenation von L_1 und L_2 ist definiert durch:

$$L_1L_2 = \{xy \mid x \in L_1 \text{ und } y \in L_2\}$$

Definition 8.1.6: Eine Grammatik G ist ein 4-Tupel (N,T,P,S) mit

N : Menge aller nichtterminalen Symbole (syntaktische Kategorien)

T : Menge aller terminalen Symbole
wobei $T \cap N = \emptyset$ uhnd $V = T \cup N$ (Gesamtalphabet)

S : Startsymbol (Startsatz), $S \in N$

P : endliche Menge von Produktionen $P \subseteq V^* N V^* \times V^*$.

Bezeichnung: Für ein Element $p = (x,y)$ aus P schreibt man $x \xrightarrow[G]{} y$ oder $x ::= y$.

Bemerkung: Die Definition der Relation P ist so gewählt, daß die "linke" Seite der Produktion garantiert ein nichtterminales Symbol enthält.

Definition 8.1.7: Seien $x, y \in V^*$. y heißt direkt ableitbar aus x, falls es ein $p \in P$ und $u, v, w, w' \in V^*$ gibt mit :

$$p = (u, v) \text{ und } x = w\,u\,w' \text{ und } y = w\,v\,w' .$$

y heißt ableitbar aus x, falls es eine Kette von direkten Ableitungen von x nach y gibt.

Die Produktionen geben die Ersetzungsregeln für das Beschreibungssystem. Die nichtterminalen Symbole werden zur Klassifizierung von syntaktischen Kategorien und zur Erzeugung der Wörter einer Sprache benutzt. Die terminalen Symbole beschreiben die Zeichen, welche zur Bildung der Wörter verwendet werden.

Beispiel 8.1.3: $G_1 = (\{A,B,S\},\{0,1\},\{(S,A),(S,B),(A,0S),(B,1S)\},S)$

oder vereinfacht geschrieben: $(\{A,B,S\},\{0,1\},P,S)$ mit P =

(1)	$S \longrightarrow A$		$S \longrightarrow A \mid B \mid \varepsilon$
(2)	$S \longrightarrow B$	oder	$A \longrightarrow 0S$
(3)	$S \longrightarrow \varepsilon$		$B \longrightarrow 1S$
(4)	$A \longrightarrow 0S$		
(5)	$B \longrightarrow 1S$		

G_1 erzeugt beliebige Wörter aus 0 und 1 ($\{0,1\}^*$)

$$S \xrightarrow{1} A \xrightarrow{4} 0S \xrightarrow{1} 0A \xrightarrow{4} 00S \xrightarrow{2} 00B \xrightarrow{5} 001S \xrightarrow{2} 001B$$
$$\xrightarrow{5} 0011S \xrightarrow{1} 0011A \xrightarrow{4} 00110S \xrightarrow{1} 00110A \xrightarrow{4} 001100S \xrightarrow{3} 001100$$

Man erkennt, daß $\{0,1\}^*$ einfacher durch folgende Grammatik G'_1 erzeugt werden kann:

$$G'_1 = (\{S\},\{0,1\},(S \longrightarrow 0S \mid S \longrightarrow 1S \mid S \longrightarrow \epsilon),S\}$$

G_1 und G'_1 erzeugen dieselbe Sprache $L_1 = \{0,1\}^*$

Definition 8.1.8: Sei G eine Grammatik. Die daraus erzeugte Sprache L(G) ist die Menge aller terminalen Wörter, die sich aus S mit Hilfe von P ableiten lassen:

$$L(G) = \{ x \mid x \in T^* \wedge S \xrightarrow[G]{*} x\}$$

Die Mächtigkeit einer Grammatik hängt direkt von ihren Produktionen ab. Deshalb wurden verschiedene Hierarchien von Grammatiken und Sprachen untersucht. Neben den uneingeschränkten Produktionstypen gibt es folgende Einteilung:

Definition 8.1.9: Eine Grammatik heißt

regular, falls sie nur Produktionen vom Typ $x \longrightarrow yz$ oder $x \longrightarrow y$ enthält mit $x, z \in N$ und $y \in T^*$;

kontext-frei, falls sie nur Produktionen vom Typ $x \longrightarrow y$ enthält mit $x \in N$ und $y \in V^*$;

kontext-
sensitiv, falls sie nur Produktionen vom Typ $x \longrightarrow y$ mit $|x| \leq |y|$ enthält.

Bezeichnet man mit L(REG), L(CF) und L(CSV) die Familien aller regulären, kontextfreien und kontextsensitiven Sprachen, dann ist bekannt ([Ah/Ul.72],[Sa.73]):

$$L(REG) \subsetneqq L(CF) \subsetneqq L(CSV).$$

Weitere Resultate aus der Theorie der Formalen Sprachen sind für diese Untersuchung nicht relevant.

Die am einfachsten zu behandelnden Sprachen sind die regulären. Das folgende Beispiel zeigt, daß das String S aus Beispiel 7.6.8 durch eine reguläre Grammatik erzeugt werden kann und damit die Menge aller unterschiedlichen Wörter S eine reguläre Sprache bilden.

Beispiel 8.1.4: Das in Beispiel 7.6.8 angegebene String S ist regulär, denn $S = S_o \cup S_1 \cup S_2$, wobei $S_o = \{\sqcup\}^* \{0,1,2,\dots,8,9\}^* \{\sqcup\}^*$, $S_1 = \{\sqcup\}^* \{+\} S_o$ und $S_2 = \{\sqcup\}^* \{-\} S_o$.

Da reguläre Sprachen gegenüber $*$, Konkatenation und Vereinigung abgeschlossen sind ([Sa.73]), ist auch S regulär. Die Grammatik G_2 erzeugt $S = L(G_2)$:

G_2 = (N,T,P,S) mit

T = $\{0,1,2,3,4,5,6,7,8,9,\sqcup,+,-\}$

N = { <number>, <leading blanks>, <sign>, <blank field>, <digitfield> <trailing blanks>}

S = <number>

und folgenden Produktionen:

(1) <number> ::= <leading blanks>
(2) <leading blanks> ::= ⊔ <leading blanks> | <sign>
(3) <sign> ::= + <blank field> | - <blank field> | <blank field>

(4) <blank field> ::= <blank field> | <digit field>
(5) <digit field> ::= <digit field> | <digit field> |
... ...
8 <digit field> | 9 <digit field> | <final digit>
(6) <final digit> ::= 0 <trailing blanks> | 1 <trailing blanks>
,,, ,,,
8 <trailing blanks> | 9 <trailing blanks>
(7) <trailing blanks> ::= <trailing blanks> | ε

Der String S = •␣123␣␣• kann durch folgende Folge von Produktionen erstellt werden (Alternativen innerhalb einer Produktion werden mit einem Buchstaben gekennzeichnet):

<number> $\xrightarrow{1}$ <leading blanks> $\xrightarrow{2a}$ ␣<leading blanks> $\xrightarrow{2b}$ ␣<sign> $\xrightarrow{3c}$ ␣<blank field> $\xrightarrow{4b}$ ␣<digit field> $\xrightarrow{5b}$ ␣1 <digit field> $\xrightarrow{5c}$ ␣12 <digit field> $\xrightarrow{5k}$ ␣12 <final digit> $\xrightarrow{6d}$ ␣123 <trailing blanks> $\xrightarrow{7a}$ ␣123␣ <trailing blanks> $\xrightarrow{7a}$ ␣123␣␣<trailing blanks> $\xrightarrow{7b}$ ␣123␣␣ (S generiert).

Durch dieses Beispiel soll demonstriert werden, daß die regulären Grammatiken sehr viele Produktionen erfordern, um komplizierte reguläre Mengen zu erzeugen. In der Regel formuliert man die Grammatik in kontextfreier Form und läßt sie dann mittels eines Algorithmus in eine reguläre umwandeln ([Ah/Ul.72],[Ah/Ul.77]).

Zur Illustration wird noch eine kontextfreie Grammatik G'_2 für dieselbe Sprache angegeben ($L(G_2) = L(G'_2)$):

G'_2 = (N,T,P,S) mit T und S wie in G_2 und
N = {<number>, <blank field>, <sign>, <digit field>, <digit>} sowie folgenden Produktionen:

(1) <number> ::= <blank field> <sign> <digit field> <blank field>
(2) <blank field> ::= ␣ <blank field> | ε
(3) <sign> ::= + | - | ε
(4) <digit field> ::= <digit> | <digit> <digit field>
(5) <digit> ::= 0 | 1 | 2 | 3 | 4 | 5 | 6 | 7 | 8 | 9

G'_2 ist wesentlich übersichtlicher als G_2. Um die Anwendung der Grammatik zu zeigen, wird dasselbe Wort S = •␣123␣␣• generiert. Die Erzeugung wird mit Hilfe des Ableitungsbaums ([Sa.73]) dargestellt (siehe Abb. 8.1.1).

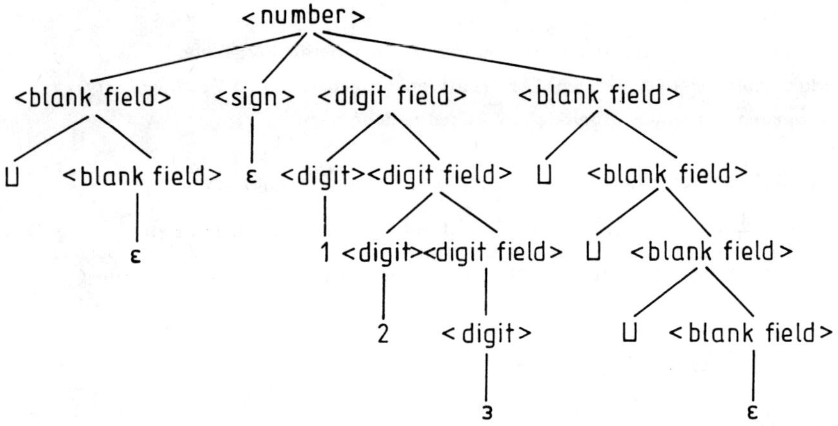

Abb. 8.1.1 Ableitungsbaum für •␣123␣␣• nach G'_2

Bemerkung: Die Tätigkeit, für ein gegebenes Wort $w \in L(G)$ den Ableitungsbaum bezüglich G zu ermitteln, heißt Syntax-Analyse oder parsing.

8.2 Graph-Grammatiken

Die String-Grammatiken behandeln und manipulieren eindimensionale Symbole durch Ersetzungs- und Konkatenationsoperationen. Sie sind nicht direkt auf Systeme wie Graphen anwendbar, da diese nicht nur lineare, sondern auch zweidimensionale Strukturen aufweisen, deren Verbindungen durch andere Typen von Produktionen beschrieben werden müssen.

Bei den Graph-Grammatiken gibt es keine einheitlichen Modelle, da es sowohl sehr unterschiedliche Klassen von Graphen gibt (gerichtete, ungerichtete, zusammenhängende, nicht zusammenhängende usw.), - sowie auch verschiedene Betrachtungsweisen. Bei der Mustererkennung("pattern recognition") ist man in der Regel an der Analyse eines bestimmten Bildes interessiert, während man sich bei der Erstellung eines Ableitungsbaums oder bei der Darstellung eines Flußdiagramms mit dem abstrakten Graphen zufrieden gibt. Es ist also zunächst notwendig, die Erfordernisse, welche an die Graph-Grammatik gestellt werden, genau zu spezifizieren.

Beispiel 8.2.1: Es ist eine Grammatik anzugeben, die Quadrate verschiedener Größen generiert.

Dazu bezeichnet man die vier verschiedenen Seiten des Einheitsquadrats mit a, b, c, d und gibt die entsprechende graphische Darstellung an (siehe Abb. 8.2.1):

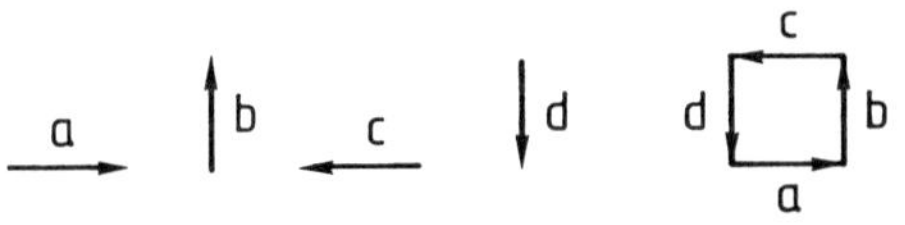

Abb. 8.2.1 Terminale Symbole für Quadrate und Einheitsquadrat

Durch die Fragestellung ergibt sich, daß die gesuchte Sprache L(G) = $\{a^n\ b^n\ c^n\ d^n \mid n \geq 1\}$ ist. Das Wort $a^2 b^2 c^2 d^2$ bezeichnet entsprechend ein Quadrat mit der Seitenlänge 2. Auf die Angabe der kontextsensitiven Grammatik G, welche (L(G)erzeugt, wird hier verzichtet ([Sa.73]).

Bei den Flußdiagrammen interessiert weniger die exakte Beschreibung des Graphen, denn hier wird nicht ein Mustererkennungsproblem, sondern ein Strukturerkennungs- und Strukturgenerierungsproblem behandelt. Deshalb ist es nicht sinnvoll, die einzelnen Sinnbilder in noch kleinere Elemente zu zerlegen, sondern umgekehrt Gruppen von Sinnbildern, die immer zusammengehören, in entsprechende nichtterminale Symbole (syntaktische Einheiten) zusammenzufassen.

In einer Erweiterung der Produktionsregeln von String-Grammatiken wurden von [Pf/Ro.69] und [Ro/Mi.72] knotenorientierte <u>web-Grammatiken</u> eingeführt. Darin werden markierte Graphen (<u>web</u>'s) Alphabetsymbole benutzt. Jede Produktion in einer web-Grammatik wird mit einer "Einbettungsfunktion" φ ausgestattet. Seien nun x, y und z webs und x in z enthalten (<u>subweb</u>), dann gibt die Produktionsregel $x \longrightarrow y, \varphi$ an, daß x aus z zu entfernen ist und an dessen Stelle y eingesetzt wird, wobei φ beschreibt, welche Kanten von z mit welchen Kanten von y zu verbinden sind.

<u>Beispiel 8.2.2:</u> In [Ah/Ul.72] wird ein Beispiel in Verbindung mit Programmschemata angegeben, welche folgende Struktur haben (<u>d-charts</u>):

- (S) ist ein d-chart
- sind →(S_1)→ und →(S_2)→ d-charts, so ist auch

d-chart (S_1;S_2)

- sind →(S_1)→ und →(S_2)→ d-charts und →(A)< Verzweigung, so ist auch

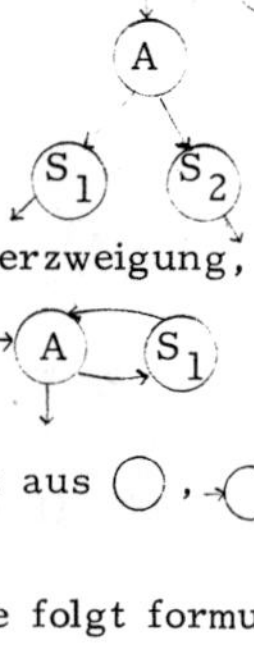

d-chart (<u>if</u> A <u>then</u> S_1 <u>else</u> S_2)

- Ist →(S)→ d-chart und →(A)< Verzweigung, dann ist auch

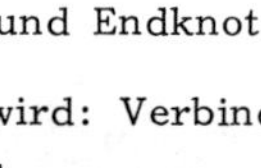

d-chart (<u>while</u> A <u>do</u> S_1)

Das Alphabet der Sprache besteht aus

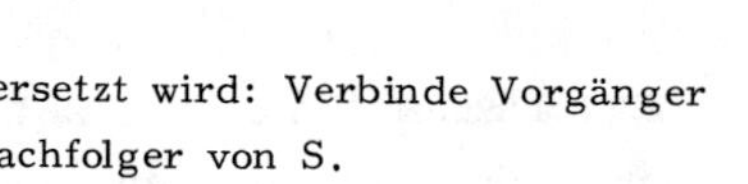

Die Verbindungsregeln können wie folgt formuliert werden (ohne Berücksichtigung von Anfangs- und Endknoten):

- Wenn S durch S_1, S_2 ersetzt wird: Verbinde S_1 mit Vorgänger von S und S_2 mit Nachfolger von S.
- Wenn S durch <u>if</u> A <u>then</u> S_1 <u>else</u> S_2 ersetzt wird: Verbinde Vorgänger von S mit A, sowie S_1 <u>und</u> S_2 mit Nachfolger von S.
- Wenn S durch <u>while</u> A <u>do</u> S_1 ersetzt wird: Verbinde A mit Vorgänger von S und ebenfalls A mit Nachfolger von S.

Auf diese Art und Weise können Flußdiagramme mit den elementaren Kontrollstrukturen erzeugt werden.

Einen weiteren Ansatz zur Beschreibung von Produktionsregeln für Graphen findet man bei [Pa.72]. Dort werden zwei neue Typen von Ableitungen eingeführt. Durch A*B an der rechten Seite einer Produktion wird eine Verbindung über eine gemeinsame Kante (siehe Abb. 8.2.1a) definiert, durch X(A+B+C) werden die Teilgraphen A, B und C durch den gemeinsamen Knoten X verbunden (siehe Abb. 8.2.1.b).

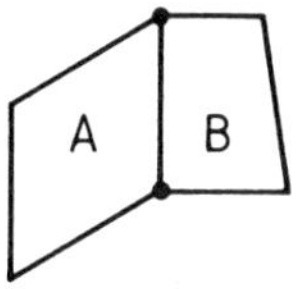

(a) A*B - Produktion

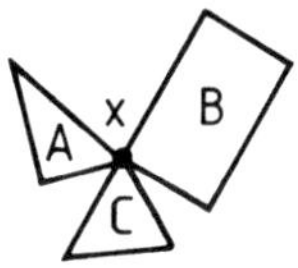

(b) X(A+B+C)-Produktion

Abb. 8.2.1 Erweiterung der Ableitungsregeln nach [Pa.72]

Beide Typen von Produktionen können zur Beschreibung strukturierter Flußdiagramme nicht herangezogen werden. Trotzdem weisen sie einen interessanten Aspekt auf: Durch geringfügige Änderung der Notation bei den Produktionen kann man verschiedene Ersetzungsregeln und Verklebungsvorschriften formulieren. Von dieser Möglichkeit wird bei der Definition der Graph-Grammatik für strukturierte Flußdiagramme Gebrauch gemacht.

Als letzter und allgemeinster Ansatz zur Definition von Graph-Grammatiken sei die algebraisch-kategorielle Spezifikation erwähnt ([EPS.73],[Eh.79]). Betrachtet man ein Wort vxw aus Graphen v, x und w und eine Produktion x ⟶ y, dann wird zunächst eine Graph-Schnittstelle K definiert, welche die Verbindungen zwischen v und x (bzw. y) sowie zwischen x (bzw. y) und w beschreibt (im allgemeinsten Fall mit Hilfe von Graph-Morphismen).

Diese Vorgehensweise vereinfacht durch ihre Allgemeinheit theoretische Untersuchungen über Klassen von Graph-Grammatiken und Ersetzungsregeln.

Im Falle der Erzeugung strukturierter Flußdiagramme haben aber die Graphen einige angenehme Eigenschaften, so daß zur Beschreibung der Produktionsregeln einfachere Methoden genügen. In den folgenden Abschnitten werden die Symbole für die dazugehörige Grammatik sowie ihre Ersetzungsregeln näher behandelt.

8.3 Terminale Symbole zur Erzeugung strukturierter Flußdiagramme

Für die strukturierten Flußdiagramme wurden in Abschnitt 7.5 graphische Symbole eingeführt und in den Beispielen von Abschnitt 7.6 erprobt. Diese Symbole sollen nun die Grundlage für die terminalen Symbole einer kontextfreien Graph-Grammatik zur Beschreibung von strukturierten Flußdiagrammen bilden (SFG).

Zentraler Aspekt bei der Ersetzung von Teilgraphen durch andere Teilgraphen ist die Herstellung der entsprechenden Kantenverbindungen (durch Verklebungen). Deshalb werden zu jedem terminalen Symbol sein Innen- und Außengrad angegeben. Die entsprechenden Sinnbilder sind in Abb 7.5.1 zusammengefaßt.

Sinnbild-Bezeichnung	Innen-grad	Außen-grad	terminales Symbol (Bezeichnung)
Beginn	0	1	<start symbol>
Ende	1	0	<stop smybol>
Anweisung	1	1	<sequential block symbol>
Verzweigungs-Beginn	1	n> 1	<conditional headsymbol>
Verzweigungs-Ende	n> 1	1	<conditional tail symbol>
Iterations-Eingang	2	1	<loop entry symbol>
Iterations-Kontrolle	1	2	<loop control symbol>
Iterations-Ausgang	m >0	1	<loop termination symbol>
Fluchtweg-Kontrolle	1	2	<abnormal termination symbol >
Zusicherung	1	1	<assertion gate symbol>

Abb. 8.3.1 Tabelle der terminalen Symbole für SFG

Zu der obigen Tabelle gehört noch das leere Symbol (<empty>) sowie die Symbole "(",")", "[","]", "/" und ":".

Bemerkungen:

- Verbindungsknanten werden nicht explizit aufgeführt, weil sie als Teile der terminalen Symbole aufgefaßt werden.
- Verklebungen finden nur zwischen Eingangs- und Ausgangskanten (bzw. umgekehrt) statt.
- Der Außengrad eines <conditional head symbol> muß gleich sein mit dem Innengrad des dazugehörigen <conditional tail symbol>.
- Das Symbol <empty> muß aus technischen Gründen in die Liste der terminalen Symbole aufgenommen werden (siehe Abschnitt 8.5). Dasselbe gilt für die Symbole "(",")", "[","]", "/" und ":", welche zur Erweiterung der Interpretation von Produktionsregeln in Verbindung mit Verklebung von Teilgraphen dienen.

8.4 Kompositionsregeln für strukturierte Flußdiagramme

Bei den Kompositionsregeln für die strukturierten Flußdiagramme handelt es sich um eine genauere Beschreibung der Produktionen der hier zu präsentierenden Graph-Grammatik SFG.

SFG wird in kontextfreier Form angegeben, d.h. die linke Seite einer Produktion wird nur ein nichterminales Symbol enthalten. Daß eine reguläre Grammatik nicht ausreicht, erkennt man sofort an der Blockstruktur der strukturierten Flußdiagramme. Reguläre Grammatiken können nämlich nicht Sprachen der Form $\{a^m b^m \mid m \geq 0\}$ erzeugen ([Ah/Ul.72]). Genau aber diese Struktur ist beispielsweise durch das Paar <loop entry symbol> und <loop exit symbol> gegeben.

Die Beschreibung der Produktionsregeln muß folgende Strukturen von Teilgraphen berücksichtigen und erzeugen können:

- Beliebige Schachtelungstiefen von strukturierten Komponenten müssen zulässig sein. Dies läßt sich in der Regel durch rekursive Produktionen leicht erreichen.
- Die Grammatik muß zu jedem <conditional head symbol> das passende <conditional tail symbol> bereitstellen. Dies bedeutet, daß eine Notation erforderlich ist, welche die Erzeugung von <conditional head symbol>'s mit Außengrad n> 1 erlaubt. Im Gegensatz zu Beispiel 8.2.2 mit vorgegebenen terminalen Symbolen variiert hier die Anzahl der Verbindungen, so daß man genau genommen von beliebig vielen terminalen Symbolen sprechen müßte.

  Dieser eher theoretische Mangel ließe sich sofort beheben, wenn man die Kanten der strukturierten Flußdiagramme zu den terminalen Symbolen hinzuzählen (sowohl Ausgangs- als auch Eingangskanten) und die Produktionen entsprechend anreichern würde. Der angenehme Nebeneffekt dabei ist, daß man <empty> nicht mehr als terminales Symbol benötigt.

  Trotzdem wird hier aus Gründen der Übersichtlichkeit vorgezogen, die Grammatik nicht mit der Erzeugung der Kanten zu belasten, sondern diese als Teile der terminalen Symbole zu betrachten.

- Entsprechend muß die Grammatik zu jedem <loop control symbol> in einem Iterationsblock den entsprechenden Eingang beim zugehörigen <loop termination symbol> zur Verfügung stellen. Dieses Problem wird durch denselben Mechanismus wie bei Verzweigungsblöcken gelöst.

- Schließlich benötigt man eine explizite Kantenverbindung zwischen dem Ende einer Iteration und deren Beginn, wobei wegen der Konstruktion der strukturierten Flußdiagramme nur eine einzige solche "Rückwärts-Verbindung" pro Iterationsblock erforderlich ist.

Die folgenden Überlegungen basieren auf Flußdiagramm-Graphen und Teilgraphen, wobei in der Regel Teilgraphen H mit Ein(H)>0 und Aus(H)>0 interessieren. Zur grammatikalischen Beschreibung von strukturierten Flußdiagrammen mit Hilfe von SFG werden vier unterschiedliche Verklebungsmechanismen (Graph-Produktionsregeln) auf Teilgraphen angewandt.

Definition 8.4.1: Seien A, B, C und X Flußdiagramm-Teilgraphen mit Aus (A) = Ein(B) = Ein(X) = 1 und Aus(B) = Aus(X) = Ein(C) = 1. Die Produktionsregel B ⟶ X angewandt auf ABC ist wie folgt auszuführen: Entferne B aus ABC und verklebe die Ausgangskante von A mit der Eingangskante von X sowie die Ausgangskante von X mit der Eingangskante von C. Der resultierende Graph ist AXC.

Bemerkung: Im Sonderfall kann A bzw. C <empty> sein. Dann wird B losgelöst von seiner (linken bzw. rechten) Umgebung durch X ersetzt.

Erweiterung: Seien A,B,C wie in Definition 8.4.1 und X, Y Flußdiagramm-Teilgraphen mit Ein(X) = Aus(Y)=1 und Aus(X)=Ein(Y) dann erzeugt B ⟶ XY angewandt auf ABC den Graphen AXYC.

Definition 8.4.2: Seien A, B, C und X_1, X_2, ... , X_n Flußdiagramm-Teilgraphen mit Aus(A) = Ein(B) = Aus(B) = Ein(C) = 1 und $\forall$ i=1,...,n (Ein(X_i) = Aus (X_i) = 1). Die Produktionsregel

$$B \longrightarrow (X_1/X_2/\ldots\ldots/X_{n-1}/X_n)$$

angewandt auf ABC ist wie folgt auszuführen: Entferne B aus ABC, erweitere die Anzahl der Ausgangskanten von A und die Anzahl der Eingangskanten von C derart, daß Aus(A) = n und Ein(C) = n und $\forall$i=1,...,n (Verklebe die i-te Ausgangskante von A mit der Eingangskante von X_i sowie die Ausgangskante von X_i mit der i-ten Eingangskante von C). Der resultierende Graph ist $A(X_1/X_2/\ldots/X_{n-1}/X_n)C$. Befindet sich zwischen ")" und C das Symbol "]" (siehe Definition 8.4.4), dann gilt dieselbe Ausführung nur für $X_1, X_2, \ldots, X_{n-1}$ (Ein(C)=n-1).

Bemerkung: Diese Produktionsregel ist für die Bildung von Verzweigungsblöcken vorgesehen. A und C dürfen bei strukturierten Flußdiagrammen nicht <empty> sein.

Eine Erweiterung der obigen Produktionsregel wie bei Definition 8.4.1 ist nicht erforderlich, da mit Hilfe der bereits definierten Produktionen aus X_i komplexe Teilgraphen erzeugt werden können.

Mehrere Ausgänge von Iterationsstrukturen können mit Hilfe der Produktionsregel aus Definition 8.4.2 durch geschickte Schachtelung ebenfalls dargestellt werden.

Die Fluchtwege stellen aber noch ein gewisses Problem dar, da sie einerseits eine Verzweigung darstellen, andererseits aber ihre Ausgänge nicht wieder zusammentreffen dürfen! Gleichzeitig aber lassen sich Fluchtwege dadurch erkennen, daß das Ende des Fluchtausgangs den Außengrad 0 hat. Es wäre also einfach, die Definition 8.4.2 etwas zu modifizieren und für n=2 entweder $Aus(X_1)=0$ oder $Aus(X_2)=0$ zuzulassen und entsprechend Ein(C) zu reduzieren. Aus Gründen der Übersicht wird stattdessen ein weiterer Verklebungsmechanismus eingeführt.

Definition 8.4.3: Seien A,B,C und X_1, X_2, X_3 Flußdiagramm-Teilgraphen mit Aus(A) = Ein(B) = Aus(B) = Ein(C) = 1 sowie $Ein(X_1) = Ein(X_2) = Ein(X_3) = 1$, $Aus(X_1)=2$, $Aus(X_2)=0$ und $Aus(X_3)=1$. Die Produktionsregel $B \longrightarrow X_1(X_2 : X_3)$ angewandt auf ABC ist wie folgt auszuführen:
Entferne B aus ABC und verklebe die Ausgangskante von A mit der Eingangskante von X_1, jeweils eine Ausgangskante von X_1 mit der Eingangskante von X_2 bzw. X_3 und schließlich die Ausgangskanten von X_3 (beachte, daß X_3 nach dem Doppelpunkt steht) mit der Eingangskante von C. Der resultierende Graph ist $AX_1(X_2 : X_3)C$.

Bemerkung: Im Sonderfall kann C <empty> sein. Dann ist entsprechend $Aus(X_2) + Aus(X_3) = 0$. In diesem Fall folgen dem <abnormal termination symbol> nur noch zwei <stop symbol>'s. Ebenfalls kann entweder X_2 oder X_3 <empty> sein.

Es verbleibt noch die Definition der Produktionsregel für Iterationen.

Definition 8.4.4: Seien A,B,C und X,Y Flußdiagramm-Teilgraphen mit Aus(A) = Ein(B) = Aus(B) = Ein(C) = 1 sowie Ein(X) = 2, Aus(X) = Ein(Y) und Aus(Y) = 2. Die Produktionsregel $B \longrightarrow [XY]$ angewandt auf ABC ist wie folgt auszuführen:

Entferne B aus ABC und verklebe die Ausgangskante von A mit der Eingangskante von X, die Ausgangskanten von X mit den Eingangskanten von Y und schließlich jeweils eine Ausgangskante von Y mit der Eingangskante von C und mit der freien Eingangskante von X. Der resultierende Graph ist A[XY]C. Ist Y eine $(Y_1/\ldots/Y_n)$ Struktur (siehe Definition 8.4.2), dann wird Y_n mit C nicht verbunden.

Die obigen Definitionen der grammatikalischen Ersetzungsregeln bieten folgende Einsatzmöglichkeiten:

- Sie erlauben die Formulierung einer einfachen kontextfreien Grammatik für strukturierte Flußdiagramme;
- Sie liefern eine kompakte eindimensionale Schreibweise für strukturierte Flußdiagramm-Graphen;
- Sie ermöglichen die Anwendung bekannter Algorithmen für String-Grammatiken zur Analyse der Struktur von Flußdiagrammen in Verbindung mit der Grammatik SFG.

Bemerkung: Diese Kompositionsregeln liefern nur in Verbindung mit der SFG-Graph-Grammatik (siehe Abschnitt 8.5) die strukturierten Flußdiagramme.

Zum Abschluß dieses Abschnitts werden einige Flußgraphen mit Hilfe der neuen Notation "linearisiert". Man erkennt an den folgenden Abbildungen, daß durch die lineare Notation auch einige nichtstrukturierte Flußdiagramme dargestellt werden können.

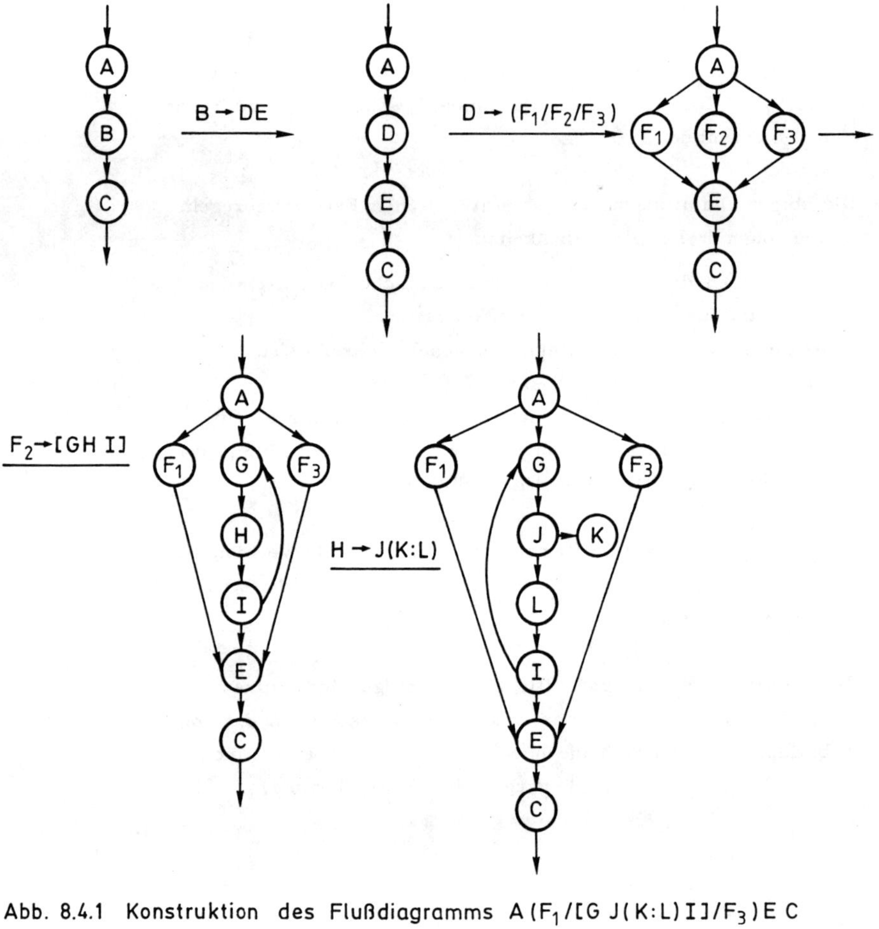

Abb. 8.4.1 Konstruktion des Flußdiagramms $A(F_1/[G\ J(K{:}L)\ I]/F_3)E\ C$

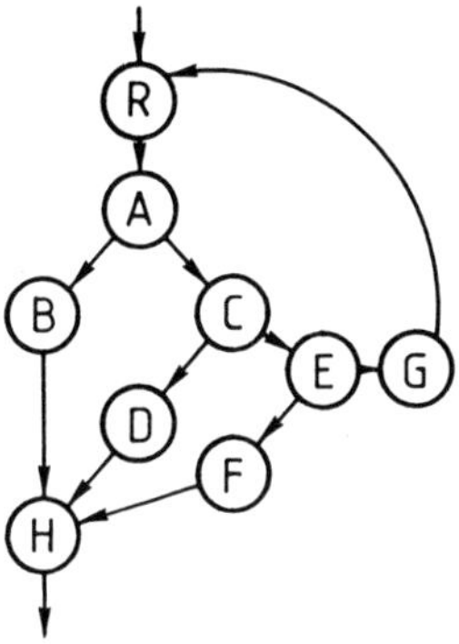

[RZ]H ⟶

[RA(B/Y)]H⟶

[RA(B/C(D/X))]H

[RA(B/C(D/E(F/G)))]H

Abb. 8.4.2 single-entry multiple exit loop

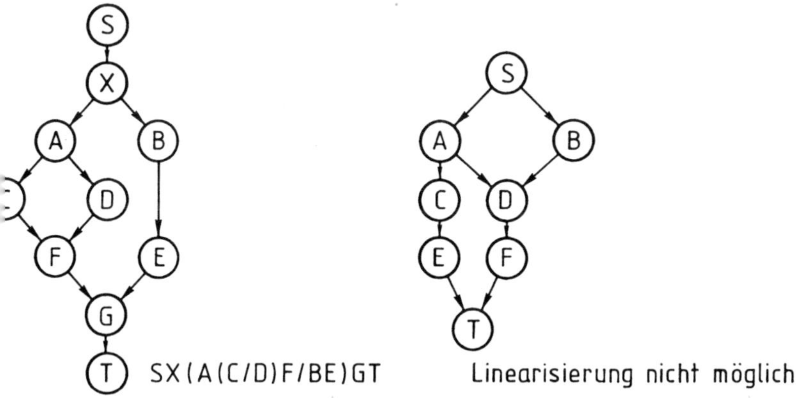

Abb. 8.4.3 Strukturierte und unstrukturierte Verzweigungen

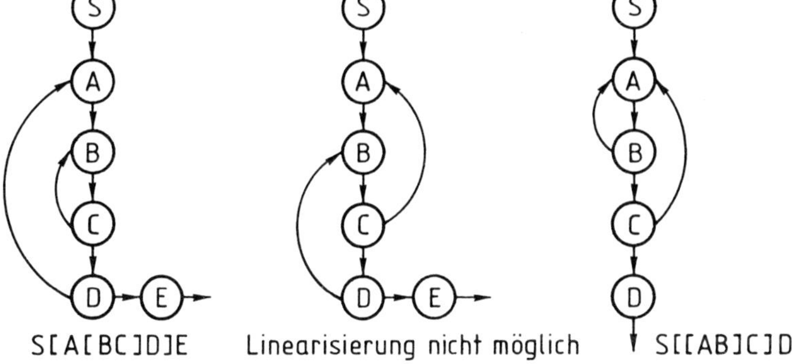

Abb. 8.4.4 Strukturierte und unstrukturierte Iterationen

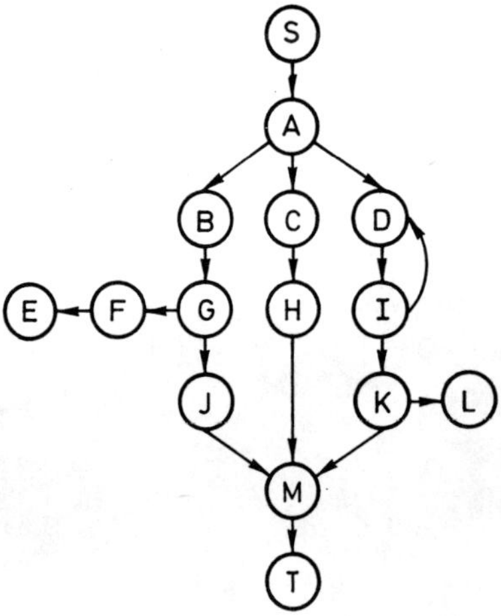

SAZMT ⟶

SA(Y/X/W)MT ⟶

SA(BU/CH/[DI]V)MT

SA(BG(FE:J)/CH/[DI]K(L:))MT

Abb. 8.4.5 abstraktes strukturiertes Flußdiagramm

Bemerkung: Buchstaben, welche bei dem Linearisierungsprozeß auftreten und nicht in den Graphen enthalten sind, stellen Abkürzungen für Teilgraphen dar (nicht terminale Symbole).

In den angegebenen Beispielen wurde der Begriff "strukturiertes Flußdiagramm" etwas zu liberal benutzt. So sind in allen Flußdiagrammen keine Knoten für Zusicherungen eingezeichnet worden. Ebenfalls fehlen oft explizite Knoten, die den Beginn und das Ende einer Iteration kennzeichnen.

8.5 Die Grammatik der strukturierten Flußdiagramme SFG

Die in Abschnitt 8.4 angegebenen Interpretationsregeln für Produktionen zur Erstellung strukturierter Flußdiagramme werden nun bei der kontextfreien SFG-Graph-Grammatik verwendet. Dabei soll L(SFG) die Menge aller strukturierten Flußdiagramme darstellen.

Bei der Definition von SFG werden die Regeln von Kapitel 7 strikt angewandt und sowohl Zusicherungen als auch Blockklammerungen generiert. Sie können nachträglich leicht entfernt werden, ohne die Gültigkeit des Modells zu beeinflussen.

Eine Motivation zur grammatikalischen Struktur der Iterationen gibt Abb. 8.5.1. Gemäß Kapitel 7 können die verschiedenen Typen von Iterationen aus der allgemeinen Iterationsstruktur durch Eliminierung von Blöcken gewonnen werden. Eine minimale Iteration benötigt lediglich den Eingang, die Iterationsbedingung und den Ausgang sowie mindestens einen Aktionsknoten.

Zur Darstellung von SFG wird eine modifizierte BNF-Notation ([Cl/Uz.77]) verwendet. Zur Vereinfachung wird die Menge aller Wörter, die mit den rekursiven Produktionsregeln $S \longrightarrow \alpha S \mid \varepsilon$ erzeugt werden können, durch $\{\alpha\}$ dargestellt. Die nichtterminalen Symbole sind auf der linken Seite der Produktionen aufgeführt.

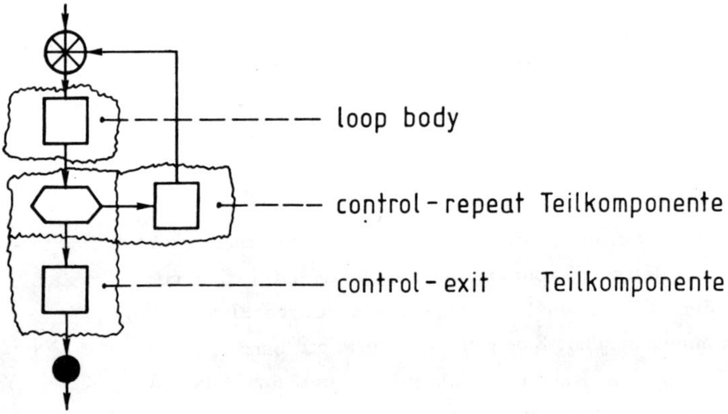

Abb. 8.5.1.a Aufteilung der generalisierten Iterationsstruktur

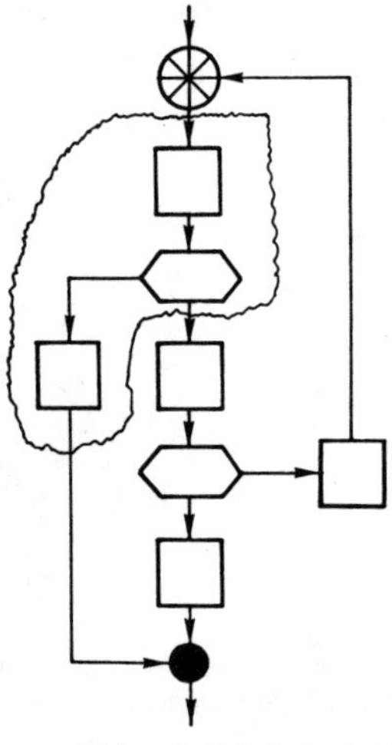

Abb. 8.5.1.b loop body mit zusätzlichem exit

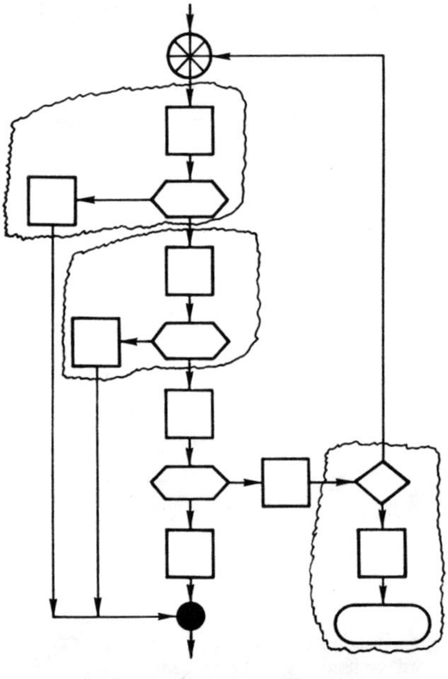

Abb. 8.5.1.c loop mit 2 zusätzlichen exits und einem Fluchtweg

Abb. 8.5.1 Zerlegung strukturierter Iterationen

```
(1)  <structured flowchart>          ::= <start symbol> <structured flowchart body> <stop symbol>
(2)  <structured flowchart body>     ::= <nonempty structured block> {<structured block>}
(3)  <structured block>              ::= <nonempty structured block> | <empty>
(4)  <nonempty structured block>     ::= <structured component> | <structured component> <structured block>
(5)  <structured component>          ::= <sequential block> | <conditional block> | <loop block> |
                                         <abnormal termination block>
(6)  <sequential block>              ::= <sequential block symbol> | <sequential block symbol>
                                         <assertion gate symbol>
(7)  <conditional block>             ::= <conditional head symbol> (<conditional path> / <conditional path>
                                         {/<conditional path>}) <conditional tail symbol>
(8)  <conditional path>              ::= <assertion gate symbol> <structured block>
(9)  <loop block>                    ::= [<loop entry symbol><loop body block>] <loop termination symbol>
(10) <loop body block>               ::= <structured block> <loop control symbol> (<assertion gate symbol>
                                         <loop exit> / <assertion gate symbol> <loop body>)
(11) <loop body>                     ::= <loop body block> | <structured block>
(12) <loop exit>                     ::= <structured block>
(13) <abnormal termination block>    ::= <abnormal termination symbol> (<assertion gate symbol> <structured
                                         block> <stop symbol> : <assertion gate symbol> <structured block>)
```

SFG - Graph-Grammatik zur Beschreibung strukturierter Flußdiagramme

Bemerkung: Die Grammatik wurde so aufgeteilt, daß die Erzeugung der verschiedenen Teilgraphen möglichst übersichtlich ist. Man kann eine äquivalente kontextfreie Graph-Grammatik SFG' mit weniger nichtterminalen Symbolen und L(SFG) = L(SFG') angeben. Algorithmen zur Normierung der Produktionsregeln für kontextfreie Grammatiken sind in [Sa.73] enthalten.

Um zu zeigen, daß die Grammatik SFG die Sprache der strukturierten Flußdiagramme (bis auf graphische Isomorphie) exakt erzeugt, müßte gezeigt werden, daß SFG alle Wörter aus L(SFG) erzeugt und kein weiteres Wort, was nicht zu L(SFG) gehört. Beweise dieser Form sind möglich, wenn man L(SFG) algebraisch beschreiben kann. Im Falle der strukturierten Flußdiagramme wurde hier ein anderer Weg eingeschlagen, der auch bei der Definition von Programmiersprachen üblich ist: Man gibt zunächst Teile der Sprache gesondert an und konstruiert dann dafür die dazugehörigen Symbole und Produktionen.

In dem vorliegenden Fall stellt SFG die Konkretisierung der informellen Überlegungen von Kapitel 7 und 8 dar. Es ist deshalb etwas überraschend, daß SFG auch "unerwünschte" strukturierte Flußdiagramme erzeugen kann!

Im Kapitel 4 wurden Flußdiagramme nach Zyklen untersucht, die aktionsfrei sind. Die Erzeugung strukturierter Flußdiagramme ohne Verzweigungszyklen läßt sich aber mit Hilfe von SFG nicht sicherstellen. Dieses Problem ist mit kontextfreien Sprachen nicht lösbar. Es ist ebenfalls nicht möglich, eine kontextfreie Grammatik anzugeben, welche sicherstellt, daß zwischen einem <conditional head symbol> und dem dazugehörenden <conditional tail symbol> mindestens ein <nonempty structured block> vorhanden ist. Die Abb. 8.5.2 zeigt zwei "unerwünschte" strukturierte Flußdiagramme.

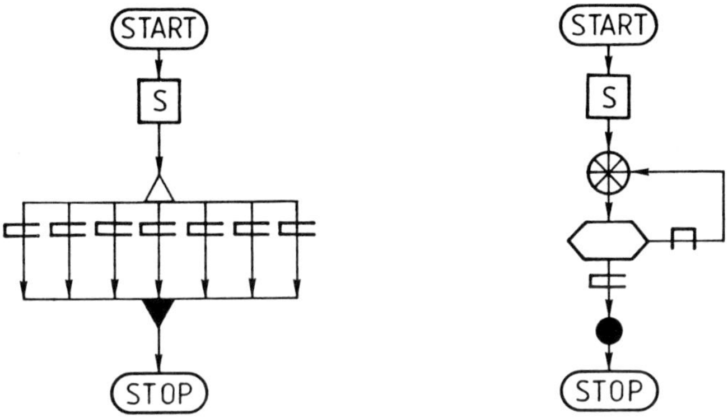

Abb. 8.5.2 "Unerwünschte" Flußdiagramme, die durch SFG erzeugt werden.

Dasselbe Problem taucht bei der Definition von Programmiersprachen mittels Grammatiken auf. Deshalb können sich die Grammatik SFG und der Kompressionsalgorithmus FGK bei der Überprüfung strukturierter Flußdiagramme gegenseitig ergänzen. Es ist allerdings effizienter, einen speziellen Algorithmus zur Erkennung "unerwünschter" strukturierter Flußdiagramme zu formulieren, der auf der Basis der linearen Darstellung operiert, welche durch "parsing" mit Hilfe von SFG erstellt werden kann.

8.6 Anwendungsbeispiele

In den folgenden Beispielen wird die Grammatik zum "parsing" einiger strukturierter und nichtstrukturierter Flußdiagramme eingesetzt. Dabei werden aus Platzgründen nicht der Ableitungsbaum oder alle Zwischenschritte angezeigt, sondern meistens nur die Ableitungssequenz angegeben. Es werden in einem Schritt mehrere elementare Ersetzungen vorgenommen. Die Buchstaben hinter der Nummer einer

Produktion (eingeklammert) bezeichnen die entsprechende Produktionsalternative (lexikographisch geordnet von links nach rechts).

Beispiel 8.6.1: Flußdiagramm aus Abb. 8.4.1

(a) Umwandlung des Flußdiagramms in ein strukturiertes Flußdiagramm:

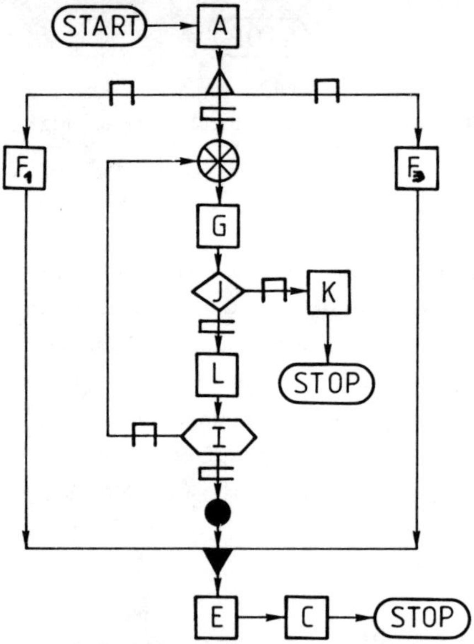

(b) Ableitungsfolge (nicht markierte Symbole werden durch ihr Bild ersetzt):

<structured flowchart> ⟶ <start symbol> <structured flowchart body> <stop symbol>

⟶ (2), (3a), (4b), (3a), (4b), (3a), (4b), (3a), (4b), (3b) ⟶

START <structured component>^{4} STOP ⟶ (5a),(5b),(5a)^{2},(6a)^{3}⟶

START A <conditional block> EC STOP ⟶ (7) ⟶

START A Δ(<conditional path>/<conditional path>/<conditional path>) ▼ EC STOP

⟶ (8)^3, (3a)^3,(4a)^3,(5a),(5a),(5c) ⟶

START A Δ(⊓ F_1/⊓ <loop block> / ⊓ F_3) ▼ EC STOP ⟶ (9),(10), (11b) ⟶

START A Δ(⊓ F_1/⊓ [⊛ <structured block> I(⊓ <loop exit>/⊓ <structured block>)]• / ⊓ F_3) ▼ EC STOP ⟶ (3a),(4b),(5a), (6a),(12),(3b),(3b) ⟶

START A Δ(⊓ F_1/⊓ [⊛G <structured block> I (⊓/⊓)]• /⊓ F_3)▼ EC STOP

⟶ (3a), (4a), (5d), (13), (3a), (4a), (5a), (6a), (3a), (4a), (5a), (6a) ⟶

START A Δ(⊓ F_1/⊓ [⊛ GJ(⊓ K STOP : ⊓ L) I (⊓/⊓)] • /⊓ F_3) ▼ EC STOP

Beispiel 8.6.2: Flußdiagramm aus Abb. 8.4.2

(a) Umwandlung des Flußdiagramms in ein strukturiertes Flußdiagramm:

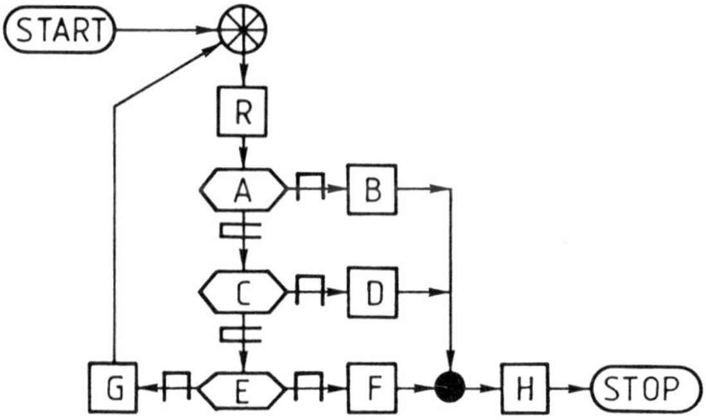

(b) Ableitungsfolge:

<structured flowchart> ⟶ (1),(2),(4b),(3a),(4a),(5c),(9),(5a), (6a) ⟶

START [⊛ <loop body block>]• H STOP ⟶ (10),(12),(3a),(4a),(5a), (6a),(3a),(4a),(5a),(6a),(11a) ⟶ START [⊛ RA(⊓ B /⊓ <loop body block>)]• H STOP ⟶ (10),(12),(3b),(3a),(4a), (5a),(6a),(11a) ⟶

START [⊛ RA(⊓ B/⊓ <empty> C (⊓ D/<loop body block>))]•
H STOP ⟶

(10),(12),(3b),(3a),(4a),(5a),(6a),(11b),(3a),(4a),(5a),(6a) ⟶

START [⊛ RA(⊓ B/⊓ <empty> C(⊓ D/⊓E <empty> E(⊓ F/⊓ G)))] • H
STOP ⟶

START [⊛ RA(⊓ B/⊓ C(⊓ D/⊓E (⊓ F/⊓ G)))] • H STOP

Beispiel 8.6.3.: Flußdiagramm aus Abb. 8.4.4

(a) Umwandlung des Flußdiagramms in ein "strukturiertes" Flußdiagramm:

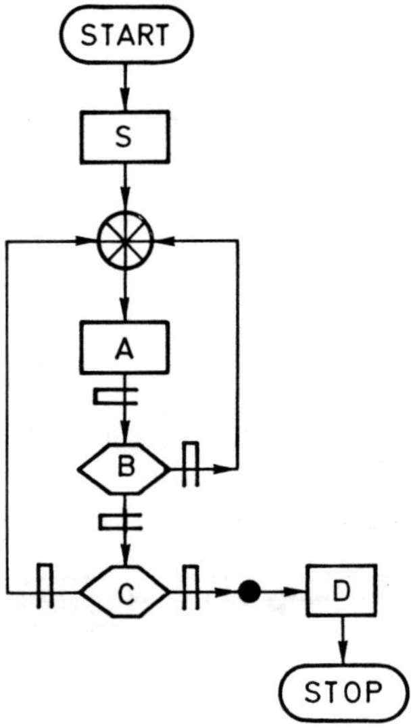

Dieser Graph entspricht nicht den Konventionen für strukturierte Flußdiagramme, da <loop entry symbol> 's nur 2 Eingänge haben dürfen.

(b) Darstellung in linearer Notation:

START S [[⊛ A ⊓ B(⊓] / ⊓ C (⊓/⊓))] • D STOP

Dieses Wort sieht zwar "korrekt" aus, kann aber durch SFG nicht erzeugt werden.

(c) Bottom-up parsing zur Erkennung des Wortes aus (b):

START S [[⊛ A ⊓ B(⊓]/⊓C(⊓/⊓))] • D STOP ⟶ (6a),(5a),(4a),(6a),(5a),(4a) ⟶ START <nonempty structured block> [[⊛ A ⊓ B (⊓]/⊓ C (⊓/⊓))] • <nonempty structured block> STOP→(6b),(5a),(4a) ⟶ START <nonempty structured block> [[⊛ <nonempty structured block> B(⊓]/⊓ C (⊓/⊓))] • <nonempty structured block> STOP ⟶ Sackgasse, denn:
C (⊓/⊓) kann kein <conditional block> sein, da <conditional head symbol> und <conditional tail symbol> fehlen ⇒ C (⊓/⊓) muß Teil eines <loop body block> sein.
Wenn die äußere "[" als Anfang des <loop block> angenommen wird, dann folgt kein <loop entry symbol>. Wenn die innere "[" als Anfang des <loop block> angenommen wird, dann muß wegen (9) nach der inneren "]" ein <loop termination symbol> folgen, was nicht der Fall ist. Andere Alternativen gibt es nach SFG nicht, also läßt sich (b) nicht auf <structured flowchart> reduzieren.

9. Zum Einsatz von strukturierten Flußdiagrammen

In der vorliegenden Untersuchung wurde der Versuch unternommen, die Flußdiagramme zu analysieren und Blockstrukturen zu definieren, welche über ausreichende Mächtigkeit verfügen, um in praktischen Anwendungen den Programmablauf natürlich und möglichst ohne Verwendung zusätzlicher Verzweigungen oder Code- Duplizierung darstellen zu können.

Durch die Entfernung des goto und durch die Einschränkung der Verzweigungs- und Iterationsblöcke auf die in Kapitel 7 beschriebenen Strukturen kann es sehr wohl in gewissen Fällen zu Code-Duplizierung insbesondere in Verbindung mit komplexen Verzweigungen (siehe Abb. 7.2.4) kommen. Ein Algorithmus läßt sich aber in der Regel so umschreiben, daß entweder Code-Duplizierung oder Verzweigungen (oder auch beides) eingespart werden.

Als Beispiel betrachte man die Phase 4 des FGK-Algorithmus. Darin kommt zweimal Code-Duplizierung vor. Zweimal ist sie geschickt entfernt worden. Interessanterweise läßt sich die Verbesserung des Algorithmus nicht durch mechanische Transformation erreichen. In Abb. 9.1 wird die erste Fassung von FGK-Phase 4 dargestellt. Sie ist im Sinne der in Kapitel 7 und 8 entwickelten Kontrollstrukturen kein strukturiertes Flußdiagramm. Aus Einheitlichkeitsgründen wird trotzdem die für strukturierte Flußdiagramme festgelegte Notation verwendet.

Die Abb. 9.1 ist ein eindrucksvolles Beispiel dafür, wie man eine übersichtliche Struktur zugunsten einer minimalen Verbesserung an Effizienz und Speicherplatz aufgeben kann. Die Verbesserung ist so verschwindend gering, daß beim heutigen Stand der Hardware-Technologie nicht gerechtfertigt ist, unstrukturierte Flußdiagramme zu entwickeln, zumal die Wartungskosten für Software sehr hoch liegen.

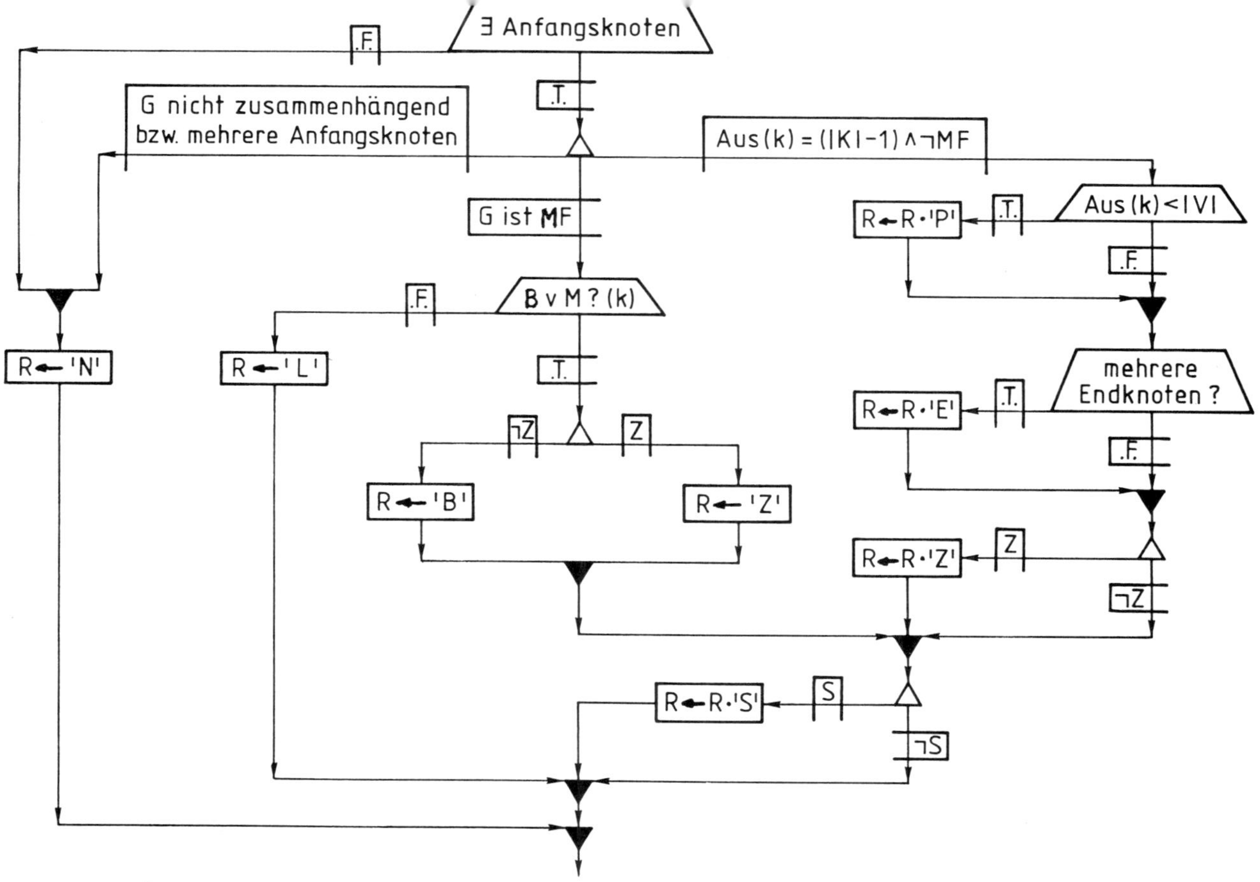

Abb. 9.1 FGK-Phase 4 in umstrukturierter Form

Das angegebene Flußdiagramm kann sehr einfach in ein strukturiertes umgewandelt werden, wenn man berücksichtigt, daß ein leeres String R am Ende aller Prüfungen von Phase 4 die Verneinung der Frage nach einem Flußdiagramm-Graphen impliziert. Diese Feststellung kann nur vom Programmierer und nicht automatisch getroffen werden. Erstellt man mechanisch aus Abb. 9.1 ein strukturiertes Flußdiagramm, so erhöht man die Schachtelungstiefe erheblich ([As/Ma.71],[Ba.77]).

Abschließend soll diskutiert werden, wie die hier vorgestellten strukturierten Flußdiagramme in der Praxis eingesetzt werden können. Es wird zunächst die manuelle Benutzung untersucht. Anschließend werden einige Überlegungen zur computerunterstützten Anwendung von strukturierten Flußdiagrammen angestellt.

9.1 Strukturierte Flußdiagramme als manuelles Werkzeug

Flußdiagramme wurden bisher sowohl als Entwurfs- als auch als Dokumentationsmittel bei der Erstellung und Wartung von Software eingesetzt. Eine kritische Analyse im Rahmen dieser Arbeit hat die Vor- und Nachteile von Flußdiagrammen verdeutlicht. Die wichtigsten Forderungen an die strukturierten Flußdiagramme sind aus den konzeptionellen Mängeln der allgemeinen Flußdiagramme entstanden. Diese sind:

- Einschränkung der Ablaufstrukturen auf solche, welche die Struktur des Algorithmus deutlich erkennen lassen.
- Verbesserung der Modularisierung.

Es wurden dann schrittweise (Kapitel 6, 7 und 8) verschiedene Hilfsmittel zur Erfüllung der obengenannten Forderungen definiert:

- Aus den Programmiersprachen wurden Konzepte zur Benutzung von Objekten und zur Definition von Flußdiagramm-Moduln und ihrer Schnittstellen entnommen.

- Aus graphentheoretischen Überlegungen und zur Gewinnung einer hierarchischen Struktur bei der Erstellung von Flußdiagrammen wurden strukturierte Verzweigungsblöcke und strukturierte Iterationsblöcke definiert. Zur Verbesserung der visuellen Erkennung von Blöcken wurden Endmarken definiert. Dadurch ist man gezwungen, die Struktur des Algorithmus hierarchisch zu gliedern.
- Diese Einschränkungen sind durch die Einführung eines disziplinierten Ausgangs aus einer inneren Blockschicht etwas gelockert worden. Dies ist allerdings nur in Verbindung mit Moduln sinnvoll einsetzbar.
- Die genaue Syntax von strukturierten Flußdiagrammen wurde mit Hilfe einer Graph-Grammatik definiert. Obwohl diese eher für maschinelle Verarbeitung geeignet ist, kann man im Zweifelsfall damit einen Flußdiagramm-Entwurf auf Verträglichkeit mit den Kompositionsregeln der Grammatik überprüfen.
- Die Notation für Flußdiagramme wurde vollständig neu gestaltet. Dabei standen folgende Aspekte im Vordergrund:
  - Verallgemeinerung der Semantik von Verzweigungen
  - Generalisierte Iterationsstruktur
  - Erkennung von vorzeitigen Terminierungen
  - Einführung von Zusicherungen.

Alle diese zusätzlichen Regeln führen Restriktionen ein, welche den Freiraum des Programmierens einschränken. Dies war auch die Absicht des vorliegenden Entwurfs. Die Einschränkungen sollen unter anderem auch dazu beitragen, daß der Programmierer lernt, unter vorgegebenen Bedingungen Algorithmen zu entwerfen und somit diszipliniert zu programmieren. Insofern ist auch eine zurückhaltende Benutzung mächtiger Kontrollstrukturen ein Schritt zum "defensiven Programmieren".

Strukturierte Flußdiagramme sind bei der Ausbildung von Programmierern besonders attraktiv. Sie führen den Anfänger von

Anfang an in die Methodik der schrittweisen Verfeinerung von Algorithmen sowie der Bildung von Blöcken und Hierarchien ein. Speziell anhand von kleinen Beispielen läßt sich die Struktur von Programmabläufen mit Hilfe einer zweidimensionalen Sprache besonders deutlich vorführen.

In dieser Hinsicht haben strukturierte Flußdiagramme gegenüber Programmiersprachen einen weiteren entscheidenden Vorteil: Sie verfügen über eine einheitliche und sehr schnell erlernbare Syntax, auf der eine sofort ersichtliche Semantik (die Abarbeitung des Flußdiagramms) aufbaut. Deshalb braucht ein Anfänger nicht verschiedene Sprachelemente kennenzulernen, bevor er die für sein Problem geeignete Iterationsstruktur ausgesucht hat. Dasselbe gilt auch für die verallgemeinerte Verzweigungsstruktur.

Der obengenannte Vorteil darf nicht unterschätzt werden. Viele Programmierer versuchen nämlich, Iterationsstrukturen immer auf eine <u>for</u>-Schleife (in FORTRAN <u>DO</u>-Schleife) zurückzuführen, weil sie diese Struktur als erste gelernt und erprobt haben. Oft werden deshalb unübersichtliche und künstliche Vorbesetzungen vorgenommen, damit die anschließend folgende Schleife den gewünschten Effekt liefert, obwohl diese für die spezifische Fragestellung völlig ungeeignet sein kann.

Im übrigen gelten diese Argumente für die Anwendung der strukturierten Flußdiagramme sowohl in Verbindung mit höheren Programmiersprachen als auch mit Assemblersprachen. Denn falls die definierten Kontrollstrukturen nicht vorhanden sind, müssen sie mit Hilfe des freien <u>goto</u> nachgebildet werden. Dies wird bei Assemblersprachen die Regel sein.

Die Benutzung von Assemblersprachen aber rechtfertigt <u>nicht</u> das Schreiben von unstrukturierten Programmen. Es wurde bereits zu Beginn dieses Kapitels gezeigt, daß durch freie Verwendung von <u>goto</u>'s die Effizienz und der Speicherplatzbedarf nur geringfügig beeinflußt werden. Aber gerade bei besonders schwer lesbaren Programmen sollte auf eine gute Struktur Wert gelegt werden.

Bei der Benutzung von strukturierten Flußdiagrammen im Rahmen dieser Arbeit wurde ein weiterer - vielleicht persönlich bedingter - Vorteil entdeckt. Jedesmal, wenn der Entwurf eines strukturierten Flußdiagramms zu unübersichtlich wird - etwa durch eine große Anzahl von Schichten bestehend aus komplizierten Verzweigungen und Iterationen - wirkt das Aussehen des Graphen wie ein Alarm zur Überprüfung des Algorithmus und seiner Analyse. Derselbe Effekt tritt übrigens bei unstrukturierten Flußdiagrammen in viel höherem Maße ein. Obwohl man ähnliche Beobachtungen mit Programmtexten feststellt, ist die Aussagefähigkeit der graphischen Darstellung wesentlich größer, vorausgesetzt, daß das Bild des Flußdiagramms nicht besonders ungeschickt dargestellt ist.

In diesem Zusammenhang muß noch einmal auf die Phase 4 von FGK zurückgegriffen werden. Nach Erstellung des dazugehörigen strukturierten Flußdiagramms wird man erkennen, daß die Zusammensetzung des Resultats R durch viele fast ähnlich strukturierte Fallunterscheidungen durchgeführt wird. Diese tragen hauptsächlich zu der Größe und Komplexität des Flußdiagramms auf. Es stellt sich somit sofort die Frage, ob es nicht eine einfachere Lösung des Problems gibt.

Dies in der Tat der Fall. Zunächst sei bemerkt, daß alle Strukturierungsprobleme in Verbindung mit Erkennung von nicht-Flußdiagrammen (R = 'N') dadurch gelöst werden können, daß R mit 'N' vorbesetzt wird. In diesem Fall vereinfacht sich sogar der Ausgang aus der <u>loop</u>-Struktur in der Phase 2 von FGK. In der Phase 4 kann dann die erste Abfrage so gestaltet werden, daß der eine Ausgang sämtliche zulässigen Flußdiagramme umfaßt. Dem folgt dann die Bearbeitung von S (welches günstigerweise als

String statt als logische Variable definiert werden kann). Erst anschließend folgt die Fallunterscheidung über MF-oder nicht MF-Flußdiagramme (mit entsprechend modifizierter Verarbeitung). Das dazugehörige strukturierte Flußdiagramm ist wesentlich übersichtlicher. Auf seine Angabe wird hier verzichtet.

Die Verwendung der strukturierten Flußdiagramme hat auch einige Nachteile aufgezeigt, welche unbedingt erwähnt werden müssen, um den Benutzer vor Überraschungen zu schützen:

- Es handelt sich in erster Linie um den beträchtlichen Aufwand, der bei der Erstellung von Flußdiagrammen entsteht. Dieser Aufwand erhöht sich im Falle der strukturierten Flußdiagramme, da diese zur Darstellung eines Bildes mehr graphische Symbole benötigen als die konventionellen Flußdiagramme.
- Ein guter Entwurf beim Entwickeln von Algorithmen gelingt erst nach mehreren Versuchen. Dazu kann man aber nur Skizzen von Flußgraphen vorbereiten, da sonst der Aufwand noch mehr erhöht wird. Bei dieser Gelegenheit muß betont werden, daß die Bedeutung strukturierter Flußdiagramme als Dokumentationsmittel nach ihrer Bedeutung als Entwurfswerkzeug eingestuft wird.
- Detaillierte Flußdiagramme benötigen viel Platz. Dasselbe gilt für strukturierte Flußdiagramme. Dieser Mangel läßt sich kaum beheben, selbst wenn man konsequent modularisiert. Flußdiagramme sind in der Darstellungsweise nicht kompakt.
- Die Zusicherungen stören oft das Gesamtbild eines strukturierten Flußdiagramms. Es ist eventuell besser, sie stillschweigend wegzulassen und nur die Markierung vorzunehmen. Bei der Markierung der Ausgänge von Verzweigungsknoten kann man in der Regel einen davon unmarkiert lassen, falls seine Markierung leicht ermittelt werden kann. Diese Hinweise betreffen die praktische Anwendung. Sie wurden im Rahmen dieser Arbeit aus Gründen der Vollständigkeit nicht übernommen.

Die zwei ersten Nachteile können nur durch maschinelle Unterstützung eliminiert werden. Im nächsten Abschnitt werden einige Aspekte dieses Problems besprochen.

Zusammenfassend läßt sich sagen, daß die Benutzung strukturierter Flußdiagramme den Anwender dazu verleitet, wesentlich vorsichtiger und problembewußter bei der Wahl seiner Kontrollstrukturen vorzugehen und den Ablauf seines Algorithmus genauer zu überdenken. Sollte sich diese Feststellung empirisch belegen lassen, dann gewinnen die strukturierten Flußdiagramme erheblich an Bedeutung.

9.2 Strukturierte Flußdiagramme als Software-Werkzeug

Strukturierte Flußdiagramme können in zwei Fällen maschinell eingesetzt werden:
- Bei der Analyse und Dokumentation vorhandener Programme.
- Bei der Entwicklung neuer Algorithmen.

Diese Probleme werden hier nur ansatzweise behandelt.

Die Bedeutung der Darstellung eines Algorithmus in zwei Dimensionen ist mehrfach erkannt worden. Für vorhandene Programme benötigt man ein Programmsystem, das aus dem Programmtext den dazugehörigen Flußdiagramm-Graphen ermittelt und anschließend aufzeichnet. Der erste Schritt ist nicht schwierig. Wesentlich komplizierter ist es, eine sinnvolle graphische Repräsentation des Graphen automatisch anzufertigen. Ein Algorithmus dazu erfordert ein Maß für die Übersichtlichkeit der Darstellung eines Graphen. Als Anhaltspunkte zu einer heuristischen Lösung könnten Trennpunkte, Zyklen, Planarität, Verfeinerungsstufen, der "Hauptweg" durch das Flußdiagramm, sowie ein "natürlicher" Kantenfluß (von oben nach unten) dienen.

Diese Aufgabe ist noch nicht befriedigend gelöst. Insbesondere nutzen vorhandene automatische Flußdiagramm-Erstellungssysteme hauptsächlich die vertikale, aber nicht die horizontale Dimension bei der Konstruktion der Graphik. Ein Überblick über Probleme und Verfahren zur Erstellung allgemeiner Flußdiagramme ist in [Be.75] enthalten.

Wegen der hier angedeuteten Schwierigkeiten hat man versucht, Programme mit Kontrollstrukturen, wie sie bei Nassi-Schneiderman Diagrammen erlaubt sind (siehe Kapitel 2), graphisch darzustellen. Es ist sogar von einem System berichtet worden, das Nassi-Schneiderman Diagramme als Eingabe erlaubt ([Wi/Gi.76]). Schließlich gibt es Versuche, die Ablaufstruktur neben dem Programmtext auszugeben, um beide Dokumente gleichzeitig studieren zu können ([BEP.80]). Die Idee ist zunächst äußerst attraktiv, bei genauerem Betrachten stellt sich aber heraus, daß in diesem Fall nicht beide Dimensionen ausgenutzt werden können. Besonders unübersichtlich erweist sich dabei die Abbildung von goto's mittels waagerechter Pfeile.

In Fall der strukturierten Flußdiagramme ist die Ausgangslage etwas günstiger, da es keine goto's gibt und die Graphen durch die vorgegebene Blockstruktur planar sind. Die SFG-Grammatik erlaubt eine recht einfache Unterteilung eines strukturierten Flußdiagramms in Teilgraphen, welche wiederum strukturiert sind (wegen der Produktionsregeln (2) bis (5)). Dadurch läßt sich eine problemorientierte Unterteilung des Graphen in verschiedene Schichten vornehmen. Das Problem der Gesamtdarstellung eines großen Graphen ist natürlich mit diesen Bemerkungen noch nicht befriedigend beantwortet worden. Da aber durch die Blockstruktur Verfeinerungen besser abgetrennt werden können, bieten die strukturierten Flußdiagramme in Verbindung mit der SFG-Grammatik gute Voraussetzungen, um dieses noch nicht endgültig gelöste Problem noch einmal in Angriff zu nehmen.

Ein solches Vergehen setzt voraus, daß die Struktur des zu analysierenden Programms direkt mit Hilfe von strukturierten Flußdiagrammen repräsentiert werden kann. Das ist natürlich nicht immer der Fall. Da die mechanische Programmumwandlung unstrukturierter Programme in wohlstrukturierte in diesem Zusammenhang nicht als erfolgversprechend erachtet wird, wird hier folgendes Vorgehen empfohlen:

- Erstellung eines Flußdiagramm-Graphen aus dem vorgegebenen Programmtext. Da die Syntax und Semantik jeder Programmiersprache unterschiedlich ist, benötigt man für jede Sprache den dazugehörigen Algorithmus. Im günstigsten Fall kann man den Programm-Graphen vom entsprechenden Compiler erhalten, da ihm die dazu benötigten Informationen (spätestens bei der Code-Generierung) bekannt sind.
- Der Flußdiagramm-Graph wird mit Hilfe von FGK analysiert. Unerwünschte Eigenschaften, die durch FGK erkannt werden, sind manuell zu entfernen und das Verfahren noch einmal zu starten.
- Verzweigungen, Terminierungswege sowie Zyklen mit ihren Eingängen und Ausgängen werden markiert und auf Verträglichkeit mit den Komponenten der strukturierten Flußdiagramme untersucht. Dazu benötigt man einen Parser für SFG, welcher recht einfach zu implementieren ist ([Ah/Ul.77]). Der Programmierer könnte die Option haben, unstrukturierte Teil-Flußdiagramme manuell zu verändern oder ihre Umwandlung in strukturierte einem automatischen System zu überlassen.
- Wenn das Flußdiagramm als strukturiert akzeptiert wird, kann sein Ableitungsbaum erstellt werden. Anschließend wird dem Programmierer eine graphische Darstellung des Flußdiagramms angeboten. Dies stellt den schwierigsten Teil des gesamten Verfahrens dar. Der Programmierer hat dann im Rahmen eines interaktiven graphischen Systems die Möglichkeit, die graphische Darstellung des Flußdiagramms

zu verändern, um eine bessere Übersicht zu erreichen. Die Änderungen können leicht darauf kontrolliert werden, daß die Beziehungen innerhalb des Graphen unverändert bleiben.

- Inhaltliche Änderungen am Programm erfordern eine nochmalige Analyse. Es empfiehlt sich aber in diesem Fall, den umgekehrten Weg einzuschlagen und mit dem vorhandenen Flußdiagramm zu starten. Deshalb muß die Möglichkeit der Speicherung von erstellten und modifizierten Flußdiagrammen gegeben sein.

Diese kurze Darstellung soll demonstrieren, wie eine Analyse von vorhandenen Programmen mit Hilfe von strukturierten Flußdiagrammen ablaufen kann. Ein derartiges System könnte auch für Dokumentationszwecke eingesetzt werden.

Ein wesentliches Problem, was bisher unerwähnt geblieben ist, betrifft die Beschriftung des Flußdiagramms. Wird der gesamte Programmtext mit allen Einzelheiten in ein Flußdiagramm eingetragen, so vergrößert sich die Graphik erheblich. Es ist deshalb vorgeschlagen worden, die Knoten und die dazugehörenden Programmzielen mit Marken zu versehen. Der Graph repräsentiert dann eher ein Programmschema. Es erscheint aber günstiger, den Graphen mit Kommentaren zu markieren, welche innerhalb des Programms eingesetzt und einer bestimmten Hierarchiestufe, (d.h. einem Programmstatement oder einer Statement-Gruppe) zugeordnet werden. Diese Kommentare müssen an geeigneter Stelle positioniert sein und ihren Gültigkeitsbereich enthalten.

Die Benutzung von strukturierten Flußdiagrammen zur Entwicklung neuer Programme erscheint noch attraktiver. Hier kann der Anwender interaktiv mit Hilfe eines graphischen Datensichtgeräts seine Programmstruktur erstellen, korrigieren und modifizieren. Anschließend kann er auf der Basis des erstellten

Flußdiagramms in der von ihm gewünschten Programmiersprache den Rumpf seines zukünftigen Programms automatisch erstellen lassen. Das erzeugte Programmskelett kann er dann zu einem vollständigen Programm weiterentwickeln. Die wichtigsten Schritte bei diesem Vorgehen sind folgende:

- Entwicklung einer Grobstruktur des Algorithmus mit Hilfe eines interaktiven Systems und eines graphischen Bildschirmgeräts. Der Programmierer wird auf strukturierte Flußdiagramme eingeschränkt. Er erhält ein Menue mit den entsprechenden syntaktischen Einheiten der SFG-Grammatik. Er kann zwischen den verschiedenen <structured component>'s wählen und kann sie markieren und mit Text versehen (Kommentar, Programmcode). Das System prüft bei der Auswahl der Komponente und bei ihrem "Zusammenkleben" mit dem bereits vorhandenen Graphen, ob die Operation grammatikalisch zulässig ist. Darüber hinaus vervollständigt das System den Graphen mit Komponenten, welche durch die Syntax von SFG unabdingbar sind. Beispielsweise werden bei Iterationen immer der Anfang, eine Ausgangsstelle und das Ende in einer Operation dargestellt.
- Beim Löschen von Blöcken hat der Programmierer die Option, auch alle darunterliegenden Blöcke zu eliminieren. Das Löschen stellt grundsätzlich eine schwierige Operation dar, wenn man es nicht auf Hierarchien einschränkt. Ebenso kompliziert ist die Verschiebung von Blöcken, da die Verträglichkeit des Graphen mit der SFG-Grammatik leicht verletzt werden kann.
- Der Programmierer hat Einfluß auf die Gesamtgestaltung seiner Graphen. Das System kann die Graphik (mit oder ohne Markierung) in eine Flußdiagramm-Bibliothek abspeichern. Es ist ratsam, den Ableitungsbaum ebenfalls abzuspeichern, um jederzeit verschiedene Abstraktionsebenen des Flußdiagramms zeichnen zu können. Dieser wird während der hierarchischen Konstruktion des Graphen automatisch miterstellt.

- Die Ausgabe des Graphen erfolgt wahlweise an einem graphischen Datensichtgerät oder an einem Zeichengerät.
- Aus dem strukturierten Flußdiagramm in Verbindung mit dem dazugehörigen Text erstellt das System den Rumpf eines Programms in einer vorgegebenen Programmiersprache. Der Text an der untersten Verfeinerung des Graphen könnte als Programmtext dienen. Jeder Text an höheren Schichten wird am Beginn des entsprechenden Blocks als Kommentar eingebettet. Die Verzweigungen, Zyklen und Terminierungskomponenten werden analysiert und in die am besten geeignete Kontrollstruktur der Sprache umgesetzt. Diese Arbeit kann dem Programmierer komplett abgenommen werden.
- Der Programmierer kann anschließend den Programmtext vervollständigen bzw. erweitern. Solange er keine Änderungen am Programmablauf vornimmt, ist die Anpassung des Graphen recht einfach. Wenn der Ablauf des Algorithmus verändert werden soll, muß dies zunächst über das graphische Flußdiagramm-System durchgeführt werden. Dadurch wird die Verträglichkeit mit den strukturierten Flußdiagrammen und die Aktualisierung des bereits gespeicherten Graphen sichergestellt. Über die Auswirkung von größeren Modifikationen am Graphen auf die Konsistenz gespeicherter Daten (insbesondere auf die Konsistenz der Markierungen in verschiedenen Hierarchien des Graphen) kann zur Zeit keine zuverlässige Aussage gemacht werden. Dieses Problem ist aus dem Bereich der Datenbanken bekannt.

Aus dieser kurzen Problemanalyse über den Einsatz von Computern zur Unterstützung beim Entwurf von strukturierten Flußdiagrammen geht hervor, daß ein vollständiges System zur Erzeugung, Verwaltung und Modifikation von Graphen aufwendig ist. Eine eingeschränkte Version, welche die Erstellung von Graphiken und die Entwicklung von Rumpf-Programmen beinhaltet, würde dem Programmierer sehr große Hilfe leisten und ihn von der zeitraubenden Zeichnung des Graphen entlasten. Sein wichtigster

Beitrag wäre aber die Unterstützung bei der Erzeugung von gut strukturierten Programmen.

Literaturverzeichnis

Ah/Ul.72 Aho, A.V., Ullmann, J.D.: The Theory of Parsing, Translation, and Compiling, Vol.I: Parsing. Prentice Hall

Ah/Ul.73 Aho, A.V. Ullmann, J.D.: The Theory of Parsing, Translation, and Compiling, Vol. II: Compiling. Prentice Hall

Ah/Ul.77 Aho, A.V., Ullmann, J.D.: Principles of Compiler Design, Addison-Wesley

AHU.74 Aho, A.V., Hopcroft, J.E., Ullman, J.D.: The Design and Analysis of Computer Algorithms. Addison-Westley

Al/Ar.78 Alagić, S., Arbib, M.A.: The Design of Well-Structured and Correct Programs. Springer-Verlag

AN.70 Standard Flowchart Symbols and Their Use in Information Processing (X.3.5). American National Standards Institute

An/Ra.79 Anderson, T., Randell, B. (eds.): Computing Systems Reliability. Cambridge University Press

As/Ma.71 Ashcroft, E., Manna, Z.: The Translation of GOTO Programs to WHILE Programs. IFIP Congress 1971, North-Holland

Ba.68 Barron, D.W.: Recursive Techniques in Programming American-Elsevier

Ba.77 Baker, B.S.: An Algorithm for Structuring Flowcharts. Journal of the ACM 24,1

Ba.76 Bauer, F.L. (ed.): Advanced Course on Software Engineering. Springer-Verlag

Ba.79 Bauer, F.L.: Program Development by Stepwise Transformations - The Project CIP. in [Ba/Br.79]

Ba/Br.79 Bauer, F.L., Broy, M.(eds.): Program Construction. Lecture Notes in Computer Science 69, Springer-Verlag

Ba/Go.73 Bauer, F.L., Goos, G.: Informatik, erster Teil. Springer-Verlag

Be.75 Berztiss, A.T.: Data Structures Theory and Practice. Academic Press

BEP.80 Belady, L.A., Evangelisti, C.J., Power, L.R.: GREENPRINT: A graphic representation of structured programs. IBM Systems Journal 19,4

Bo.73 Bochmann, G.V.: Multiple Exits from a Loop without the GOTO. Communications of the ACM 16,7

Bö/Ja.66 Böhm, C., Jacobini, G.: Flow-diagrams, Turing machines, and languages with only two formation rules. Communications of the ACM 9,5

Br/St.72 Bruno, J., Steiglitz, K.: The Expression of Algorithms by Charts. Journal of the ACM 19,3

Ch.41 Church, A.: The Calculi of Lambda Conversion. Annals of Mathematics Studies 6, Princeton University Press

Ch.63 Chomsky, N.: Formal Properties of Grammars. Handbook of Mathematical Psychology 2, John Wiley & Sons

Ch.70 Chapin, N.: Flowcharting With the ANSI Standard: A Tutorial. Computing Surveys 2,2

Ch.71 Chapin, N.: Flowcharts. Auerbach

Ch.74 Chapin, N.: New Format for Flowcharts. Software-Practice and Experience 4,4

CHR.79 Claus, V., Ehrig, H., Rozenberg, G.: Graph-Grammars and Their Application to Computer Science and Biology. Lecture Notes in Computer Science 73, Springer Verlag

Cl/Uz.77 Cleaveland, J.C., Uzgalis, R.C.: Grammars for Programming Languages. Elsevier

DDH.72 Dahl, O.-J., Dijkstra, E.W., Haare, C.A.R.: Structured Programming. Academic Press

Di.68 Dijkstra, E.W.: Go to statement considered harmful. Communications of the ACM 11,3

Di.72 Dijkstra, E.W.: Notes on Structured Programming. in [DDH.72]

Di.72a Dijkstra, E.W.: The humble programmer. Communications of the ACM 15,10

Di.75 Dijkstra, E.W.: Guarded commands, nondeterminancy and formal derivation of programs. Communications of the ACM 18,8

Di.76 Dijkstra, E.W.: A Discipline of Programming. Prentice-Hall

Di.81 Dijkstra, E.W.: Persönliche Kommunikation

DIN.75 DIN (Herausgeber): DIN 66001 Normen über Informationsverarbeitung. Berlin, Köln, Frankfurt

Eh.79 Ehrig, H.: Introduction to the algebraic theory of graph grammars (a survey). in [CHR.79]

End.78 Endres, A.: Methoden der Programm- und Systemkonstruktion; ein Statusbericht. GI-Jahrestagung, Informatik-Fachberichte 16, Springer-Verlag

Eng.74 Engelfriet, J.: Simple Program Schems and Formal Languages. Lecture Notes in Computer Science 20, Springer Verlag

EPS.73 Ehrig, H., Pfender, M., Schneider, H.: Graph Grammars: An Algebraic Approach. IEFE Switching and Automatic Theory Conference Record

Fl.67 Floyd, R.W.: Assigning Meanings to Programs. Proceedings of Symposia in Applied Mathematics Vol. XIX, American Mathematical Society

FO.78 American National Standard Programming Language FORTRAN. American National Standards Institute

Gr.75 Greibach, S.A.: A Theory of Program Structures: Schemes, Semantics, Verification. Lecture Notes in Computer Science 36, Springer-Verlag

Gr.78 Gries, D. (ed.): Programming Methodology. Springer-Verlag

GTW.76 Goguen, J.A., Thatcher, J.W., Wagner, E.G.: An Initial Algebra Approach to the Specification, Correctness and Implementation of Abstract Data Types. in [Yeh.76]

Gu.77 Guttag, J.V.: Abstract Data Types and the Development of Data Structures. Communications of the ACM 20,6

Ha.80 Harel, D.: On Folk Theorems. Communications of the ACM 23,7

He.71 Hermes, H.: Aufzählbarkeit, Entscheidbarkeit, Berechenbarkeit. Springer-Verlag

Hes.81 Hesse, W.: Methoden und Werkzeuge zur Software-Entwicklung - Ein Marsch durch die Technologie-Landschaft. Informatik-Spektrum 4, Springer-Verlag

HIJKK.78 Hommel, G., Jäckel, J., Jähnichen, S., Kleine, K., Koch, W.: Beschreibung der Programmiersprache ELAN, Version 2.3. T.U. Berlin, Fachbereich Informatik, Bericht 78-26

Ho.69 Hoare, C.A.R.: An Axiomatic Basis for Computer Programming. Communications fo the ACM 12, 10

Ho.73 Hoare, C.A.R.: Hints on Programming Language Design. TR STAN-CS-73-403, Stanford University Computer Science Department

Ho/Sa.76 Horowitz, E., Sahni, S.: Fundamentals of Data Structures. Computer Science Press

Ho/Sa.78 Horowitz, E., Sahni, S.: Fundamentals of Computer Algorithms. Computer Science Press

Ho/Wi.73 Hoare, C.A.R., Wirth, N.: An axiomatic definition of the programming language Pascal. Acta Informatica 2

Hor.79 Horning, J.J.: Programming Languages, in [An/Ra.79]

IBM.74 HIPO - A design aid and documentation technique, IBM Report Nr. GC 20-1851-O

Iv.62 Iverson, K.E.: A Programing Language. Wiley

Jac.76 Jackson, M.A.: Constructive Methods of program design. Lecture Notes in Computer Science 44, Springer-Verlag

Jen/Wi.74 Jensen, K., Wirth, N.: Pascal User Manual and Report, Lecture Notes in Computer Science 18, Springer-Verlag

Ke.75 Kernighan, B.W.: RATFOR - a preprocessor for a rational FORTRAN. Software-Practice and Experience 5

Ke/Pl.76 Kernighan, B.W., Plauger, P.J.: Software Tools. Addison-Wesley

Ke/Ri.78 Kernighan, B.W., Richie, D.M.: The C Programming Language. Prentice-Hall

KKST.79 Kimm, R., Koch, W., Simonsmeier, W., Tontsch, F.: Einführung in Software Engineering. de Gruyter

Kn.69 Knuth, D.E.: The Art of Computer Programming Vol. 1. Addison-Wesley

Kn.74 Knuth, D.E.: Structured Programming with goto Statements. Computing Surveys 6, 4

Kn/Fl.70 Knuth, D.E., Floyd, R.W.: Notes on avoiding "GOTO" statements. TR-CS 148, Stanford University, California

Ko.74 Kosaraju, S.R.: Analysis of Strucutred Programs. Journal of Computer and Systems Sciences 9, 3

Kr.64 Krider, L.: A Flow Analysis Algorithm. Journal of the ACM, 11,4

Le/Ma.75 Ledgard, H.F., Marcotty, M.: A Genealogy of Control Structures. Communications of the ACM 18, 11

LHLMP.77 Lampson, B.W., Horning, J.J., London, R.L., Mitchell, J.G., Popek, J.G.; Report on the Programming Language Euclid. SIGPLAN Notices 12,2

Li/Me.77 Lindsey, C.H., Meulen, van der S.H.: Informal Introduction to ALGOL 68. North-Holland

LGHLMP.78 London, R.L., Guttag, J.V., Horning, J.J., Lampson, B.W., Mitchell, J.G., Popek, J.G.: Proof Rules for the Programming Language Euclid. Acta Informatica 10

Ma.69 Manna, Z.: Properties of Programs and the First Order Predicate Calculus. Journal of the ACM 16,2

Ma.74 Manna, Z.: Introduction to the mathematical theory of computation. McGraw-Hill

MC.62 McCarthy, J., Abrahams, P.W., Edwards, D.J., Hart, T.P., Levin, M.I.: Lisp 1.5 Programmer's Manual. MIT Press

Me/Mi.72 Meltzer, B., Michie, D. (eds.): Machine Intelligence 7. Edinburgh University Press

Na.63 Naur, P. (ed.): Revised Report on the Algorithmic Language Algol 60. Communications of the ACM 6,1

Na.75 Naur, P.: Programming Languages, Natural Languages, and Mathematics. Communications of the ACM 18,12

Na/Ra.69 Naur, P., Randell, B. (eds.): Software Engineering Report on a Conference, Garmisch 1968. NATO Scientific Affairs Division

Na/Si.73 Nassi, I., Schneiderman , B.: Flowchart Techniques for Structured Programming. ACM SIGNPLAN Notices 8,8

No.76 Noltemeier, H.: Graphentheorie mit Algorithmen und Anwendungen. de Gruyter

OFP.75 Organick, E.I., Forsythe, A.I., Plummer, R.P.: Programming Language Structures. Academic Press

Pa.72 Pavlidis, T.: Linear and Context-Free Graph Grammars. Journal of the ACM 19,1

Par.72 Parnas, D.L.: A technique for software module specification with examples. Communications of the ACM 15,5

Pe.62 Petri, C.A.: Kommunikation mit Automaten. Schriften des Rheinisch-Westfälischen Instituts für Instrumentelle Mathematik an der Universität Bonn, Heft 2

Pe.77 Peterson, J.L.: Petri-Nets. Computing Surveys 9,3

Pf/Ro.69 Pfaltz, J.L., Rosenfeld, A.: Web grammars. Proc. 1st International Joint Conference on Artificial Intelligence

PKT.73 Peterson, W.W., Kasami, T., Tokura, N.: On the Capabilities of While, Repeat and Exit Statements. Communications of the ACM 16,8

Re.78 Reynolds, J.C.: Programming with Transition Diagrams. in [Gr.78]

Ro/Mi.72 Rosenfeld, A., Milgram, D.L.: Web Automata and Web Grammars. in [Me/Mi.72]

Ru.64 Rutledge, J.D.: On Ianov's program schemata. Journal of the ACM 11,1

Sa.73 Salomaa, A., Formal Languages. Academic Press

Sch.73 Schaefer, M.: A Mathematical Theory of Global Program Optimization. Prentice Hall

Sch.80 Schneiderman , B.: Software Psychology. Winthrop, Cambridge, Mass.

Sh.81 Sheil, B.A.: The Psychological Study of Programming. Computing Surveys 13,1

SMMH.77 Schneiderman, B., Mayer, R., McKay, D., Heller, P.: Experimental Investigations of the Utility of Detailed Flowcharts in Programming. Communications fo the ACM 20,6

Ta.72 Tarjan, R.: Depth-first Search and Linear Graph Algorithms. Siam Journal of Computing 1

Tu.36 Turing, A.M.: On computable Numbers, with an Application to the Entscheidungsproblem. Proceedings London Mathematical Society 42

Va.79 Valette, R.: Analysis of Petri Nets by Stepwise Refinement. Journal of Computer and System Sciences 18,1

Wi.71 Wirth, N.: Program Developmentby Stepwise Refinement. Communications of the ACM 14,4

Wi.74 Wirth, N.: On the Composition of Well-Structured Programs. Computing Surveys 6,4

Wi.74a Wirth, N.: On the Design of Programming Languages. in: Proc. IFIP 74, North-Holland

Wi.75 Wirth, N.: Algorithmen und Datenstrukturen. Teubner Studienbücher Informatik

Wi.75 Wirth, N.: Systematisches Programmieren. Teubner Taschenbücher

Wij.76 Wijngaarden van, A., Mailloux, B.J., Peck, J.E.L., Koster, C.H.A., Sintzoff, M., Lindsey, C.H., Meertens, L.G.L.T., Fisker, R.G. (eds.): Revised Report on the Algorithmic Language Algol 68. Springer-Verlag

Wi.77 Williams, M.H.: Generating structured flow diagams: the nature of unstructuredness. The Computer Journal 20,1

Wi/Gi.76 Williams, R., Giddings, G.M.: A picture-building System. IEEE Transactions on Software Engineering SE-2, 1

Wi/Os.78 Williams, M.H., Ossher, H.L.: Conversion of unstructured flow diagrams to structured form. The Computer Journal 21,2

WRH.71 Wulf, W.A., Russel, D.B., Habermann, A.N.: BLISS: A Language for Systems Programming. Communications of the ACM 14,12

WSKRD.81 Wassermann, A.I., Sherertz, D.D., Kersten, M.L., van de Riet, R.P., Dippe, M.D.: Revised Report on the Programming Language PLAIN. ACM SIGPLAN NOTICES 16,5

Wu.71 Wulf, W.A.: Programming without the goto. IFIP Congress 1971, North-Holland

Yeh.76 Yeh, R.T. (ed.): Current Trends in Programming Methodology, Vol. IV: Data Structuring. Prentice Hall

Za.74 Zahn, C.T.: A Control Statement for Natural top-down Structured Programming. Symposium on Programming Languages, Paris Springer-Verlag

<u>Lebenslauf</u>

25. September 1948	geboren in Athen / Griechenland
Oktober 1954 bis Juli 1960	Besuch der Volksschule in Athen
Oktober 1960 bis Juli 1966	Besuch der Deutschen Schule Athen Dörpfeld-Gymnasium und Ablegung der Reifeprüfung
September 1966 bis Februar 1967	Ableistung einer halbjährigen Praktikantentätigkeit
SS 1967 bis SS 1973	Studium der Betriebswirtschaftslehre an der Freien Universität Berlin und Ablegung der Diplomprüfung
SS 1970 bis WS 1972 / 1973	studentischer Mitarbeiter an der Zentraleinrichtung für Datenverarbeitung der Freien Universität Berlin
SS 1973 bis SS 1975	Wissenschaftlicher Mitarbeiter an der Zentraleinrichtung für Datenverarbeitung der Freien Universität Berlin
WS 1975 / 1976 bis Dez. 1981	Wissenschaftlicher Assistent an der Fachrichtung Angewandte Statistik des Fachbereichs Wirtschaftswissenschaft der Freien Universität Berlin und zwischenzeitlich Ableitung meines Militärdienstes in Griechenland